TERCEIRA EDIÇÃO 2025

FERNANDO
SCHWARZ
GAGGINI

MANUAL DOS CONTRATOS EMPRESARIAIS

TEORIA E PRÁTICA

Dados Internacionais de Catalogação na Publicação (CIP) de acordo com ISBD

G133m Gaggini, Fernando Schwarz

Manual dos contratos empresariais / Fernando Schwarz Gaggini. - 3. ed. - Indaiatuba, SP : Editora Foco, 2025.

240 p. ; 17cm x 24cm.

Inclui índice e bibliografia.

ISBN: 978-65-6120-324-1

1. Direito. 2. Direito Empresarial. 3. Contratos empresariais. I. Título.

2025-786 CDD 346.07 CDU 347.7

Elaborado por Vagner Rodolfo da Silva - CRB-8/9410

Índices para Catálogo Sistemático:

1. Direito empresarial 346.07
2. Direito empresarial 346.07

TERCEIRA EDIÇÃO

FERNANDO
SCHWARZ
GAGGINI

MANUAL DOS CONTRATOS EMPRESARIAIS

TEORIA E PRÁTICA

2025 © Editora Foco
Autor: Fernando Schwarz Gaggini
Diretor Acadêmico: Leonardo Pereira
Editor: Roberta Densa
Coordenadora Editorial: Paula Morishita
Revisora Sênior: Georgia Renata Dias
Revisora Júnior: Adriana Souza Lima
Capa Criação: Leonardo Hermano
Diagramação: Ladislau Lima e Aparecida Lima
Impressão miolo e capa: META BRASIL

NOTAS DA EDITORA:

Atualizações e erratas: A presente obra é vendida como está, atualizada até a data do seu fechamento, informação que consta na página II do livro. Havendo a publicação de legislação de suma relevância, a editora, de forma discricionária, se empenhará em disponibilizar atualização futura.

Erratas: A Editora se compromete a disponibilizar no site www.editorafoco.com.br, na seção Atualizações, eventuais erratas por razões de erros técnicos ou de conteúdo. Solicitamos, outrossim, que o leitor faça a gentileza de colaborar com a perfeição da obra, comunicando eventual erro encontrado por meio de mensagem para contato@editorafoco.com.br. O acesso será disponibilizado durante a vigência da edição da obra.

Impresso no Brasil (2.2025) – Data de Fechamento (2.2025)

2025

Editora Foco Jurídico Ltda.
Rua Antonio Brunetti, 593 – Jd. Morada do Sol
CEP 13348-533 – Indaiatuba – SP
E-mail: contato@editorafoco.com.br
www.editorafoco.com.br

PREFÁCIO

Recebi e aceitei, alegre e imediatamente, do Fernando Schwarz Gaggini, o convite para apresentar a sua obra.

A tarefa é simples. Fernando, a quem tive o prazer de orientar em alguns dos seus estudos acadêmicos, mantém-se vinculado e adepto ao estudo e pesquisa constantes, conciliando-os no exercício profissional da advocacia e no magistério em cursos de graduação e pós-graduação em direito, permitindo-o, com tal postura, exercer a advocacia com sólidos e profundos conhecimentos jurídicos e aliar à atividade acadêmica experiência profissional a permitir a constante discussão e aplicação prática dos assuntos tratados.

E é nesse cenário que surge esse livro, cuja leitura é recomendada. Repise-se: ao lado do sério estudo acadêmico, Fernando alia e aproveita, para a sua produção, a referida atividade da advocacia, o que lhe acrescenta, para as suas pesquisas, aquela experiência quase sempre necessária para a estruturação de aprofundadas, práticas e úteis obras jurídicas. Nesse sentido, com linguagem direta, clara e simples, mas com responsabilidade acadêmica, Fernando aborda de forma integrada a teoria e a prática dos contratos empresariais, a permitir ao leitor conhecer e desenvolver estratégias de contratação, redação de cláusulas, tomada de decisões em negócios etc.

O autor, ao iniciar a obra, destaca que os contratos, no âmbito do Direito Empresarial, apresentam incontestável importância, sendo base fundamental para o funcionamento dos negócios, dado que a atuação dos empresários é viabilizada, essencialmente, pela possibilidade de celebração de contratos, permitindo a interação e cooperação entre agentes econômicos, e, por consequência, o desenvolvimento dos negócios, a, desde logo, permitir o reconhecimento da importância do estudo dos contratos pelos profissionais do direito.

Assim, a obra oferece ao leitor uma visão ampla da matéria, não só fornecendo as noções da teoria geral dos contratos, mas também o estudo individualizado de diversos tipos contratuais, de modo a permitir a compreensão de características e limites que afetam a cada tipo. E, para completar, a obra ainda se propõe a fornecer noções práticas, que auxiliem o leitor na aplicação do conteúdo. Tais ideias se refletem nas três partes em que se divide o livro, e que funcionam de forma integrada e complementar.

A título de destaque de cada uma das partes e apenas com o objetivo de incentivo à leitura atenta da obra, note-se que a primeira parte deste livro se dedica a apresentar os elementos comuns que afetam aos contratos empresariais em geral. Ao longo de seus seis capítulos são tratados os temas tradicionais da teoria geral dos contratos, mas sem deixar de agregar aspectos inovadores. Nessa etapa são indicadas noções introdutórias, como a definição de contrato, a questão de sua documentação, classificações, a relação das partes e as fases da relação contratual. Apuram-se ainda as possibilidades decorrentes da liberdade de contratar, mas sem deixar de considerar os limites que o ordenamento jurídico impõe a tal liberdade, de modo a fixar o campo de atuação dos contratantes.

A segunda parte se destina a expor elementos que auxiliem na aplicação prática do conteúdo com a apresentação de ideias e sugestões de técnicas para redação e análise de contratos e outros instrumentos, como aditamentos, distratos etc., inclusive com propostas de redação.

A terceira e última parte se propõe, ao longo de seus capítulos, ao estudo pontual e especializado de diversos tipos contratuais, de modo a fornecer ao leitor a compreensão da função especifica, bem como das características próprias, aplicáveis a cada uma das modalidades contratuais estudadas, fornecendo elementos que habilitem o leitor a lidar com tais figuras.

Por fim, aproveito a oportunidade para, uma vez mais, reescrever palavras do Professor Goffredo da Silva Teles Júnior, em uma das suas entrevistas à imprensa, palavras essas que têm sido observadas pelo Fernando, foram por mim guardadas e que eu gostaria de novamente dividir com os leitores. Perguntado ao Saudoso Professor Goffredo qual o conselho que ele daria à juventude, *declamou* com a sua constante simpatia e invejável inteligência: "Não são conselhos, propriamente. São apelos, creio; apelo do fundo do meu coração. São apelos de um estudante mais velho, que já andou pelos caminhos da vida, a estudantes moços, que se acham no começo dos caminhos. O primeiro apelo é este: Amem a beleza! Não tenham jamais vergonha de proclamar seu amor pela beleza – pela beleza de hoje, pela beleza de ontem, pela beleza simplesmente, seja com que forma, em que situação, com que data a beleza se apresente. O segundo apelo é este: Tenham como lema: Seriedade e competência! Não acreditem, jamais, que a chamada 'modernidade' possa ser biombo da ignorância e incultura. E o terceiro apelo é este. Não permitam que a aspereza da vida emudeça o sonho. Conservem a pureza, apesar de tudo. Não envelheçam, no espírito e no coração".

Desculpem-me aqueles que já conheciam essa passagem, inclusive por prefácios outros de minha autoria; contudo, entendo necessário divulgá-las de forma incessante...

Boa leitura a todos.

José Marcelo Martins Proença

Professor Doutor de Direito Comercial da Faculdade de Direito da Universidade de São Paulo – USP.

SUMÁRIO

PARTE II
ASPECTOS PRÁTICOS

PARTE III
CONTRATOS EMPRESARIAIS EM ESPÉCIE

INTRODUÇÃO

O presente trabalho parte de uma proposta desafiadora: a de criar um livro que aborde, de uma forma conjunta, a teoria e a prática, de modo a oferecer um manual destinado ao uso constante de profissionais e estudantes que tenham envolvimento com a matéria contratual empresarial. O objetivo maior é o de integrar aspectos da teoria geral dos contratos e dos contratos empresariais em espécie, com orientações quanto à prática contratual.

A ideia para a elaboração dessa obra surgiu há mais de dez anos, período durante o qual me dediquei a pesquisar o tema, e buscar a melhor abordagem junto aos meus alunos, por meio de aulas de graduação, pós-graduação e cursos de extensão, em instituições diversas e com públicos diversos.

O livro reflete, portanto, os resultados colhidos ao longo desse período de amadurecimento do trabalho, e busca oferecer elementos que permitam ao leitor o desenvolvimento do raciocínio necessário para lidar com estratégias de estruturação, redação, análise e conferência de contratos empresariais.

Para tanto, a obra foi pensada em três partes, sendo a primeira dedicada a apresentar as regras gerais dos contratos, enquanto a segunda visa transmitir aspectos de ordem prática, que auxiliem na elaboração, redação e interpretação dos contratos, para ao final, na terceira parte, demonstrar as características individualizadas de diferentes espécies de contratos empresariais, adotando um texto que proporcione uma leitura ágil e objetiva, que atenda tanto ao estudante que deseja conhecer a temática, quanto ao profissional que necessita de ferramentas para atuação na matéria contratual.

Fernando Schwarz Gaggini

Parte I
ASPECTOS GERAIS DOS CONTRATOS

1
PERSPECTIVA GERAL DOS CONTRATOS EMPRESARIAIS

1.1 O CONTRATO NO CONTEXTO DA ATIVIDADE EMPRESARIAL

É considerado empresário, no Brasil, a pessoa, física ou jurídica, que exerce profissionalmente uma atividade econômica organizada para a produção ou circulação de bens ou de serviços. Referido conceito é o constante do artigo 966 do Código Civil, artigo inicial do livro denominado "Do Direito de Empresa".

Ainda conforme o Código Civil, a pessoa do empresário deverá adotar uma, dentre duas possíveis formas, quais sejam, será um empresário individual ou uma sociedade empresária.

Ao optar por empreender na condição de empresário individual, será a própria pessoa física do empresário o exercente da atividade econômica, pela qual responderá em nome próprio e de forma direta perante terceiros[1].

A outra possibilidade para viabilizar o empreendimento empresarial é a constituição de uma pessoa jurídica, o que corresponde, na atualidade[2], à criação de uma sociedade empresária[3], figura que permite a atuação através de único sócio[4] ou agregar uma pluralidade de pessoas para viabilizar os negócios.

Note-se que neste caso, das sociedades, empresária é a própria pessoa jurídica, que exerce em nome próprio e sob sua responsabilidade direta a atividade empresarial,

---

1. As regras aplicáveis ao empresário individual constam dos artigos 966 a 980 do Código Civil. Ele será sempre uma pessoa natural, ainda que conte, em algumas esferas, com equiparação de tratamento a pessoas jurídicas, tal como se nota da exigência de inscrição no CNPJ e do tratamento tributário equiparado, vide o artigo 2º do Decreto-Lei n. 1.706/1979.
2. Menciona-se na atualidade porque existia na legislação uma terceira espécie de empresário, a EIRELI (empresa individual de responsabilidade limitada), figura que era disciplinada no artigo 980-A do Código Civil, e inserida dentre as pessoas jurídicas de direito privado, conforme constava do artigo 44, VI. Contudo, referidos artigos foram revogados pela Lei n. 14.382/2022, promovendo a extinção da figura da EIRELI no ordenamento jurídico.
3. Nos termos do artigo 983 do Código Civil, a sociedade empresária deve constituir-se conforme uma das espécies societárias reguladas entre os artigos 1.039 a 1.092, que correspondem às seguintes modalidades: sociedade em nome coletivo, sociedade em comandita simples, sociedade limitada, sociedade anônima e sociedade em comandita por ações.
4. Vide artigo 1.052, § 1º, do Código Civil, que permite à sociedade limitada a situação de unipessoalidade permanente.

razão pela qual os sócios da sociedade não podem ser juridicamente qualificados como empresários, dado que não exercem qualquer atividade em nome próprio.

No entanto, independentemente da espécie empresarial adotada, ponto comum a caracterizar qualquer dos tipos empresariais é a organização da atividade econômica. Para tanto, o empresário deverá organizar uma série de fatores, destinando capital, contratando colaboradores, adquirindo bens, de modo a estruturar seu estabelecimento empresarial e viabilizar o objetivo desejado, quer seja de produção, comércio ou prestação de serviços.

E, nesse contexto, para que seja possível organizar tais elementos, os contratos se mostram como instrumento essencial para a estruturação de uma atividade empresarial. De fato, a atuação empresarial só é possível mediante a celebração de um amplo conjunto de contratos[5], que permitem desde a constituição e estruturação do negócio até a oferta do produto ou serviço ao cliente final.

Desse modo, ao exercer sua empresa, o empresário estará constantemente celebrando contratos, das mais variadas formas e espécies. Desde os mais simples, realizados a todo o tempo, com rapidez na negociação e conclusão, aos mais complexos, que demandam maiores cautelas no procedimento negocial.

A plena viabilidade do negócio demanda, inclusive, a celebração de contratos submetidos a diversos regimes jurídicos. Por certo, a grande maioria dos contratos celebrados no contexto das atividades empresariais integram o regime jurídico do direito privado, cujas regras estão previstas no Código Civil e leis especiais. É através desses contratos que os empreendedores conseguirão atender às mais diversas necessidades de suas atividades, tal como constituir uma sociedade empresária, adquirir ou alugar um imóvel para sediar o estabelecimento, licenciar uma marca, integrar uma rede, estabelecer um acordo de fornecimento de mercadorias, viabilizar a venda de seus produtos, entre tantas outras necessidades.

Mas, para possibilitar a atividade, também é importante se valer de colaboradores, que podem ser dependentes ou independentes. Quando tais colaboradores são parceiros comerciais não subordinados (independentes), a contratação se dará no regime do direito privado. É o caso de prestadores de serviço autônomo em geral, e parceiros como fornecedores, representantes, distribuidores, franqueados etc. Entretanto, quando se tratam de colaboradores dependentes, pessoas físicas contratadas para prestar serviço, mediante salário, havendo subordinação, pessoalidade e habitualidade, tal

5. Na literatura estrangeira vemos constantes menções à intrínseca relação entre o Direito Empresarial e os contratos. José A. Engrácia Antunes afirma que "os contratos são o sangue da vida comercial e das empresas numa economia de mercado"; "os contratos representam um dos mais importantes, senão mesmo o mais importante, instrumento jurídico da actividade empresarial. É habitualmente através deles que os empresários dão vida e estruturam a respectiva organização dos meios produtivos" (conforme ANTUNES, José A. Engrácia. *Direito dos contratos comerciais*. Coimbra: Almedina, 2009, p. 39-40). No Reino Unido, Beatson, Burrows e Cartwright observam que "contract law is the child of commerce", ao mencionar que o direito contratual desenvolveu-se e ganhou grande relevância com a transição econômica britânica para nação de forte inclinação industrial e comercial (vide BEATSON, Jack; BURROWS, Andrew; CARTWRIGHT, John. *Anson's law of contract*. 30. ed. Oxford: Oxford University Press, 2016, p. 1).

contrato passa a ser regido pelo regime jurídico do direito do trabalho, dado que as partes corresponderão a empregador e empregado, hipótese em que o contrato de trabalho é disciplinado pela CLT e demais disposições aplicáveis à matéria.

Ainda, quando o empresário celebra contratos com a administração pública, tal acordo será regido pelo regime jurídico do direito administrativo.

Assim, no cotidiano da atividade empresarial, o empresário se vale constantemente de todos esses grupos contratuais. Contudo, reafirme-se, a grande maioria dos contratos utilizados integram o regime do direito privado, razão pela qual nos ateremos a eles, fonte central de interesse desse trabalho.

A gama de contratos que integram o direito privado é muito grande, e se destinam a diversas finalidades. Alguns envolvem possibilitar a circulação de bens (como ocorre com a compra e venda e a permuta), outros viabilizam a constituição de pessoas (como se dá em relação ao contrato de sociedade), à colaboração entre parceiros (tal como nos contratos de comissão, franquia, distribuição e concessão), à realização de operações financeiras (como em contratos bancários e *factoring*), entre outras possibilidades negociais.

Logo, a legislação privada dispõe, portanto, de diversos tipos contratuais regulados, de que se vale o empresário. Nesse sentido, dentre os contratos previstos na legislação, o empresário utiliza tanto dos contratos comuns quanto dos puramente empresariais e dos interempresariais. Comuns (ou também chamados genéricos) são aqueles passíveis de utilização por quaisquer pessoas, empresárias ou não, tais como a compra e venda, a locação, o mandato, entre outros. Puramente empresariais são aqueles que impõem, como característica, a presença de ao menos um empresário. Nesse caso temos, por exemplo, os contratos bancários, seguro, *leasing*, entre outros, em que ao menos uma parte será obrigatoriamente um empresário (no caso, respectivamente, os bancos, as seguradoras e as sociedades de arrendamento mercantil). E, ainda, temos também os interempresariais, em que todas as partes são necessariamente empresários (tal como se vê, entre outros, na franquia, na representação comercial e na concessão comercial).

No entanto, dadas as necessidades impostas pelo dia a dia dos negócios, os empresários não se limitam a celebrar os contratos expressamente disciplinados na legislação, ou seja, os chamados contratos típicos ou nominados. Como o universo dos negócios encontra-se em permanente evolução, novas necessidades contratuais são constantes. E, dado que os contratos previstos em lei não são suficientes a atender a todas as necessidades práticas, visto que o universo negocial está a todo o tempo se reinventando, com base na criatividade e necessidade dos empresários, a legislação contratual permite também a livre criação de novos tipos contratuais, não regulamentados em lei. São os chamados contratos atípicos ou inominados, de que se valem os empresários para suprir as necessidades decorrentes das demandas negociais.

Aspecto muito importante a se destacar é que, aos contratos regidos pelo direito privado, sejam típicos ou atípicos, poderá ocorrer, eventualmente, a aplicação adicional das regras previstas no Código de Defesa do Consumidor – CDC (Lei n. 8.078/1990). Tal hipótese se verifica quando, pela situação das partes, se configurar uma relação de consumo, nos termos definidos no CDC (e de que trataremos mais adiante). Logo, quando caracterizada a relação de consumo, aos contratos serão aplicáveis as suas regras próprias adicionadas das regras consumeristas. Isso porque, as regras do Código de Defesa do Consumidor não são excludentes, mas complementares. Ou seja, a aplicação do Código de Defesa do Consumidor não irá afastar as regras disciplinadoras do tipo contratual, mas sim irá agregar regras adicionais, com a finalidade específica de equilibrar a relação entre as partes do contrato, frente à vulnerabilidade do consumidor. No entanto, ressalte-se que as regras do CDC prevalecem diante das regras gerais quando em relação ao mesmo objeto. Para compreensão dessa ideia, tome-se como exemplo o contrato de *leasing* (arrendamento mercantil), tipo contratual que permite a uma parte usufruir de um bem a título de arrendamento. A tal contrato sempre será aplicável a legislação própria específica (no caso, a Lei n. 6.099/1974, e demais disposições legais e regulamentares), bem como as regras contratuais gerais. Ademais, trata-se de contrato puramente empresarial, visto que ao menos uma parte (o arrendador) será sempre um empresário. Contudo, caso a outra parte (arrendatário) seja considerado como consumidor, caracterizando uma relação de consumo, nos termos do CDC, então a tais regras próprias do *leasing* se agregarão também as disposições consumeristas, destinadas a buscar um reequilíbrio contratual diante da caracterização de hipossuficiência do consumidor. Mas o fato de incidir o CDC não afasta, por evidente, a legislação própria do *leasing*, com as regras fundamentais do tipo contratual, de modo que tais disposições deverão ser aplicadas em harmonia e de forma complementar e integrada.

1.2 OS CONTRATOS EMPRESARIAIS

Em face das considerações apresentadas, podemos definir, para os propósitos desse trabalho, que serão considerados "contratos empresariais" os contratos, pertencentes ao regime jurídico do direito privado (podendo se submeter ao CDC ou não conforme a relação entre as partes), nos casos em que um empresário os celebre visando permitir o funcionamento de sua empresa. Portanto, os caracteriza o fato de (i) integrarem o regime jurídico do direito privado (Código Civil e leis especiais), (ii) ter como participante ao menos um empresário[6], (iii) que deles se utiliza como instrumento a viabilizar o exercício de sua atividade econômica organizada para a produção ou circulação de bens ou serviços[7].

---

6. Note-se que podem também ser considerados empresariais por equiparação alguns contratos em que, embora as partes contratantes não sejam necessariamente (tecnicamente) empresários, o negócio celebrado está diretamente relacionado a uma atividade empresarial. É o caso que se observa constantemente em contratos de sociedade, acordos de sócios, negociações de participação societária, em que as partes não necessariamente ostentam a condição jurídica de empresários, embora o negócio realizado esteja evidentemente inserido no contexto empresarial.
7. Nessa linha de entendimento, veja-se ANTUNES, José A. Engrácia. *Direito dos contratos comerciais*. Coimbra: Almedina, 2009, p. 40.

2
A DEFINIÇÃO DE CONTRATO, SUA DOCUMENTAÇÃO E LEGISLAÇÃO

2.1 O CONCEITO DE CONTRATO

O que é um contrato? No imaginário tradicional, o contrato seria necessariamente um papel, cujo conteúdo, elaborado a partir de negociações e discussões entre as partes, seria livremente decidido pelos contratantes, e acarretaria total vinculação ao acertado.

A realidade, todavia, não é assim, constatando-se diversos equívocos nessa noção. Sob a ótica jurídica, existe uma diferença fundamental entre a figura do contrato e o instrumento que o formaliza ou documenta. Ademais, a liberdade das partes em definir o conteúdo contratual não é tão ampla como se costuma imaginar, dado que se submete a limites previstos no ordenamento jurídico.

A legislação brasileira não conceitua a figura do contrato. Mas, tomando por base o conceito constante do Código Civil italiano[8], lei que serviu de ampla inspiração para o código brasileiro, poderíamos definir o contrato como sendo um acordo entre duas ou mais partes destinado a constituir, regular ou extinguir uma relação jurídica de cunho patrimonial.

Enfatize-se ser o contrato, portanto, um acordo de vontades. E, assim sendo, tal acordo de vontades pode se manifestar de diferentes formas. Portanto, o acordo de vontades se distingue do instrumento que o formaliza, que muitas vezes é o tradicional contrato escrito. Mas, a formalização pode-se dar por outros meios além do papel, tal como verbalmente, por gestual ou através de comando eletrônico, entre outras possibilidades.

---

8. Vide o artigo 1.321 do Código Civil italiano, que optou por conceituar expressamente o contrato: "Il contratto è l'accordo di due o più parti per costituire, regolare o estinguere tra loro un rapporto giuridico patrimoniale". Sobre o conceito de contrato, no contexto da common law: "The common law offers no formal definition of a contract; textbooks generally define a contract as an enforceable promise (or agreement)", conforme WISHART, Mindy Chen. *Contract law*. 6. ed. Oxford: Oxford University Press, 2018, p. 4; "A contract is a promise or a set of promises for the breach of which the law gives a remedy, or the performance of which the law in some way recognizes as a duty" (conforme BEATSON, Jack; BURROWS, Andrew; CARTWRIGHT, John. *Anson's law of contract*. 30. ed. Oxford: Oxford University Press, 2016, p. 2); ou ainda: "A contract creates a private body of law between its parties. Each party has the legal right to enforce the obligations and restrictions that the other party has agreed to" (conforme FOX, Charles M. *Working with contracts*. 2. ed. Nova Iorque: Practising Law Institute, 2008, p. 3).

Assim, diante dessa variedade de opções para manifestação do contrato, qual seria a função do contrato formalizado por documento escrito? E a resposta, para a maioria dos casos, é de servir de prova quanto ao conteúdo do acordo de vontades. Diz-se maioria pois, em algumas situações, existe exigência de forma específica para a celebração do contrato, quando se tratarem dos contratos formais.

Mas, para a maioria dos casos, inexiste na lei qualquer imposição formal, razão pela qual o acordo pode se manifestar verbalmente, tacitamente, eletronicamente, inclusive de maneira bastante informal. Mas, conforme se trata de um negócio de maior complexidade e interesse econômico das partes, passa a existir sentido em fazer prova detalhada do acordado, sendo o formato mais tradicional e técnico a elaboração de documento escrito.

2.2 A FORMA DO CONTRATO

Definido que o contrato é um acordo de vontades, e que, portanto, é distinto do documento que o instrumentaliza, analisemos a questão de sua forma, no contexto de avaliar como se manifestará o acordo de vontades estipulado pelas partes.

Dispõe o artigo 104 do Código Civil que a validade do negócio jurídico requer (i) partes capazes, (ii) objeto lícito, possível, determinado ou determinável e (iii) forma prescrita ou não vedada em lei.

Por sua vez, o artigo 107 estipula que "a validade da declaração de vontade não dependerá de forma especial, senão quando a lei expressamente a exigir".

Tais disposições permitem afirmar que vigora no Brasil a regra da liberdade de forma. Portanto, as partes podem celebrar o contrato na forma que preferirem, tal como verbalmente, por gestual, por contratação automática (mediante a interação com máquinas), por escrito em documento particular, por escrito em documento público, em arquivo eletrônico etc. Logo, ressalvados os casos em que a lei imponha uma forma específica, existe liberdade de forma, de modo que os contratos, como acordos de vontade que são, se celebram pelo simples consenso das partes, que são livres para adotar o modo de formalização que considerarem mais adequado às suas necessidades.

Em decorrência dessa característica, na prática a imensa maioria dos contratos cotidianos, de menor complexidade, acabam sendo formalizados de maneira bastante simples e informal, através de palavras e gestuais, reservando para operações complexas maiores cuidados na formalização de instrumento escrito. Tal aspecto, inclusive, repercute nos custos presentes nos negócios empresariais, pois a permissão legal de contratar de maneira mais informal agiliza negócios e permite redução de custos transacionais, ao passo que tratativas que envolvem contratação de consultores, negociações de cláusulas e redação de instrumento impõem naturalmente mais custos de transação aos envolvidos.

Tal definição quanto à melhor forma a ser adotada decorrerá de uma análise de custo benefício a ser avaliada pelas partes. Isso porque, o descumprimento é um risco existente em qualquer contrato. Frente ao descumprimento, será necessário à parte lesada fazer prova do conteúdo contratual. A princípio, a prova pode ser feita por diversos meios, tal como se verifica do artigo 212 do Código Civil, que elenca como meios de prova a confissão, testemunhas, perícias, entre outras. Mas, destaque-se o seu inciso II, que elenca o documento. Dado que a vontade das partes é um aspecto psíquico (manifestação de vontade pelo pensamento), a forma é a maneira pela qual o contrato se exterioriza e revela as intenções dos contratantes. E, nesse contexto, o documento contratual escrito é a forma mais tradicional, técnica e precisa de representar o desejado pelas partes[9].

Portanto, sob uma abordagem prática, podemos afirmar que a forma do contrato escrito é essencial para a celebração de contratos formais, mas dispensável para os demais. Não obstante, embora dispensável, ela é por vezes conveniente, por dar maior segurança jurídica e previsibilidade às partes. Assim, diante de negócios de maior complexidade, a prova dos termos convencionados passa a ter grande relevância, o que leva as partes a buscar meios mais seguros de comprovação da contratação e de seu respectivo conteúdo. Logo, nesse caso, o mais tradicional é se valer da celebração de contrato por instrumento escrito, ficando evidente que a função principal de tal instrumento é a de servir como prova do acordo. Ou seja, o contrato escrito, que seria exigível somente no caso de contratos formais, acaba se mostrando muito conveniente em diversos outros casos, para respaldar as partes e fornecer maior segurança jurídica.

Logo, em síntese, o instrumento escrito não é, ao contrário do que pensa grande parte das pessoas, o contrato em si. Ele apenas instrumentaliza o conteúdo, com a destinação específica de ser prova. Por consequência, o profissional que elabora um instrumento escrito deve ter em mente que está produzindo prova para leitura de terceiros, em regra um juiz ou árbitro, em caso de eventual litígio que venha a surgir. Cada cláusula, portanto, deve ser redigida de modo a permitir a compreensão pelas partes e por eventual julgador, de forma a definir claramente os direitos e obrigações. Nesse mesmo contexto, cada cláusula bem redigida pode evitar um potencial futuro conflito, e daí decorre a importância da adequada redação do instrumento contratual, observando as peculiaridades de cada caso em concreto.

---

9. Destaque-se que, na atualidade, existem propostas de modernização da forma do contrato, decorrentes de linhas de pensamento que trabalham com o *design* aplicado aos contratos e outros documentos. Note-se que, frente à liberdade de forma prevista na legislação, não existe em nosso ordenamento qualquer óbice à adoção de técnicas diferenciadas de apresentação dos dados, as quais podem ser válidas no intuito de facilitar a comprovação dos termos contratuais. No entanto, ressalte-se que, dado o propósito de prova, não se pode abdicar da preocupação quanto ao conteúdo do documento, que é a razão principal de ser do instrumento contratual. Assim, não obstante as amplas possibilidades resultantes de novas formas de apresentação visual, em especial decorrentes de inovações tecnológicas, jamais se pode prescindir do cuidado com o conteúdo contratual, aspecto maior de relevância do instrumento, face ao seu fator probatório.

2.2.1 Os contratos eletrônicos

Se os contratos costumavam ser celebrados por modalidades mais tradicionais, decorrente da interação direta das partes (tal como de modo falado, escrito ou por gestual), com a evolução da tecnologia passaram também a ser celebrados eletronicamente. Neste caso, ao se falar em "contrato eletrônico", não se trata de um tipo de contrato distinto, mas sim de uma forma diversa de manifestação da vontade[10].

Nesse contexto, elemento comum de tais contratos é a sua criação em ambiente virtual, mas frente a isso existirão distinções, dividindo-se essas contratações eletrônicas em interpessoais, interativas e intersistêmicas.

As contratações interpessoais se caracterizam por uma manifestação de vontade de duas ou mais partes, havendo atuação humana direta pelas partes, mas que se valem de meios eletrônicos (tal como e-mail, aplicativos, chat) para formalizar a concretização do negócio.

Nas contratações interativas, uma pessoa interage com um sistema eletrônico[11] anteriormente programado, que é acessado pelo usuário. Logo, de uma parte existe uma ação humana direta, que interage com um sistema, pré-programado para exibir produtos, serviços e informações correlatas.

E nas contratações intersistêmicas, os negócios se dão diretamente entre sistemas eletrônicos anteriormente programados, sem envolver uma ação humana direta por qualquer das partes[12].

Ainda, no que tange à relação entre as partes no contexto de um contrato celebrado eletronicamente no âmbito empresarial, é costume a adoção de siglas, sendo B2B ("*business to business*") a sigla para identificar os contratos celebrados entre empresários, e B2C ("*business to consumer*") a sigla para identificar contratos entre empresários e consumidores[13].

---

10. Cabível em decorrência da própria liberdade de forma, nos casos de contratos em que não se exijam formalidades específicas.
11. A possibilidade de contratação por sistemas agrega diversas vantagens na atuação empresarial, ao facilitar a oferta de bens e serviços, promover agilidade nas negociações, eliminar custos, além de permitir a realização permanente de negócios, sem interrupção, frente ao funcionamento contínuo de plataformas virtuais.
12. Nessa ótica, é interessante mencionar a figura dos *smart contracts* ("contratos inteligentes"), que representam a ideia de acordos, elaborados em meio eletrônico, com regras estipuladas em códigos de programação, e que comportam autoexecução de termos contratuais previamente definidos. Na definição de Lara Bonemer Rocha Floriani, "*smart contracts* são protocolos eletrônicos de autoexecução. Quando implementados em uma blockchain, permitem que determinada operação se execute automaticamente quando os acontecimentos pré-determinados pelo criador ocorrerem. (...) Assim, tem-se que a principal característica relacionada aos *smart contracts* é a de garantia da segurança de que a obrigação inserida será sempre cumprida, o que tem o condão de reduzir os custos de transação decorrentes de eventual inadimplemento" (conforme FLORIANI, Lara Bonemer Rocha. *Smart contracts nos contratos empresariais*: um estudo sobre possibilidade e viabilidade econômica de sua utilização. Tese (Doutorado em Direito). Pontifícia Universidade Católica do Paraná, 2020, p. 15).
13. Adota-se ainda a sigla C2C ("*consumer to consumer*") para identificar contratos eletrônicos celebrados diretamente entre particulares (nesse contexto referidos como consumidores).

2.3 A LEGISLAÇÃO APLICÁVEL AOS CONTRATOS

Historicamente, o direito brasileiro costumava atribuir tratamento legal distinto entre os contratos civis e os contratos comerciais. Nesse sentido, o Código Comercial (Lei n. 556, de 25 de junho de 1850) dedicava tratamento específico aos contratos mercantis ou comerciais, em sua parte primeira, título V. Tal situação vigorou por mais de 150 anos, e ao longo do século XX tínhamos uma nítida distinção entre os contratos civis, disciplinados pelo antigo Código Civil (Lei n. 3.071, de 1° de janeiro de 1916), e os contratos comerciais, disciplinados pelo Código Comercial (que se dedicava a apresentar algumas regras gerais, e regular alguns tipos contratuais específicos[14]).

No início do século XXI, contudo, mudança drástica foi imposta à matéria contratual brasileira. Com o surgimento do Código Civil de 2002 (Lei n. 10.406, de 10 de janeiro de 2002) tanto o Código Civil de 1916 quanto a parte primeira do Código Comercial foram expressamente revogados, conforme determinação do artigo 2.045 do atual Código Civil, de modo que grande parte das regras comerciais passaram a ser tratadas no próprio Código Civil, no livro denominado "Do Direito de Empresa". Quanto aos contratos, contudo, optou-se por uma unificação de tratamento, de modo que as regras gerais dos contratos, sejam cíveis ou empresariais, passaram a constar de legislação única, presente no Código Civil a partir do artigo 421, sob o título "Dos Contratos em Geral". Inclusive, alguns tipos contratuais que anteriormente recebiam tratamento dúplice (tal como a compra e venda e o mandato, que eram disciplinados em ambos os códigos), passaram também a ter tratamento unificado no Código Civil de 2002 (dentro do Título VI – "Das várias espécies de contratos").

Dessa forma, em conclusão, na atualidade os contratos empresariais se baseiam nas regras contratuais constantes do Código Civil, além de outras leis especiais que regulamentem tipos contratuais específicos ou situações pontuais aplicáveis à matéria.

14. O Código Comercial dedicava à matéria o título V – Dos contratos e obrigações mercantis. Estipulava as regras gerais dos contratos comerciais entre os artigos 121 a 139, e em sequência disciplinava os contratos de mandato mercantil, comissão mercantil, compra e venda mercantil, troca mercantil, locação mercantil, mútuo mercantil, fiança, cartas de crédito, hipoteca mercantil, penhor mercantil e depósito mercantil.

3
A FORÇA DO CONTRATO E A LIBERDADE DE CONTRATAR

3.1 A AUTONOMIA PRIVADA E A LIBERDADE DE CONTRATAR

"O contrato faz lei entre as partes". Tal afirmação, muito popular nos meios jurídicos, representa a força do contrato. Traduz a ideia de que a legislação autoriza que as pessoas em geral podem assumir voluntariamente direitos e obrigações junto a outras pessoas, e para tanto se reconhece o contrato como a figura apta a permitir tal vinculação e seu reconhecimento externo. Tal possibilidade decorre da liberdade de contratar, sendo o contrato, portanto, um mecanismo de expressão da liberdade individual, destinado a viabilizar negócios e interações necessárias para a vida harmônica em sociedade.

O fundamento maior para a liberdade de contratar é a figura da autonomia privada, que representa o direito reconhecido às pessoas em autorregrar suas vidas e decidir quanto aos seus próprios interesses, assumindo direitos e obrigações quando em interação com outras pessoas. Direito este reconhecido em lei, e garantido pelo Estado, que deve assegurar mecanismos de imposição ao cumprimento de obrigações contratuais. Assim, ela, autonomia privada (ou também autonomia contratual), corresponde à liberdade de se obrigar perante terceiros, através de criação de regras que vinculam aos envolvidos. Inclusive, a expressão autonomia privada decorre do fato que as partes escolhem se vincular às regras contratuais por si, e não por imposição de terceiros.

A autonomia privada, de que decorre a liberdade de contratar, acarreta alguns efeitos. Por consequência de tal liberdade, às partes é permitido, em regra[15], escolher quando contratar, com quem contratar, estabelecer o conteúdo contratual e optar pela forma do contrato (ressalvado quando se tratar de contrato formal). Inclusive, ressalte-se que o artigo 421 do Código Civil, que marca o primeiro artigo a tratar das disposições gerais aplicáveis aos contratos, inicia seu texto fazendo referência

15. Observe-se que em alguns casos, como nos chamados "contratos obrigatórios" ou "contratos impostos", a vontade praticamente não existe, bem como a escolha da contraparte, por se tratar de situação peculiar, em que alguém é obrigado a contratar, em razão de sua condição de mercado ou pelo tipo de produto ou serviço que oferece, que sejam essenciais à população. É o caso de fornecedores de água e luz, bem como dos prestadores de transporte público, entre outras hipóteses.

expressa à "liberdade contratual". Da autonomia privada e da liberdade de contratar decorrem alguns princípios, que manifestam a força obrigatória dos contratos.

3.1.1 Princípios do *pacta sunt servanda*, intervenção mínima nos contratos e excepcionalidade da revisão contratual

A partir do exercício do direito de autorregramento, o contrato passa a fazer "lei" entre as partes, conforme o famoso princípio contratual, "*pacta sunt servanda*". Tal princípio, brocardo em latim que significa que "os pactos devem ser cumpridos", representa a ideia de que o acordo estabelecido entre as partes é vinculante e exigível.

O princípio do *pacta sunt servanda*, na legislação brasileira, não é um princípio descrito expressamente, ou seja, o Código Civil não dedicou um artigo específico a indicá-lo, diversamente do que fazem outras legislações[16]. Mas, por ser figura fundamental ao funcionamento dos contratos, está presente na legislação contratual como um todo, representado através de diversos dispositivos destinados a gerar força obrigatória aos contratos, e é reconhecido e respeitado, dado que o ordenamento jurídico estipula instrumentos que visam assegurar o cumprimento e punir a quebra contratual. Como observa Orlando Gomes, "a força obrigatória atribuída pela lei aos contratos é a pedra angular da segurança do comércio jurídico"[17], e daí denota-se a relevância de tal princípio.

No contexto do princípio do *pacta sunt servanda*, reconhece-se que a regra criada pelas partes cria uma espécie de "lei sob medida", elaborada e desejada pelas partes para que em relação a elas produza efeitos, mas regra essa admitida, permitida e reconhecida pelo Estado, visto que é ele quem fornece a estrutura legal que dá respaldo às contratações e força o seu cumprimento quando necessário. E esse reconhecimento estatal é fundamental ao funcionamento dos contratos em uma sociedade democrática, eis que, ainda que as partes inicialmente concordem quanto ao conteúdo contratual, sempre existe a possibilidade de surgimento superveniente de conflitos. E, caso ocorram tais conflitos, é o Poder Judiciário, em regra[18], quem irá impor o cumprimento e a higidez do contrato, ou avaliar a legalidade do acordado, a efetiva vinculação das partes aos termos estipulados, as

---

16. Como é o caso, dentre outros, do direito português e do italiano. Em Portugal, tal princípio está previsto no artigo 406 do Código Civil: "Art. 406º Eficácia dos contratos – 1. O contrato deve ser pontualmente cumprido, e só pode modificar-se ou extinguir-se por mútuo consentimento dos contraentes ou nos casos admitidos na lei. 2. Em relação a terceiros, o contrato só produz efeitos nos casos e termos especialmente previstos na lei". Na Itália, consta do artigo 1.372 do Código Civil: " Art. 1372 Efficacia del contratto – Il contratto ha forza di legge tra le parti.– Non può essere sciolto che per mutuo consenso o per cause ammesse dalla legge. – Il contratto non produce effetto rispetto ai terzi che nei casi previsti dalla legge".
17. GOMES, Orlando. *Contratos*. 26. ed. Rio de Janeiro: Forense, 2008, p. 38.
18. Diz se em regra, frente à possibilidade de utilização, em alguns casos, de outros mecanismos para solução de conflitos, tal como arbitragem e mediação.

consequências de quebras contratuais, a interpretação de dúvidas e o suprimento de lacunas contratuais.

Portanto, o papel do Poder Judiciário, no âmbito do funcionamento dos contratos, é de suma importância, ao dar respaldo e segurança jurídica aos contratantes, para a obtenção efetiva dos efeitos por eles desejados ao exercer seu legítimo direito de contratar. Mas note-se que a intervenção do Poder Judiciário deve sempre levar em conta a primazia da vontade das partes, de modo que eventuais interferências devem ser destinadas a assegurar o cumprimento do contrato, além de, quando necessário, efetuar o controle de legalidade e evitar o desvirtuamento. É nesse sentido, inclusive, que o Código Civil, no artigo 421, parágrafo único, elenca dois princípios que reforçam a regra maior da autonomia privada: o princípio da intervenção mínima nos contratos, e o princípio da excepcionalidade da revisão contratual. Ambos transmitem a ideia de que a regra maior será sempre a vontade das partes (*pacta sunt servanda*), sendo que alterações ou intervenções externas quanto ao conteúdo contratual devem ser excepcionais e na menor proporção possível, destinadas apenas a evitar abusos e ilegalidades. O respeito ao contrato, e consequentemente à liberdade das partes, é aspecto preponderante no âmbito dessa matéria. Inclusive, a Lei n. 13.874/2019 estipula, em seu artigo 1º, § 2º, que "interpretam-se em favor da liberdade econômica, da boa-fé e do respeito aos contratos, aos investimentos e à propriedade todas as normas de ordenação pública sobre atividades econômicas privadas".

Mas, para que se obtenha esse reconhecimento e proteção estatal, o contrato deve se moldar aos limites disponibilizados no ordenamento jurídico. Assim, embora a liberdade das partes seja ampla, não é infinita ou ilimitada. A legislação impõe a observância, pelos contratantes, de algumas limitações, sobre as quais passaremos a tratar.

3.2 LIMITAÇÕES À LIBERDADE CONTRATUAL

A liberdade de contratar, decorrente da autonomia privada, é a regra maior e o elemento basilar que sustenta o direito contratual que, por sua vez, é instituto fundamental ao funcionamento de uma sociedade democrática e à harmoniosa interação entre as pessoas.

Dela decorre, portanto, o direito de se escolher quando é conveniente contratar, com quem contratar, e de fixar o conteúdo contratual.

Mas, para harmonizar a liberdade individual com valores e interesses coletivos, o ordenamento jurídico impõe aos contratantes a observância obrigatória de alguns limites. Desse modo, ao exercer seu legítimo direito de contratar, devem as partes observar as regras e limitações previstas em lei, a função social do contrato, a probidade e boa-fé, e o interesse público.

3.2.1 Regras e limitações da lei (regras contratuais gerais e específicas)

A primeira limitação a ser observada pelos contratantes diz respeito ao disposto na legislação, em relação às regras contratuais gerais, bem como em relação a eventual regra específica aplicável ao tipo contratual.

Na atualidade, os contratos submetidos ao direito privado encontram a previsão de regras gerais no Código Civil, entre os artigos 421 a 480. São regras genéricas, aplicáveis indistintamente a uma variedade de contratos, típicos ou atípicos. Ademais, caso o contrato a ser celebrado seja típico, além das regras gerais, as partes contratantes devem observar também a legislação específica aplicável ao tipo contratual desejado, no qual a lei alterna normas cogentes, de caráter impositivo e observância obrigatória, e normas dispositivas, sobre as quais as partes podem, caso desejar, dispor em sentido diverso.

Note-se ainda que, quando a relação entre as partes contratantes configurar uma relação de consumo, não poderão deixar de observar também as disposições constantes do Código de Defesa do Consumidor.

Assim sendo, verifica-se que a negociação e a celebração do contrato devem sempre se pautar nas disposições legais a ele aplicáveis, para assegurar sua legitimidade e higidez. Logo, o acordo contratual deve se moldar aos limites permitidos pelo ordenamento jurídico. Não podem as partes estabelecer livremente o que bem entender, ao arrepio de disposições legais[19], dado que aos contratantes é obrigatória a observância de limites estabelecidos no ordenamento jurídico. A liberdade contratual, de fixação do conteúdo do contrato, deve se coordenar aos espaços admitidos pela legislação. Dessa forma, através da legislação contratual, direciona-se o acordo das partes, de modo a ajustá-lo a aspectos que são considerados adequados para uma sociedade[20].

---

19. Inclusive, mesmo em contratos empresariais paritários, em que o grau de liberdade é maior, a lei ressalva a ordem pública, mediante necessária observância das normas cogentes. Ou seja, reconhece-se o direito de negociação no campo das normas dispositivas, mas sendo respeitadas e observadas as normas impositivas, como forma de resguardar a ordem pública. Nesse sentido, veja-se que, dentre as declarações de direitos de liberdade econômica, constantes da Lei n. 13.874/2019, o artigo 3º, inciso VIII, dispõe que é assegurado "ter a garantia de que os negócios jurídicos empresariais paritários serão objeto de livre estipulação das partes pactuantes, de forma a aplicar todas as regras de direito empresarial apenas de maneira subsidiária ao avençado, exceto normas de ordem pública". Destaque-se ainda, a respeito da ordem pública, o previsto no parágrafo único do artigo 2.035 do Código Civil: "Nenhuma convenção prevalecerá se contrariar preceitos de ordem pública, tais como os estabelecidos por este Código para assegurar a função social da propriedade e dos contratos".
20. A título de exemplo, veja-se que a legislação admite a realização de mútuo de dinheiro entre particulares, mas limita o estabelecimento da taxa de juros remuneratórios. Ainda que as partes concordem com um determinado percentual de juros, ele não será admitido se superior ao limite legal, representando tal aspecto um limite à liberdade contratual. Da mesma forma, a um contrato de locação de imóvel urbano, são aplicáveis as disposições específicas da Lei n. 8.245/1991, que, entre outros aspectos, limita o rol de garantias admissíveis neste contrato (vide art. 37), e estipula que não podem as partes cumular garantias, sob pena de nulidade (art. 37, parágrafo único). Tais disposições impositivas, portanto, limitam as escolhas

Em conclusão, ao profissional que assessora e redige um contrato escrito, não basta transcrever o desejado pelas partes, mas é necessário também avaliar se o referido conteúdo está de acordo com a legislação aplicável ao negócio.

3.2.2 Função social do contrato

Todo contrato possui uma função social, ou seja, uma função a cumprir na sociedade. A função social é o reconhecimento de que os contratos exercem função relevante na sociedade. Logo, nos termos do artigo 421, *caput*, do Código Civil, a liberdade contratual deve ser exercida nos limites da função social do contrato. A limitação à função social visa assegurar que os contratos, celebrados e formulados a partir da liberdade individual dos contratantes, não conflitem com os objetivos que o ordenamento jurídico estipulou para eles, no sentido de cumprir sua função natural na sociedade. Portanto, tal limite busca evitar o desvirtuamento ou abuso da figura contratual, que possa lesar parte ou terceiros.

Em razão de tal preceito, os contratantes se encontram limitados, ao estabelecerem suas disposições, a observarem a função do contrato na sociedade, e caso não respeitem tais limites, desvirtuando a finalidade, poderá ocorrer a revisão externa para fins de readequação. Mas note-se que este poder de revisão externa é destinado a evitar desvirtuamento, não se admitindo invocar a função social para promover modificações indevidas na vontade legítima das partes, dado que intervenções injustificadas afrontam a liberdade dos contratantes e acarretam em desarranjos no mercado, quebra de expectativas legítimas e insegurança jurídica, e por isso devem ser evitadas. Por essa razão, inclusive, que o artigo 421 do Código Civil prevê a limitação da liberdade contratual à função social do contrato em seu *caput*, mas em seu parágrafo único restringe a intervenção externa, que deve ser pontual e específica para evitar desvirtuamentos e abusos, sob pena de afrontar os princípios da intervenção mínima e da excepcionalidade de revisão, bem como ofender disposições constitucionais que asseguram a liberdade (vide artigo 5°, *caput*, da Constituição Federal) e a legalidade (art. 5°, II, da Constituição Federal) no rol de direitos e garantias fundamentais[21].

---

dos contratantes, que devem observá-las para garantir a sustentabilidade das disposições convencionadas em um eventual controle de legalidade do contrato.

21. A função social é um princípio destinado a assegurar a utilização legítima do contrato na sociedade e evitar desvirtuamentos. Mas a função social não permite a modificação injustificada do conteúdo estabelecido pelas partes, mesmo que sob a égide de suposta justiça social. Nesse sentido, Luciano Timm explica: "Não se nega, é claro, que os magistrados, atualmente, encontram-se vinculados à função social do contrato. No entanto, não se pode confundir a função social do contrato com a justiça social a ser implementada pelo Estado através de políticas públicas" (vide TIMM, Luciano Benetti. *O novo direito civil*: ensaios sobre o mercado, a reprivatização do direito civil e a privatização do direito público. Porto Alegre: Livraria do Advogado Editora, 2008, p. 125). Nessa mesma linha: "não há confundir função social do contrato e condição social dos contratantes, pois não é artifício para alcançar ao mais fraco vantagem, como prêmio por ser mais fraco, nem para impor ao mais forte desvantagem, como castigo por ser mais forte", conforme MARIANI, Irineu. *Contratos empresariais*. Porto Alegre: Livraria do Advogado Editora, 2007, p. 71. Inclusive, interessante a observação de Fábio Ulhoa Coelho, ao tratar sobre a função social da empresa, quando

3.2.3 Probidade e boa-fé

O Código Civil impõe, em seu artigo 422, a obrigação das partes contratantes observarem a probidade e a boa-fé, na conclusão e execução do contrato. Embora o texto legal fale em conclusão e cumprimento (execução), tal dever também deve ser observado durante as negociações, na fase pré-contratual[22], e mesmo após a extinção do contrato[23], sendo que eventual infração ao comportamento probo e de boa-fé pode ensejar responsabilização.

A probidade representa a ideia de honestidade pelos contratantes, enquanto a boa-fé[24] traduz a ideia de que as partes devem adotar comportamento ético, leal, cooperativo, que gere confiança na contraparte, não acarrete condutas oportunistas, imprevisíveis, desleais ou contraditórias que possam prejudicar a outra parte[25]. Correspondem, portanto, a princípios destinados a guiar a conduta das partes, e a não observância de tal comportamento permite a intervenção externa, destinada a evitar o dano à parte prejudicada.

A conduta proba e de boa-fé impõe alguns comportamentos aos contratantes. O mais evidente, por certo, é o respeito e cumprimento integral do contrato, e nesse contexto condutas oportunistas que visam permitir a uma das partes deixar de cumprir o legitimamente avençado, em contradição ao estabelecido e à disposição legal, não podem ser admitidas. Abrange também diversos outros deveres, tais como o de cooperação, para possibilitar o cumprimento das obrigações contratuais; dever de agir com coerência[26] e previsibilidade, de modo a não frustrar expectativas legítimas da contraparte; dever de não atuar de maneira desleal ou danosa; vedação ao comportamento contraditório[27]. De maneira geral, tais princípios visam evitar comportamento desleal e oportunista pelas partes.

---

afirma que "função social não se confunde com responsabilidade social" (COELHO, Fábio Ulhoa. *Manual de direito comercial*. 33. ed. São Paulo: Ed. RT, 2022, p. 35).

22. Tal como em relação a dever de sigilo e confidencialidade, dever de não ruptura abrupta das negociações, oportunismo para obtenção de dados estratégicos de concorrentes etc.

23. Como ocorre em questões de concorrência desleal por restabelecimento indevido, divulgação de informações sigilosas, entre outras possibilidades. Veja-se, nesse sentido, o Enunciado 170 da 3ª Jornada de Direito Civil do Conselho da Justiça Federal, que assim definiu: "A boa-fé objetiva deve ser observada pelas partes na fase de negociações preliminares e após a execução do contrato, quando tal exigência decorrer da natureza do contrato".

24. A doutrina enfatiza tratar-se da boa-fé objetiva, decorrente das condutas esperadas dos contratantes, em oposição à boa-fé subjetiva, que envolve características internas e intenções dos indivíduos.

25. No direito estrangeiro, Ejan Mackaay e Stéphane Rousseau confirmam tal aspecto, ao observarem que "no direito dos contratos, a boa-fé tem sentido diferente, usualmente designada com o termo lealdade", bem como assinalam ainda que a boa-fé "corresponde à ausência de oportunismo" (conforme MACKAAY, Ejan; ROUSSEAU, Stéphane. *Análise econômica do direito*. Tradução de Rachel Sztajn. 2. ed. São Paulo: Atlas, 2020, p. 424 e 429).

26. Previsão expressa que veda o comportamento incoerente é a figura da "exceção de contrato não cumprido", estipulada no artigo 476 do Código Civil. De acordo com tal figura, nos contratos bilaterais, nenhum dos contratantes, antes de cumprida a sua obrigação, pode exigir o implemento da do outro.

27. Observe-se a lição de Ricardo Negrão: "Um exemplo prático da função corretiva do princípio da boa-fé é a proibição de comportamento contraditório – *venire contra factum proprium*. O contratante não pode agir

A boa-fé também é elemento para a interpretação dos negócios jurídicos, vide o artigo 113 do Código Civil. Referido artigo, em seu *caput*, estipula que "os negócios jurídicos devem ser interpretados conforme a boa-fé e os usos do lugar de sua celebração", bem como seu § 1º faz referência expressa a questões comportamentais, usos, costumes e práticas.

3.2.4 Interesse público

Também o interesse público é fator que limita a liberdade contratual das partes. Isso porque, não se admite que o contrato, decorrente da vontade de particulares, possa estabelecer termos que sejam ofensivos a valores gerais da coletividade, que norteiam a sociedade e o ordenamento jurídico. Tais valores e orientações, ordem pública, moral e bons costumes, não podem ser afastados pela vontade dos contratantes. Enzo Roppo define a ordem pública como "o complexo dos princípios e valores que informam a organização política e econômica da sociedade, numa certa fase da evolução histórica"[28]. A moral e os bons costumes, por sua vez, representam regras não expressas de um comportamento esperado em uma sociedade.

3.3 ATUAÇÃO JUDICIAL: *ENFORCEMENT*, CONTROLE DA LEGALIDADE DO CONTRATO E REVISÃO CONTRATUAL

O funcionamento adequado de uma sociedade impõe que os contratos sejam respeitados, para viabilizar as interações desejadas por todos os agentes econômicos em um ambiente de legalidade e segurança.

Pelo princípio da probidade e boa-fé, que respalda a confiança das partes, a expectativa é que as obrigações contratuais sejam cumpridas espontaneamente, sem qualquer intervenção externa. No entanto, quando uma parte descumpre sua obrigação, é possível acionar o Poder Judiciário para impor o cumprimento do contrato, no que se convencionou chamar de "*enforcement*". Nesse contexto, a atuação judicial tem uma importante função em assegurar que as expectativas criadas pela celebração do contrato sejam cumpridas, ou que ao menos a parte lesada seja

---

de forma contrastante àquela contratada. Sua atitude deve ser sempre de coparticipação, conduzindo-se de forma a executar o cumprimento do contrato. Se age em sentido inverso, incorre em abuso, abrindo caminho à revisão contratual ou, se sua atitude é omissiva, ao suprimento judicial de sua vontade", conforme NEGRÃO, Ricardo. *Manual de direito comercial e de empresa*. São Paulo: Saraiva, 2010, v. 2: títulos de crédito e contratos empresariais, p. 232. Sobre tal temática, Marlon Tomazette explica: "há dois comportamentos da mesma pessoa em momentos distintos, os quais, se considerados isoladamente, são lícitos, mas, se considerados no conjunto do comportamento, são vedados. O primeiro comportamento cria uma expectativa legitima na outra parte de que tal postura será mantida, de modo que o segundo comportamento, contrariando a expectativa gerada, se torna ilícito, contrário à boa-fé objetiva", vide TOMAZETTE, Marlon. *Contratos empresariais*. São Paulo: JusPodivm, 2022, p. 110.

28. ROPPO, Enzo. *O contrato*. Coimbra: Almedina, 2009, p. 179.

indenizada em caso de quebra do dever contratual, como forma de compensação pela expectativa não atendida.

Logo, se o contrato faz lei entre as partes, em virtude de sua força obrigatória, é o Poder Judiciário, em regra, quem irá impor a observância dessa lei, em casos de descumprimento pelas partes. Por consequência, a função principal do Poder Judiciário, no contexto dos contratos, é a de assegurar o *enforcement* contratual, ou seja, a imposição de medidas que obrigam as partes a cumprir os contratos. É o que se observa, por exemplo, quando um contratante deixa de realizar um pagamento estipulado em contrato, e o Poder Judiciário viabiliza a respectiva execução, visando impor o pagamento coercitivo. Da mesma forma, ao impedir manobras ardis que visam descumprir o contrato, estará o Poder Judiciário assegurando a imposição do acordo.

Ao mesmo tempo, também é função do Poder Judiciário realizar o controle de legalidade do contrato, no sentido de avaliar se a contratação se deu dentro dos limites legais. Nesses casos, em se constatando que o contrato observou os limites legais, caberá ao Poder Judiciário mantê-lo, tal como celebrado pelas partes, e assegurar seu cumprimento. No entanto, caso verifique a inadequação, poderá o Poder Judiciário proceder à revisão contratual, para ajustar o contrato ao ordenamento jurídico. A revisão contratual, portanto, é forma de controle de adequação do contrato ao ordenamento jurídico[29].

Contudo, note-se que a função de controle de legalidade não autoriza a alteração injustificada do conteúdo originalmente desejado pelas partes. Como regra, o Poder Judiciário não deve interferir injustificadamente no contrato, vindo a fazê-lo somente quando da constatação de alguma ilegalidade ou inadequação. E, ao exercer tal intervenção corretiva, promovendo a revisão contratual, deverá sempre buscar a menor intervenção possível, e manter ao máximo a vontade das partes, dado que a autonomia privada é a regra maior em matéria contratual, e não se deve admitir que terceiro reescreva o conteúdo contratual à revelia das partes. De fato, como observa Enzo Roppo, quanto à interpretação do contrato, é regra de respeito à autonomia privada o julgador avaliar a intenção comum das partes, e em sequência afirma que "não é, pelo contrário, permitido ao juiz valer-se dos seus poderes de equidade para modificar o contrato e fazer derivar dele consequências contrárias à composição de interesses em que as partes fundaram a operação"[30]. Tal ideia pode encontrar correspondência nos princípios da intervenção mínima nos contratos

29. Como exemplo de previsão expressa da lei que autoriza a revisão contratual para readequação, pode-se apontar a figura da onerosidade excessiva, prevista entre os artigos 478 a 480 do Código Civil. Tal figura prevê que o devedor poderá pedir a resolução contratual, na hipótese em que, no contexto de contrato de execução continuada ou diferida, a prestação de uma das partes se tornar excessivamente onerosa, com extrema vantagem para a outra, em virtude de acontecimentos extraordinários e imprevisíveis. A resolução, contudo, pode ser evitada, oferecendo-se o réu a modificar equitativamente as condições do contrato. Ainda, se no contrato as obrigações recaírem apenas sobre uma das partes, poderá ela requerer que sua prestação seja reduzida, ou alterado o modo de cumpri-la, de modo a evitar a onerosidade excessiva.

30. ROPPO, Enzo. *O contrato*. Coimbra: Almedina, 2009, p. 170 e 176.

e da excepcionalidade da revisão contratual. Logo, nesse contexto, essa função judicial corresponde à verificação da legalidade do contrato e, somente diante da constatação de infração ou inadequação, corrigi-lo e ajustá-lo. Isso porque, admitir a intervenção exagerada, que altera regras legitimamente escolhidas pelas partes, tende a gerar a desestabilização do sistema de negócios, gerando impactos sociais indesejados e insegurança jurídica[31].

Por fim, note-se que em alguns casos a atuação judicial poderá ser substituída pela arbitragem. Assim, quando se tratar de matéria de conhecimento, envolvendo direito patrimonial disponível, e havendo consenso entre as partes contratantes, a demanda poderá ser submetida a juízo arbitral, a quem caberá conhecer da matéria em definitivo e proferir sentença arbitral. No entanto, a arbitragem não pode substituir toda a atuação judicial, tal como se verifica em relação aos processos de execução, que são de atribuição exclusiva do Poder Judiciário.

3.4 A RELATIVIDADE DOS EFEITOS DOS CONTRATOS

Dado ser o contrato um acordo criado pelas partes, segundo seus interesses econômicos, é natural que seus efeitos tenham alcance, em regra, limitados aos contratantes. Tal situação retrata o princípio da relatividade dos efeitos dos contratos, segundo o qual as disposições contratuais obrigam as partes, e não afetam diretamente a terceiros. A lógica de tal princípio é bastante evidente, no sentido de que as partes podem exercer direito de autoimposição de obrigações, mas não o podem fazer contra terceiros não envolvidos. Como afirma Haroldo Malheiros Duclerc Verçosa, "o contrato é o resultado da manifestação da autonomia privada que leva as partes, mediante consentimento recíproco, a permitirem a geração de efeitos em seus patrimônios (*res inter alios acta*). Como não é dado a ninguém em circunstância normais praticar atos que atinjam o patrimônio de terceiros, o contrato, evidentemente, causa efeitos tão somente no limite dos patrimônios das partes (...)"[32].

Contudo, tal regra comporta algumas exceções, em que a lei reconhece a possibilidade de um terceiro ao contrato ser afetado diretamente. Típico exemplo é o da estipulação em favor de terceiros (vide Código Civil, artigos 436 a 438), como em um contrato de seguro de vida, celebrado entre a seguradora e o segurado, mas que beneficia a terceiro que não é parte do contrato[33].

---

31. Como afirma Luciano Timm, "a excessiva intervenção judicial nos contratos pode trazer instabilidade jurídica e insegurança ao ambiente econômico, acarretando mais custos de transação às partes, para que negociem e façam cumprir os pactos. Além disso, a excessiva intervenção judicial pode originar externalidades negativas" (TIMM, Luciano Benetti (org.). *Direito e economia*. 2. ed. Porto Alegre: Livraria do Advogado Editora, 2008, p. 66).
32. VERÇOSA, Haroldo Malheiros Duclerc. *Direito comercial* 4: teoria geral do contrato. São Paulo: Ed. RT, 2014, p. 426.
33. Em uma relação de consumo, também é possível identificar tal situação, tal como quando, em consequência de um contrato celebrado entre lojista e consumidor, ocorre por consequência a responsabilização do fabricante do produto, que é terceiro em relação ao contrato.

Ademais, note-se também que, embora o princípio da relatividade envolva a ideia de que como regra o contrato não gera efeitos diretos a terceiros, não há como se negar que terceiros podem ser indiretamente afetados, por efeito reflexo, de forma positiva ou negativa, caracterizando as chamadas externalidades, que podem ser concebidas como efeitos que afetam a terceiros "externos". Tal externalidade pode ser positiva, quando os efeitos beneficiam o receptor, ou negativa, quando impõe um ônus indesejado ao qual não deu causa[34].

34. Paula Forgioni explica as externalidades como efeitos produzidos pelos contratos para além de suas fronteiras clássicas, e exemplifica casos de efeitos contratuais indiretos a terceiros, na seguinte forma: "A abertura de nova pizzaria abalará outras já instaladas na mesma região. A compra de um automóvel é capaz de gerar o aumento da poluição. Contratos de transferência de tecnologia interessam à nação. O pagamento de *royalties* a empresas estrangeiras traz efeitos sobre a balança comercial do país, envolvendo a todos nós. O licenciamento exclusivo de uma patente de remédios pode mostrar-se questão de saúde pública. Os exemplos de efeitos externos dos contratos são inúmeros" (vide FORGIONI, Paula Andrea. *A evolução do direito comercial brasileiro*: da mercancia ao mercado. São Paulo: Ed. RT, 2009, p. 180-181).

4
RELAÇÃO ENTRE AS PARTES DO CONTRATO

4.1 AS PARTES DE UM CONTRATO

Conceitualmente, o contrato pode ser definido como um acordo de vontade entre duas ou mais partes. Portanto, os sujeitos envolvidos na relação contratual são denominados como partes. Cada parte corresponde a um centro de interesses do contrato, podendo este centro ser integrado por uma ou mais pessoas. Logo, o termo "parte" não se confunde com "pessoa". Repita-se: uma parte, enquanto polo de interesses do contrato, pode ser integrada por uma ou mais pessoas.

Para exemplificar essa ideia, tome-se como exemplo um contrato de compra e venda. Trata-se de um contrato que é composto necessariamente por duas partes/ centros de interesse, quais sejam, o polo comprador e o polo vendedor. Trata-se também de contrato bilateral e oneroso, em que ambas as partes possuem obrigações e direitos. No entanto, cada parte desse contrato pode ser integrada por uma ou mais pessoas, como o seria se o objeto da venda fosse um imóvel, pertencente a quatro irmãos coproprietários, enquanto do outro lado figuraria uma pessoa como comprador. Nesse contrato, teríamos duas partes, mas cinco pessoas, dado que quatro integram o polo vendedor e uma o polo comprador.

Logo, sob um prisma geral, a figura do contrato terá um número mínimo de duas partes, mas sem estipulação de número máximo. Embora a grande maioria dos contratos estipulem a existência de apenas duas partes, como ocorre na compra e venda, na locação e no comodato, existem outras modalidades que comportam número maior, tal como ocorre em relação aos contratos de sociedade, acordos de sócios, consórcios societários etc.

4.2 A SITUAÇÃO DAS PARTES

Constatado que as partes correspondem aos centros de interesse presentes no contrato, passaremos a estudar como a lei trata o contrato em razão da relação existente entre elas. Nesse sentido, de forma geral, pode-se se constatar que, quando presente um equilíbrio de forças entre as partes, a lei concede maior liberdade contratual. Mas, quando se constata um maior desequilíbrio, em que uma parte se impõe frente à outra, a lei restringe a liberdade contratual, mediante a imposição de regras adicionais de cunho mais protecionista, destinadas a proteger a parte mais fraca, buscando compensar o desequilíbrio de forças entre as partes e a assimetria informacional. Para ilustrar essas diferentes situações, vamos retratar a relação entre as partes em três diferentes cenários: (i) quando as partes estão em situação de equilíbrio de forças; (ii) quando as partes celebram um contrato por adesão e (iii) quando a relação das partes configura uma relação de consumo (caracterizando-as, portanto, como fornecedor e consumidor).

4.2.1 Partes em relativo equilíbrio (contrato paritário)

Considera-se como contrato paritário aquele contrato celebrado por partes consideradas iguais para efeito de negociação, no que denominamos como "relativo equilíbrio". Nesse caso, perante a lei as partes são consideradas iguais, e considera-se que possuem um poder equivalente de negociação, no sentido de elaboração de cláusulas, condições etc. Mencionamos que o equilíbrio é relativo pois, na prática, a condição individual de cada contratante pode lhe outorgar maior vantagem ou conhecimento em relação à negociação contratual. Mas, perante a lei, as partes serão consideradas iguais. É o caso de uma negociação civil, envolvendo um imóvel residencial, contratada entre duas pessoas físicas, com ampla possibilidade de negociação dos termos e condições do contrato. Para a legislação, trata-se de um contrato paritário, por serem consideradas juridicamente partes iguais. Contudo, se uma parte tem por profissão a advocacia, enquanto a outra parte é um médico, por certo que o advogado possui um natural conhecimento técnico do tema. Mas isso não descaracteriza o equilíbrio jurídico, razão pela qual utilizamos da expressão "relativo equilíbrio". Semelhante equilíbrio pode ser encontrado em um contrato de *joint venture* entre duas sociedades de porte econômico equivalente, ou em uma negociação de controle societário em que ambas as partes são empreendedores profissionais e contam com assessoria jurídica destinada a lhes dar apoio e orientação. Enfim, quando existir tal equilíbrio, ainda que relativo, estará caracterizado o contrato paritário.

Em se tratando de um contrato paritário, a consequência dessa igualdade é que a legislação contratual considera que tais acordos são decorrentes de efetivas negociações individualizadas entre as partes, que conseguem assegurar e impor seus interesses à outra parte, e, portanto, a legislação concede maior liberdade às convenções, bem como amplia suas possibilidades de escolha. Inclusive, a respeito de tal circunstância, veja-se que o artigo 421-A do Código Civil determina que:

> Art. 421-A. Os contratos civis e empresariais presumem-se paritários e simétricos até a presença de elementos concretos que justifiquem o afastamento dessa presunção, ressalvados os regimes jurídicos previstos em leis especiais, garantido também que:
>
> I – as partes negociantes poderão estabelecer parâmetros objetivos para a interpretação das cláusulas negociais e de seus pressupostos de revisão ou de resolução;

II – a alocação de riscos definida pelas partes deve ser respeitada e observada; e

III – a revisão contratual somente ocorrerá de maneira excepcional e limitada.

Portanto, de acordo com a regra geral do Código Civil, os contratos, sejam civis ou empresariais, se presumem paritários e equilibrados (ressalvada a presença de elementos que justifiquem o afastamento dessa presunção, ou regimes contratuais distintos previstos em lei especial), do que decorrem os aspectos estipulados nos incisos, destinados a oferecer maior liberdade às partes e menor possibilidade de intervenção e revisão externa.

Para ilustrar tal liberdade concedida às partes em relativo equilíbrio, tomemos como exemplo a opção de inserir cláusula arbitral em contrato como forma de solucionar conflitos. Em se tratando de contrato paritário, celebrado por partes em relativo equilíbrio, a legislação autoriza plenamente a inserção de cláusula arbitral no contrato, colocando como única exigência que ela se dê por escrito (vide o disposto no art. 4º, § 1º, da Lei de Arbitragem – Lei n. 9.307/1996). Bastando a observância de tal providência, a cláusula é válida e vinculante, pois decorrente de livre escolha de partes negociando em equilíbrio. Nos pontos seguintes veremos como esta possibilidade se altera em razão da modificação quanto à relação das partes.

4.2.2 Partes em contrato por adesão

Considera-se contrato por adesão[35] aquele contrato cujo conteúdo foi elaborado unilateralmente por uma parte, frente ao qual à outra parte cabe decidir entre aderir ou recusar o negócio. Logo, nessa modalidade de contratação inexiste propriamente uma discussão do conteúdo contratual entre as partes. Dessa condição decorre um natural desequilíbrio de forças entre as partes, visto que o proponente consegue impor o conteúdo do contrato unilateralmente elaborado, restando à outra parte aderir ou recusar a contratação, mas sem poderes de negociação ou modificação do conteúdo.

Note-se que o contrato por adesão não se trata de um tipo ou espécie de contrato, mas sim de uma forma de contratar, aplicável aos mais diversos tipos/espécies contratuais. O que caracteriza tal modalidade de contratar é a utilização de modelos padronizados, e não decorrentes de negociações individualizadas, pois observam termos gerais estabelecidos pelo proponente.

Ainda, cabe observar que a contratação por adesão não é uma falha ou defeito, mas uma técnica contratual lícita, aplicável especialmente em negociações em massa, ou seja, negócios que naturalmente envolvam grandes volumes de contratação.

35. Destaque-se que o presente ponto trata de contratos celebrados por adesão, mas que não envolvam relação de consumo, dado que, nesta última hipótese, será aplicável ao caso o Código de Defesa do Consumidor, nos termos do ponto a seguir.

Em alguns setores, inclusive, a contratação por adesão, como forma de agilizar negócios padronizados, é uma necessidade à atividade empresarial, como se vê em relação a contratos bancários, contratos de seguro, contratos de prestação de serviço (telefonia, televisão, internet), entre outros. Mas, a par de ser uma técnica legítima de contratação, não se duvida que dela decorre um desequilíbrio de forças entre as partes, frente ao que a legislação restringe a liberdade contratual, e aumenta a interferência, de modo a proteger a parte mais fraca.

Por tal razão, inclusive, que consta do Código Civil, em seus artigos 423 e 424, disposições específicas para proteger o aderente, quando se tratar de contratação por adesão. Nesse sentido:

> Art. 423. Quando houver no contrato de adesão cláusulas ambíguas ou contraditórias, dever-se-á adotar a interpretação mais favorável ao aderente.
>
> Art. 424. Nos contratos de adesão, são nulas as cláusulas que estipulem a renúncia antecipada do aderente a direito resultante da natureza do negócio.

Para exemplificar a restrição de liberdade contratual e a maior interferência da lei prevista para contratos celebrados por adesão, retomemos o caso relativo à opção de inserir cláusula arbitral em contrato. Em se tratando de contrato por adesão, a legislação até autoriza a inserção de cláusula arbitral. Porém, neste caso, como forma de proteção ao aderente, não basta apenas inserir a cláusula expressamente e por escrito. A sua eficácia demanda a observância de requisitos adicionais, nos termos do artigo 4º, § 2º, da Lei de Arbitragem – Lei n. 9.307/1996, que dispõe:

> § 2º Nos contratos de adesão, a cláusula compromissória só terá eficácia se o aderente tomar a iniciativa de instituir a arbitragem ou concordar, expressamente, com a sua instituição, desde que por escrito em documento anexo ou em negrito, com a assinatura ou visto especialmente para essa cláusula.

Portanto, a não observância dos requisitos adicionais, impostos como proteção à parte mais fraca, desvinculará o aderente da solução arbitral.

4.2.3 Partes em relação de consumo

Nos termos do CDC – Código de Defesa do Consumidor (Lei n. 8.078/1990), haverá uma relação de consumo quando as partes presentes em um contrato corresponderem a, de um lado, um fornecedor profissional de produtos ou serviços e, de outro lado, um consumidor, destinatário final dos produtos e serviços disponibilizados pelo fornecedor[36]. Caracterizada a relação de consumo[37], serão aplicáveis

36. De forma mais técnica, os conceitos relacionados à caracterização da relação de consumo podem ser localizados nos artigos 2º e 3º do Código de Defesa do Consumidor:

"Art. 2º Consumidor é toda pessoa física ou jurídica que adquire ou utiliza produto ou serviço como destinatário final.

Parágrafo único. Equipara-se a consumidor a coletividade de pessoas, ainda que indetermináveis, que haja intervindo nas relações de consumo.

ao contrato as regras do CDC, que prevalecem diante das disposições gerais quando se trata do mesmo objeto. Tais regras, de cunho protecionista, visam resguardar o consumidor diante de uma maior força negocial do fornecedor, e buscam compensar o desequilíbrio existente entre as partes.

Portanto, a relação de consumo é uma situação que pode se aplicar a diversos tipos contratuais, contanto que as partes se enquadrem nos conceitos jurídicos de fornecedor e consumidor, com o correspondente fornecimento de produtos e serviços entre eles. E a consequência prática é que, às regras do tipo contratual celebrado, se agregarão uma ampla gama de regras adicionais, destinadas à proteção da parte vulnerável.

Nesse sentido, retome-se o exemplo apresentado em tópico anterior deste trabalho, referente ao contrato de *leasing* (arrendamento mercantil). Relembre-se que tal contrato possui características próprias bastante peculiares, descritas em lei específica (Lei n. 6.099/1974), além de normas infralegais aplicáveis. No entanto, se as partes do contrato corresponderem a fornecedor e consumidor, serão também aplicáveis à relação entre elas as normas constantes do Código de Defesa do Consumidor. Ou seja, o contrato não deixará de ser um contrato de *leasing*, regido pela Lei n. 6.099/1974, mas deverá observar também regras adicionais para proteção do consumidor.

E, em havendo a aplicação do Código de Defesa do Consumidor a um contrato, constataremos um grau ainda maior de interferência na relação privada, bem como uma maior restrição da liberdade contratual, justificada pela necessidade de reequilíbrio contratual. Isso porque, o CDC estipula direitos de diversas naturezas ao consumidor.

Em termos de restrição de liberdade contratual, cabe observar que o artigo 51 do CDC estipula um rol de cláusulas nulas de pleno direito, ou seja, cláusulas que fogem à possibilidade de negociação em uma relação de consumo. Ademais, no que tange à interpretação de cláusulas contratuais em uma relação de consumo, dispõe o artigo 47 que "as cláusulas contratuais serão interpretadas de maneira mais favorável ao consumidor". Tais artigos se inserem no capítulo que trata da proteção contratual

---

Art. 3° Fornecedor é toda pessoa física ou jurídica, pública ou privada, nacional ou estrangeira, bem como os entes despersonalizados, que desenvolvem atividade de produção, montagem, criação, construção, transformação, importação, exportação, distribuição ou comercialização de produtos ou prestação de serviços.

§ 1° Produto é qualquer bem, móvel ou imóvel, material ou imaterial.

§ 2° Serviço é qualquer atividade fornecida no mercado de consumo, mediante remuneração, inclusive as de natureza bancária, financeira, de crédito e securitária, salvo as decorrentes das relações de caráter trabalhista."

37. Interessante a observação feita por Irineu Mariani, no sentido de que: "O CDC não rege contrato de consumo, e sim relação de consumo inserida em contrato. Não há contrato de consumo como ente autônomo ou específico, mas incidência específica do CDC sobre relação de consumo, a qual surge de maneira difusa nos contratos, independentemente da espécie", conforme MARIANI, Irineu. *Contratos empresariais*. Porto Alegre: Livraria do Advogado Editora, 2007, p. 18.

do consumidor (artigos 46 a 54), envolvendo também outras regras que abrangem deveres de informação, vinculação, desistência do contrato, garantia contratual, entre outros aspectos.

Ainda, além das questões contratuais, o CDC assegura ao consumidor, dentro de uma relação de consumo, outros direitos, tais como os de ordem processual (destinados a facilitar a defesa dos direitos em juízo – como se observa, entre outros aspectos, na possibilidade de inversão do ônus da prova, possibilidade de propositura de ações no domicílio do consumidor, regras mais flexíveis de desconsideração da personalidade jurídica etc.), disciplina das práticas comerciais, repressão a práticas abusivas, disciplina da publicidade (visando combater publicidade abusiva ou enganosa), questões atinentes à qualidade dos produtos e serviços e a consequente prevenção e reparação de danos, entre outros temas. Enfim, como um todo, o Código de Defesa do Consumidor contempla um rol extenso de regras destinadas a resguardar o consumidor, sob diversos aspectos, diante da vulnerabilidade perante o fornecedor.

Cabe pontuar que a relação de consumo não se confunde com a figura do contrato por adesão. A primeira (relação de consumo) é uma situação, decorrente de que as partes correspondem às figuras de fornecedor e consumidor. A segunda (contrato por adesão) é uma modalidade de contratação. Portanto, dada essa distinção, é possível que relações de consumo sejam celebradas através de contratação por adesão ou não, bem como é possível existir contratações por adesão sem envolver relação de consumo. Mas, na prática, o mais comum é que a maioria das relações de consumo sejam negociadas através de contratos por adesão, razão pela qual o CDC inclusive faz algumas menções a tal figura, criando regras adicionais para ela quando decorrentes de relação de consumo, conforme disposto no artigo 54:

> Art. 54. Contrato de adesão é aquele cujas cláusulas tenham sido aprovadas pela autoridade competente ou estabelecidas unilateralmente pelo fornecedor de produtos ou serviços, sem que o consumidor possa discutir ou modificar substancialmente seu conteúdo.
>
> § 1° A inserção de cláusula no formulário não desfigura a natureza de adesão do contrato.
>
> § 2° Nos contratos de adesão admite-se cláusula resolutória, desde que alternativa, cabendo a escolha ao consumidor, ressalvando-se o disposto no § 2° do artigo anterior.
>
> § 3° Os contratos de adesão escritos serão redigidos em termos claros e com caracteres ostensivos e legíveis, cujo tamanho da fonte não será inferior ao corpo doze, de modo a facilitar sua compreensão pelo consumidor.
>
> § 4° As cláusulas que implicarem limitação de direito do consumidor deverão ser redigidas com destaque, permitindo sua imediata e fácil compreensão.
>
> § 5° (Vetado)

Portanto, diante de uma situação de grande disparidade de forças e evidente assimetria, a legislação optou por criar regras de diversas finalidades, com vistas ao reequilíbrio entre as partes, e consequentemente limitando consideravelmente a liberdade contratual.

Para ilustrar a maior restrição de liberdade contratual e interferência da lei em contratos que envolvam relação de consumo, retomemos mais uma vez o caso relativo à opção de inserir cláusula arbitral em contrato como forma de se solucionar conflitos. Em se tratando de contrato submetido ao Código de Defesa do Consumidor, em razão da relação das partes caracterizar uma relação de consumo, a legislação adota medida mais radical, a fim de proteger o consumidor. E, nesse sentido, proíbe expressamente a inserção de cláusula arbitral no contrato, considerando-a como nula de pleno direito. Portanto, em se tratando de partes em relação de consumo, a legislação não permite que as partes optem por inserir cláusula arbitral em seu contrato. Nesse sentido, o artigo 51, VII, do Código de Defesa do Consumidor:

> Art. 51. São nulas de pleno direito, entre outras, as cláusulas contratuais relativas ao fornecimento de produtos e serviços que:
>
> (...)
>
> VII – determinem a utilização compulsória de arbitragem;

Em conclusão quanto a esse exemplo, nota-se que, a título de proteger o consumidor, considerado parte mais fraca e vulnerável, a legislação suprime a possibilidade de uso de cláusula arbitral, retirando tal opção negocial das partes, por se entender medida adequada ao relacionamento contratual nesse contexto.

4.2.4 Considerações finais quanto à relação das partes

Como se vê a partir dos pontos acima, a compreensão da relação entre as partes é aspecto fundamental para se identificar a legislação aplicável, bem como o grau de liberdade contratual disponível aos contratantes. Logo, mais importante que a qualificação das partes (se se tratam de pessoas naturais, empresários individuais, sociedades, entre outros), é a identificação da relação contratual existente entre elas no caso em concreto.

Nesse sentido, veja-se que um contrato integrado por dois empresários pode ser considerado um contrato paritário, caso decorrente de efetivas negociações entre as partes (e sem que nenhuma se caracterize como consumidora), hipótese em que as partes usufruem de maior liberdade contratual e estão sujeitas a menor intervenção externa. Mas também um contrato entre empresários pode se qualificar como um contrato por adesão, quando verificado que uma parte elaborou unilateralmente o conteúdo contratual, e à outra coube apenas aderir. Nessa hipótese, incidirão regras destinadas a proteger o aderente. Exemplos típicos dessa situação, no universo empresarial, podem ser vistos em contratos de franquia, contratos de fornecimento, contratos de locação em shopping center, que muitas das vezes são celebrados através da forma por adesão.

Ainda, cabe consignar que mesmo um contrato celebrado por empresários pode vir a caracterizar uma relação de consumo[38], hipótese em que seriam aplicáveis as regras consumeristas, destinadas a proteger a parte considerada como consumidor.

Inclusive, retomando uma vez mais o exemplo da cláusula arbitral, ele permite verificar claramente os impactos concretos dessa situação. A cláusula arbitral, que é plenamente aplicável aos contratos paritários, já se mostra inaplicável aos contratos de consumo, enquanto que a contratos por adesão (que não envolvam consumidor) ela é possível, mas condicionada à observância de requisitos adicionais.

Assim, constata-se que a relação entre as partes é elemento de grande relevância para apuração das possibilidades negociais dentro de um contrato, bem como para garantir sua plena adequação ao ordenamento jurídico.

38. Inclusive, relembre-se a menção, no artigo 2º do CDC, à pessoa jurídica como consumidora, frente ao que existem casos em que são reconhecidas relações de consumo mesmo entre sociedades empresárias. Como exemplo, veja-se o REsp 1.352.419/SP, que reconheceu relação de consumo em contrato de seguro empresarial, celebrado entre seguradora e pessoa jurídica do ramo de comércio de automóveis, que contratou o seguro para proteção patrimonial de veículos mantidos em seu estabelecimento empresarial. Também o REsp 1.321.083/PR, que reconheceu relação de consumo em contrato entre duas sociedades anônimas, referente à negociação de uma aeronave para transporte de diretores, funcionários e clientes da compradora.

5
CLASSIFICAÇÃO DOS CONTRATOS

Propõe-se, nesse tópico, a apresentação de algumas classificações aplicáveis aos contratos. A relevância das classificações é demonstrar características presentes nos diversos contratos, o que facilita a sua identificação, individualização e ressalta peculiaridades e efeitos. Para os propósitos desse trabalho, optamos por apresentar dez diferentes classificações, relevantes no contexto da compreensão dos contratos empresariais.

5.1 QUANTO ÀS OBRIGAÇÕES DOS CONTRATANTES: UNILATERAIS, BILATERAIS E PLURILATERAIS

Todo contrato é uma fonte de obrigações, e será integrado por duas ou mais partes. No entanto, em relação às obrigações que se atribuem às partes, é possível classificá-los como unilaterais, bilaterais ou plurilaterais.

Unilaterais são os contratos em que as obrigações recaem exclusivamente sobre uma parte. Bilaterais, por sua vez, são contratos em que existem obrigações recíprocas, ou seja, a ambas as partes se atribuem obrigações. Nesse caso, dos bilaterais, também costuma-se empregar a expressão sinalagmáticos (sendo ainda que, em regra, as prestações são opostas, ou seja, a prestação de um costuma representar a vantagem do outro). E, quanto aos plurilaterais, se tratam dos contratos em que obrigações são atribuídas para todas as partes, que podem ser mais de duas[39], sendo que neste caso as prestações não são opostas, mas confluem para um mesmo objetivo, como no caso dos contratos de sociedade.

Note-se ainda que, enquanto contratos unilaterais e bilaterais são frequentes no cotidiano de todas as pessoas, os plurilaterais são mais comuns aos negócios empresariais.

5.2 QUANTO À CELEBRAÇÃO: CONSENSUAIS, FORMAIS E REAIS

Sendo o contrato, por definição, um acordo de vontades, é elemento comum a todos que exista consenso entre as partes, pois do contrário inexistiria o próprio acordo.

39. Sendo que a quantidade de partes pode variar ao longo da vigência do contrato, sem que isso resulte na celebração de um novo contrato.

No entanto, embora a figura do consenso seja elemento comum, é certo que ela não é suficiente, à totalidade dos tipos contratuais, para gerar a sua celebração.

Por isso, se costuma classificar em "consensuais" aqueles contratos em que basta o consenso para acarretar a sua plena celebração. Nessa hipótese, a concordância das partes, por si só, é elemento suficiente a provocar a celebração do contrato, que passará então a produzir efeitos, independentemente da forma adotada para manifestação da vontade, dado que o consenso pode se expressar de diversas formas (verbal, gestual, por escrito, eletronicamente etc.), e, portanto, o contrato pode se provar por qualquer meio de prova admitido pela legislação.

No entanto, existem contratos, denominados "formais", em que só o consenso das partes não é suficiente à sua celebração. Ao consenso deve se agregar a forma obrigatória estipulada em lei ou exigida pelas partes (dado que, nos termos do artigo 109 do Código Civil, em negócio celebrado com a cláusula de não valer sem instrumento público, este é da substância do ato). Portanto, para que se opere a celebração de um contrato considerado formal, é necessário que se tenha a conjugação dos elementos "consenso + forma", dado que a forma estipulada é essencial ao nascimento do contrato. Cabe observar que, no meio empresarial, a maioria dos contratos celebrados são consensuais, sem exigências formais, aspecto que agiliza negócios e reduz custos de transação.

E, ainda, existem contratos em que o consenso deve se conjugar com a entrega do bem objeto do contrato. São os chamados contratos "reais", para os quais a celebração impõe que se tenha a somatória dos elementos "consenso + entrega do bem".

5.3 QUANTO À EQUIVALÊNCIA DE PRESTAÇÕES E AO RISCO DO CONTRATO: COMUTATIVOS E ALEATÓRIOS

Todo contrato apresenta riscos aos contratantes. Em especial, o risco de descumprimento, que pode ensejar a adoção de medidas judiciais destinadas a forçar o cumprimento que não se deu espontaneamente, o que impõe transtornos e custos inesperados à parte prejudicada.

No entanto, para os efeitos dessa classificação, não trataremos do risco jurídico acima indicado, que é uma situação inesperada e indesejável, em especial porque, pelo princípio da probidade e boa-fé, ao se contratar sempre se espera e presume que a contraparte irá honrar seu compromisso. Mas, para a classificação aqui tratada, falaremos de um risco econômico, dentro de um contexto de vantagens e desvantagens em relação aos direitos e obrigações envolvidos no contrato.

Assim, são classificados como comutativos aqueles contratos em que existem prestações certas e equivalentes, do que decorre um equilíbrio entre as prestações das partes. Em uma análise de custo-benefício, a prestação a que uma parte se obriga corresponde ao que tem a receber em troca.

Os contratos aleatórios, por sua vez, apresentam um desequilíbrio natural entre as obrigações, que impõe um risco consciente ao contrato, cujo resultado efetivo será dependente de um fator de incerteza que fará com que a operação se mostre, ao final, mais interessante a uma parte do que em relação à outra. Logo, sob um prisma econômico, os contratos aleatórios apresentam um risco natural, como elemento característico, diversamente aos comutativos, em que existe um equilíbrio natural entre as obrigações. Portanto, ressalte-se, nos aleatórios o risco não é inesperado e tampouco indesejável, mas sim elemento característico a definir essa classificação. Assim, há que se distinguir o risco natural que caracteriza o contrato aleatório (e que, portanto, estará sempre presente), do risco acidental (e inesperado) presente a todos os contratos, como é o caso de um descumprimento contratual.

5.4 QUANTO À DISCIPLINA LEGAL: TÍPICOS E ATÍPICOS

Em decorrência da autonomia privada e da liberdade de contratar, as pessoas em geral podem se valer de contratos para realização de negócios que considerem convenientes a seus interesses. Para tanto, podem se utilizar dos contratos expressamente previstos na legislação, mas podem também criar novos tipos contratuais, que melhor se adequem às necessidades dos contratantes.

Nesse prisma, serão chamados de contratos típicos, ou nominados, aqueles aos quais a lei dedica uma regulamentação, disciplinando suas regras e características. Portanto, são tipos contratuais que possuem regras jurídicas próprias. Note-se que, quanto aos contratos típicos, por serem disponibilizadas regras específicas em lei, viabiliza-se a contratação por referência[40], dado que existem parâmetros estabelecidos em lei para orientar a negociação, celebração e interpretação do contrato.

Por outro lado, é expressamente permitida a livre criação de contratos não previstos em lei, os quais serão chamados de atípicos ou inominados. Como observa Silvio Rodrigues, "inominados ou atípicos são os contratos que a lei não disciplina expressamente, mas que são permitidos, se lícitos, em virtude do princípio da autonomia privada. Surgem na vida cotidiana, impostos pela necessidade do comércio jurídico"[41].

Os atípicos têm suas características e conteúdo estabelecidos livremente pelos contratantes[42]. Podem se tratar de elementos totalmente novos e originais, como podem decorrer da combinação de elementos próprios de outros contratos[43], devendo

40. Nesse sentido: VASCONCELOS, Pedro Pais de. *Contratos atípicos*. Coimbra: Almedina. 1995, p. 8.
41. RODRIGUES, Silvio. *Direito civil*. 29. ed. São Paulo: Saraiva, 2003, v. III, p. 37.
42. No contexto dos contratos atípicos, podem se verificar contratos inovadores, criados pelas partes e sem base de referência anterior, como também os contratos que, embora legalmente atípicos (por falta de disciplina legal), são considerados socialmente típicos, em razão dos usos e costumes decorrentes da prática reiterada.
43. Nesse caso, em que o contrato envolve a combinação de elementos próprios de outros tipos contratuais, muitos autores sugerem nomear como "contratos atípicos mistos".

sempre, no entanto, serem observadas as regras contratuais gerais estabelecidas na legislação, conforme se denota da leitura do artigo 425 do Código Civil, que dispõe que "é lícito às partes estipular contratos atípicos, observadas as normas gerais fixadas neste Código".

Por fim, observe-se que ocorrência comum no mundo negocial é que os contratos venham a nascer atípicos, fruto da criatividade empresarial, e, após sua inserção e assimilação nas práticas comerciais, venham a ser tipificados, em função de lei que passe a disciplina-los[44].

5.5 QUANTO À EXISTÊNCIA DE RETRIBUIÇÃO: ONEROSOS E GRATUITOS

Avaliando a perspectiva econômica, no sentido das vantagens e desvantagens que experimentam os contratantes, temos que serão classificados como contratos onerosos aqueles que estabelecem vantagens ou retribuições para ambas as partes contratantes. Portanto, em uma análise de custo-benefício, os contratos onerosos estipulam prestação e uma consequente contraprestação equivalente, de modo que existe um ônus a cumprir por cada parte.

Por outro lado, são classificados como gratuitos aqueles contratos que estipulam vantagem ou retribuição unicamente para uma parte (logo, nesse caso, uma parte cumpre uma obrigação que beneficia a outra, mas sem receber contrapartida). Em contratos gratuitos, o ônus recai exclusivamente sobre uma parte.

Dada tal característica, cabe observar que os contratos empresariais costumam ser, em sua grande maioria, onerosos, decorrentes do próprio propósito lucrativo do empresário, não obstante possa o empresário, excepcionalmente, celebrar contratos gratuitos que possam ter utilidade no contexto de seus interesses negociais.

5.6 QUANTO A VÍNCULO DE SUBORDINAÇÃO: PRINCIPAIS E ACESSÓRIOS

Dentre os diferentes tipos de contratos, é possível estabelecer uma certa ordem hierárquica, conforme o contrato envolva negócio independente ou dependente de outro.

---

44. Neste sentido, Arnoldo Wald menciona que "com o decorrer do tempo os contratos atípicos se transformam em contratos típicos", conforme WALD, Arnoldo. *Obrigações e contratos*. 11. ed. São Paulo: Ed. RT, 1994, p. 180. Ainda, conforme ensina Rachel Sztajn, a origem dos tipos legais está no tráfico econômico, construído a partir dos usos e costumes, como formas de comportamento social. A prática, entre os empresários, de padronizar cláusulas acaba ganhando a conotação de comportamento socialmente aceito e de conduta reiterada, que se mantém ao longo do tempo e cria um tipo social. Quando esses contratos, socialmente aceitos, são incorporados à legislação, passam a integrar o rol de tipos legais. Verifica-se então o recolhimento do tipo contratual, transformando-o em um novo contrato nominado ou típico (vide SZTAJN, Rachel. *Contrato de sociedade e formas societárias*. São Paulo: Saraiva, 1989, p. 11-12).

Assim, classificam-se como principais aqueles contratos que representam o negócio fundamental, ou seja, são suficientes a viabilizar o objetivo maior dos contratantes. Tal contrato, para que seja celebrado e produza os efeitos desejados, independe de outro contrato.

Por sua vez, existem contratos que são celebrados apenas em razão de outro, como forma de complementar outra negociação. Nessa hipótese, serão classificados como contratos acessórios, que se destinam a acompanhar outro contrato principal, e sua própria razão de ser está vinculada e subordinada ao contrato principal. É o típico caso que observamos em contratos de garantia, como a fiança ou a alienação fiduciária em garantia, que se justificam em razão de respaldar uma obrigação principal estabelecida em outro contrato.

5.6.1 Contratos coligados

Dada a vinculação entre contratos apresentada nessa classificação, cabe comentar o conceito de contratos coligados.

Os contratos coligados representam uma situação de pluralidade de contratos, que se vinculam por uma unidade de interesses econômicos, de modo que o resultado negocial pretendido será obtido mediante a somatória de diversos contratos realizados individualmente. Nessa hipótese, cada contrato mantém sua individualidade, mas somente a celebração paralela viabiliza a obtenção do resultado negocial pretendido, de modo que cada contrato depende do outro para alcance do objetivo negocial. Como observa Haroldo Malheiros Duclerc Verçosa, "a coligação somente se estabelece quando cada contrato integrante de um determinado esquema econômico tem a sua conclusão indissoluvelmente ligada à conclusão de um ou de diversos outros contratos, em uma integração complexa e necessária"[45].

5.7 QUANTO À FIGURA DAS PARTES: COMUNS, PURAMENTE EMPRESARIAIS E INTEREMPRESARIAIS

Acerca das pessoas que podem figurar como partes em um contrato, iremos classificá-los como comuns, puramente empresariais e interempresariais.

Classificam-se como comuns (ou genéricos) aqueles contratos em que podem figurar, em todos os polos contratuais, quaisquer pessoas. Assim, são contratos de que podem se valer os empresários, mas não são exclusivos deles, pois podem ser celebrados entre pessoas naturais, entre empresários, entre empresários e pessoas naturais etc.

---

45. VERÇOSA, Haroldo Malheiros Duclerc. *Direito comercial 4*: teoria geral do contrato. São Paulo: Ed. RT, 2014, p. 134.

Classificam-se como puramente empresariais aqueles contratos em que, em razão das características próprias do tipo contratual, é indispensável a presença de ao menos um empresário figurando em um dos polos contratuais, embora no outro polo possa figurar qualquer pessoa.

Por fim, classificam-se como interempresariais os contratos em que, em razão das suas características próprias, todas as partes serão necessariamente empresários.

5.8 QUANTO À MODALIDADE DE NEGOCIAÇÃO: PARITÁRIOS E POR ADESÃO

Embora seja o contrato um acordo de vontades, nem sempre a construção do conteúdo contratual irá decorrer de uma integração equilibrada dos desejos das partes. Há casos em que, de fato, as partes possuem poder econômico equivalente, e conseguem compor suas vontades buscando um consenso efetivo, construído após intensas negociações. Mas também há casos em que uma parte consegue se sobrepor à outra, e impor majoritariamente o conteúdo contratual.

Nesse contexto, quando existente um poder equivalente de negociação, de modo que a lei considere as partes "iguais"[46], classificar-se á o contrato como sendo paritário, ou também chamado negociado ou personalizado. Em um contrato paritário, a legislação considera que o acordo resulta de efetivas negociações entre as partes, que conseguem assegurar seus interesses frente à outra parte, e, consequentemente, a legislação concede maior liberdade negocial a tais contratos.

Já o contrato por adesão representa a ideia de um contrato com cláusulas predispostas, previamente estabelecidas por uma parte, que consegue impor seus termos à outra, que fica sujeita à aceitação geral do contrato ou rejeição do negócio. Frente a esse desequilíbrio negocial, a legislação impõe regras adicionais a contratos por adesão no objetivo de proteção da parte aderente.

Relembre-se comentário anterior de que o contrato por adesão não é tipo de contrato, mas modalidade de contratação, destinada especialmente a negociações em massa, em negócios que demandam grande e constante volume de contratações.

5.9 QUANTO AO TEMPO DO CUMPRIMENTO: IMEDIATO, DIFERIDO E CONTINUADO

Quanto ao cumprimento (ou execução voluntária), é possível classificar os contratos em cumprimento imediato, cumprimento diferido e cumprimento continuado.

46. A respeito da relatividade da igualdade das partes, ver nossos comentários em item anterior, sobre a relação entre as partes do contrato.

O cumprimento imediato, à vista ou instantâneo, corresponde à situação em que, simultaneamente ou logo em sequência à celebração do contrato, as partes cumprem a totalidade das obrigações avençadas. Portanto, nesse caso, o cumprimento é ato sequencial à celebração, em modalidade muito comum no universo negocial.

O cumprimento diferido, a prazo ou a termo, corresponde à situação em que, celebrado o contrato, o cumprimento da prestação única de uma ou de todas as partes será diferido (postergado) no tempo, havendo um intervalo considerável de tempo entre ambos os momentos.

Por fim, o cumprimento continuado ou sucessivo corresponde à situação em que se convencionam prestações sucessivas, de uma ou mais partes, podendo se estipular um prazo final para tal vínculo, ou mesmo se adotar prazo contratual indeterminado.

5.10 QUANTO À FORMA DE LIQUIDAÇÃO: LIQUIDAÇÃO FÍSICA E LIQUIDAÇÃO POR DIFERENÇA

Ainda no contexto do cumprimento, é possível classificar os contratos quanto à forma de liquidação contratual, no sentido de efetivação do cumprimento da prestação.

De um lado, temos a liquidação física, modalidade tradicional e usual nos contratos. Por tal situação, a entrega da prestação prometida é feita de modo integral e física, com a efetiva transferência da coisa ou do preço total.

Mas também se reconhece a existência dos contratos com liquidação por diferença, ou também denominados por liquidação diferencial ou liquidação financeira. Tal figura é utilizada principalmente no universo empresarial, em especial envolvendo negociações de títulos, valores ou mercadorias em bolsas de valores, de mercadorias e de futuros, bem como no setor bancário. Nesse contexto, a liquidação por diferença é uma característica bastante presente nos contratos derivativos, negociados no âmbito do mercado financeiro.

Nessa hipótese, a liquidação (cumprimento) do contrato não envolverá, ao final, a entrega do objeto de referência da contratação, e nem o pagamento do preço integral, dado que o contrato se liquidará exclusivamente pela diferença entre o preço originalmente ajustado e a cotação do dia do vencimento do ajuste. Portanto, o objetivo de tais contratos é apenas o de garantir uma compensação pela variação no preço de mercado do ativo referência, compensação esta que se dará através de um ajuste financeiro no vencimento do contrato[47].

---

47. Em síntese, afirma Marcos Paulo de Almeida Salles que "o contrato é diferencial quando nele seu objeto é a álea resultante da diferença de valores de cotação e de contratação, na data do vencimento do acordo (...)", conforme SALLES, Marcos Paulo de Almeida. *O contrato futuro*. São Paulo: Cultura Editores Associados, 2000, p. 101.

Reitere-se que a plena compreensão de tais negócios demanda ter em mente que, ao se adotar a liquidação por diferença no contrato, não se objetiva a entrega de coisa, mas sim o pagamento de um ajuste financeiro decorrente de variação de cotação em mercado entre o período de celebração do contrato e a data de cumprimento.

A título de exemplo, imagine-se um contrato de compra e venda de execução diferida, que tenha por ativo de referência a moeda "dólar". As partes, contrapostas (comprador e vendedor), estarão se posicionando em função de comportamentos diversos da moeda, e assumindo riscos opostos. Para uma parte, o aumento da cotação do dólar será vantajoso, enquanto para a outra parte a queda na cotação do dólar é que acarretará vantagem, frente ao que se constata ser contrato de risco natural. Determinada a liquidação por diferença, ao final do prazo estipulado ficará caracterizado o ganho para uma parte e a perda para o outra, decorrente do comportamento do dólar no período do contrato e da posição contratual de cada parte. Assim, caberá a uma parte pagar à outra apenas o ajuste financeiro decorrente da oscilação da moeda.

Trata-se de uma operação de considerável complexidade, mas que é de utilização frequente no universo empresarial, e possui relevantes impactos na economia. Por tal razão, inclusive, o Código Civil, em seu artigo 816, reconhece e autoriza expressamente a modalidade de liquidação por diferença.

6
FASES DA RELAÇÃO CONTRATUAL

A duração do relacionamento contratual é um aspecto que pode assumir situações muito diversas. A depender da complexidade e das características do negócio, a efetivação de todas as fases da relação contratual pode demandar poucos minutos, como pode transcorrer ao longo de anos ou décadas. Isso porque, a celebração do contrato é precedida por uma etapa pré-contratual, das negociações. Sendo bem-sucedidas tais negociações, a consequência é a celebração do contrato, à qual se segue sua etapa de cumprimento, em que as partes devem cumprir as obrigações assumidas. E, ao seu final, a extinção do contrato, pondo fim ao vínculo.

Assim, o esgotamento de todas estas fases está diretamente relacionado às características do tipo contratual desejado e ao nível de complexidade envolvida na negociação, o que somente se poderá apurar em cada caso em concreto. Tome-se como exemplo um contrato de compra e venda. Quando se trata de um consumidor que comparece a um estabelecimento empresarial (livraria) desejando comprar um livro, o completo esgotamento de todas as fases demorará alguns poucos minutos, que compreendem o tempo do interessado encontrar a obra desejada, avaliar preço, discutir eventuais condições e decidir pela aquisição. Formalizada a compra pelo consenso, segue-se de imediato a etapa de cumprimento, através do pagamento do preço e a entrega do bem ao comprador, levando em sequência à extinção do contrato. Portanto, tal situação, tão comum na vida em geral, apresentou o esgotamento de todas as fases contratuais em poucos instantes. Mas o mesmo contrato de compra e venda pode ser aplicado a um trâmite muito mais longo, como se verifica em uma aquisição de controle societário. Em razão da maior complexidade, bem como dos maiores valores, riscos e burocracias envolvidos, a fase de negociações costuma se prolongar por meses. Em sendo bem-sucedida, se segue a celebração do contrato, que, em negócios dessa natureza, pode estipular que o pagamento se dê ao longo de prestações sucessivas, que podem demandar mais alguns anos até a completa quitação, que então levará à extinção contratual. Portanto, impossível definir de antemão a duração de cada fase, sem apreciar a situação em cada caso em concreto.

Mas, independentemente da quantidade de tempo despendida, essa divisão de fases costuma se aplicar em geral aos contratos. Diante disso, passaremos a avaliar as peculiaridades integrantes de cada fase da relação contratual.

6.1 FASE PRÉ-CONTRATUAL

A fase pré-contratual, também chamada de formação do contrato (prevista no Código Civil entre os artigos 427 a 435), antecede à celebração do contrato e abrange as tratativas das partes visando um eventual acordo futuro.

Tal fase envolve, em grande medida, as negociações preliminares, destinadas a permitir às partes uma análise de conveniência quanto à celebração do contrato.

Em negócios mais complexos, é comum a celebração de instrumentos prévios, destinados a respaldar as partes durante o trâmite negocial, tais como protocolos de intenções, acordos de confidencialidade e de exclusividade. Também é comum, nessa fase, a elaboração de minutas contratuais, e a realização de procedimentos de avaliação de documentos e riscos, tal como a chamada "*due diligence*", que corresponde à ideia de uma auditoria destinada a avaliar a situação das partes presentes na negociação, bem como dos objetos negociados, para gerar dados e informações que baseiem a negociação e a posterior decisão dos envolvidos, e preveni-los contra potenciais riscos do negócio.

Note-se que durante tal fase inexiste vínculo contratual. No entanto, em decorrência do princípio da probidade e boa-fé, algumas condutas podem acarretar responsabilidade pré-contratual ("*culpa in contrahendo*"). É exemplo o descumprimento de dever de sigilo assumido por ocasião de negociações que não avançaram. Caso a parte faça uso indevido de informações a que teve acesso em decorrência das negociações, e que se comprometeu a não usar indevidamente, estará adotando comportamento desleal, em relação ao qual pode ser responsabilizada, mesmo diante da não celebração do contrato definitivo.

No contexto das negociações preliminares, ocorrendo um avanço no desejo de contratar, espera-se que uma parte formule a proposta[48], cabendo à outra parte a aceitação[49] ou rejeição da oferta, ou ainda a apresentação de uma contraproposta. Cabe observar que nesse caso estamos considerando uma negociação composta de duas partes (proponente e aceitante), como ocorrerá na maioria dos contratos. Mas não se pode esquecer que existem também contratos compostos por mais de duas partes, situação em que o processo negocial será integrado por múltiplas partes, que devem acordar quanto aos termos do negócio.

Havendo a aceitação da proposta, ou a concordância das múltiplas partes, encaminha-se para a fase seguinte, da celebração do contrato.

48. A figura da proposta é disciplinada pelo Código Civil, entre os artigos 427 e 429. Em se tratando de relação de consumo, a oferta é disciplinada no Código de Defesa do Consumidor (artigo 30 e seguintes).
49. A figura da aceitação é disciplinada pelo Código Civil, entre os artigos 430 a 434.

6.1.1 A figura do pré-contrato (contrato preliminar)

No decorrer da fase pré-contratual, é possível às partes a celebração de um pré-contrato ou contrato preliminar[50], tema disciplinado no Código Civil entre os artigos 462 a 466. Tal figura busca gerar um vínculo entre os negociantes com vistas à celebração futura do contrato principal. Portanto, diferente de outros instrumentos prévios, o pré-contrato é figura que gera vínculos, no sentido de obrigar a uma contratação. Sua razão de ser, em regra, é estabelecer vínculos prévios em relação a um futuro contrato definitivo que imponha a observância de formalidades, ou imponha a entrega do objeto contratual como condição para a celebração. Ele cria, portanto, um compromisso de contratação futura e inclusive, caso não contenha cláusula de arrependimento, permite exigir a celebração do contrato definitivo.

6.2 A CELEBRAÇÃO DO CONTRATO

Dado ser o contrato um acordo de vontades, por consequência o elemento fundamental para sua celebração é a existência de consenso entre as partes. Todo contrato demanda consenso. No entanto, relembramos as classificações apresentadas anteriormente, que informam que, em nosso direito, no que tange à celebração, temos os contratos "consensuais", "formais" e "reais".

Os contratos consensuais são aqueles para os quais o mero consenso das partes é suficiente para gerar a celebração. Tal consenso pode se manifestar de formas diversas, tal como por gestual, verbal, por escrito, por via eletrônica etc. Trata-se da situação da grande maioria dos contratos, e assim pode-se dizer que, a partir do encontro de vontade das partes, imediatamente nasce o contrato, que passa então a produzir efeitos. Para estes, relembre-se, a adoção de forma escrita não é imposição da lei, mas uma medida destinada a gerar maior segurança jurídica, através da formalização em documento que servirá como prova do conteúdo contratual.

No entanto, existem contratos para os quais apenas o consenso não é suficiente para sua celebração. É o caso dos contratos formais, em que, além do consenso, as partes precisam observar a forma específica exigida pela legislação (tal como previsto no Código Civil, artigo 108) ou escolhida expressamente pelas partes (Código Civil, art. 109). Só então, com a conjugação desses dois elementos (consenso + forma), é que se terão por celebrados tais contratos.

E, ainda, é o caso também dos contratos reais, em que, além do consenso, é necessária a entrega do objeto do contrato para viabilizar sua celebração. Então, com

50. Conforme aponta a doutrina, a tal figura se atribuem diversos nomes, tal como contrato preliminar, pré-contrato, promessa de contrato, compromisso, contrato preparatório, antecontrato etc. Vide GOMES, Orlando. *Contratos*. 26. ed. Rio de Janeiro: Forense, 2008, p. 159, e BULGARELLI, Waldirio. *Contratos mercantis*. 11. ed. São Paulo: Atlas, 1999, p. 114.

a conjugação de tais elementos (consenso + entrega do bem), ter-se á por celebrado o contrato de característica real.

Assim, a compreensão de tal classificação é relevante para indicar o momento em que as tratativas geram a celebração efetiva do contrato, que a partir de então passará a produzir efeitos, ingressando na fase destinada ao cumprimento do contrato.

6.3 A FASE DE CUMPRIMENTO DO CONTRATO

Celebrado o contrato, as partes ingressam na fase destinada ao cumprimento das estipulações contratuais (também chamada de fase da execução do contrato). Nesse sentido, o contrato pode estabelecer que o cumprimento se dará de forma imediata, de forma diferida ou de forma continuada.

O cumprimento imediato, ou à vista, é aquele que, em sequência à celebração, as partes já cumprem a totalidade de suas prestações e esgotam os efeitos previstos para o contrato.

O cumprimento diferido, a termo ou a prazo, é aquele em que a obrigação é postergada no tempo. Seria como se, em uma compra e venda, a entrega da coisa e o respectivo pagamento do preço fossem estipulados para um prazo de 90 dias após a celebração.

Já o cumprimento continuado, ou sucessivo, é aquele em que as obrigações serão cumpridas em diversas e sucessivas prestações, sendo que é possível se estipular um prazo final/determinado (como uma venda em parcelas, ou uma locação imobiliária por prazo determinado), mas também podemos considerar aqui a hipótese de contratos celebrados por prazo indeterminado, sem a estipulação prévia de uma data de término (como se verifica comumente em contratos de fornecimento, de prestação de serviços, de locação por prazo indeterminado etc.).

Observe-se que, durante a fase de cumprimento, é permitido realizar modificações consensuais em relação ao contrato[51], tanto quanto às pessoas quanto em relação ao conteúdo. Caso exista o desejo de modificação quanto às partes presentes no contrato, tal medida é possível através de cessão ou transferência da posição contratual, em que uma nova pessoa integra o contrato como parte. Quanto ao conteúdo, é permitido às partes celebrar aditamentos (também chamados de adendos ou aditivos), pelo qual promovem a alteração do conteúdo contratual, através de nova redação para cláusulas anteriormente estabelecidas.

---

51. Além de eventuais modificações ao contrato promovidas por iniciativa comum das partes, relembre-se também que, frente a eventual conflito, possam ocorrer modificações do conteúdo contratual por iniciativa de terceiros estranhos ao contrato, decorrentes de revisão judicial ou arbitral.

6.4 EXTINÇÃO DO CONTRATO

6.4.1 Extinção pelo cumprimento integral

Celebrado o contrato e iniciada a fase de cumprimento, a expectativa das partes é de que todas as obrigações se cumpram voluntariamente de modo que, ao seu final, o contrato esteja naturalmente extinto pelo cumprimento integral das obrigações. Ou seja, nesse caso ele foi devidamente celebrado e gerou todos os efeitos esperados pelas partes, de modo que foi integralmente cumprido em seus termos avençados. Portanto, é o término naturalmente esperado pelos contratantes, dado que atende às expectativas dos envolvidos.

No entanto, observe-se que tal hipótese somente se aplica a contratos que tenham previsão de prazo final/determinado, seja de cumprimento imediato, diferido ou continuado, e que efetivamente alcancem seu termo final, portanto esgotando a fase de cumprimento.

6.4.2 Extinção por rescisão (contratos em curso ou por prazo indeterminado)

Situação diversa à anterior é a dos contratos que, ainda em curso, são levados à extinção por rescisão. Aplica-se a ideia da rescisão, desse modo, tanto aos contratos que tenham prazo final determinado, mas ainda estão em curso (logo, estão produzindo efeitos, mas ainda não esgotaram as prestações estabelecidas), quanto aos contratos celebrados por prazo indeterminado, em que a própria inexistência de prazo final demanda a rescisão para a extinção do contrato.

Logo, nessa ótica, o contrato foi celebrado, está produzindo efeitos, mas não atinge a conclusão originalmente esperada em razão da rescisão, ou, sem prazo determinado, é rescindido por iniciativa de uma ou mais partes, levando à sua extinção.

O termo rescisão aqui é usado como gênero[52], que abrange diferentes formas de extinção do contrato ainda em curso ou a prazo indeterminado, e a motivação para a extinção é uma causa posterior ao contrato[53].

Portanto, a rescisão contratual, como gênero, tem por espécies a resilição e a resolução.

A resilição corresponde à ideia de desfazimento do contrato em curso por vontade de uma ou de todas as partes, ou seja, é forma de extinção do contrato por

---

52. Note-se que existe uma divergência terminológica quanto ao uso do termo rescisão. No entanto, dado o texto do Código Civil, que em diversas passagens utiliza o termo rescisão de forma genérica (vide artigos 455, 810 e 607), bem como a prática jurídica, que emprega vastamente o termo rescisão de forma geral à ideia de extinção de contratos em andamento, optou-se nesta obra por usar rescisão como gênero, de que são espécies a resilição e a resolução.
53. Não se insere nesse tópico, portanto, a invalidade decorrente de causas anteriores, que comprometem o próprio contrato.

simples declaração de vontade das partes. A iniciativa pode ser de todas as partes, conjuntamente, ou individualmente de uma parte, caracterizando a resilição unilateral. Em contratos por prazo indeterminado, dado que inexistente termo final pré-ajustado, trata-se de meio próprio de extinção regular, seja ela por iniciativa de uma ou de todas as partes.

Nos termos do artigo 472 do Código Civil, a resilição por iniciativa conjunta de todas as partes se opera através do distrato, que é o documento que representa negócio jurídico extintivo de contrato anterior. Em contratos de execução diferida ou continuada a prazo determinado, o distrato é instrumento apto a encerrar o vínculo antes de seu termo extintivo original, mas também é figura cabível em contratos por prazo indeterminado[54].

Já a resilição unilateral é aquela motivada por iniciativa de uma parte[55], através de notificação à outra, nos casos em que a lei assim permita[56].

A resolução, por sua vez, é a forma de extinção do contrato em curso que decorre de infração contratual. Portanto, diante do descumprimento do contrato por uma das partes, a outra pode pleitear a resolução contratual, levando à extinção do vínculo. Nesse sentido, nos termos do artigo 475 do Código Civil, a parte prejudicada pelo inadimplemento pode pedir a resolução do contrato, caso não preferir exigir o cumprimento, cabendo, em qualquer dos casos, indenização por perdas e danos. Ainda, o artigo 474 autoriza a inserção, no contrato, de cláusula resolutiva expressa,

---

54. Conforme atesta Fran Martins: "Todos os contratos podem ser distratados, isto é, podem extinguir-se pela livre manifestação de vontade de ambas as partes. Naturalmente, os contratos de execução imediata, como a compra e venda à vista, não ficam sujeitos a distrato, porque se extinguiram no momento em que a prestação e a contraprestação foram executadas. Condição para que possa haver distrato ou resilição bilateral é que o contrato esteja em vigor, pois só se extingue o que existe" (vide MARTINS, Fran. *Contratos e obrigações comerciais*. 17. ed. Rio de Janeiro: Forense, 2017, p. 86).
55. Observa Fran Martins que a resilição unilateral pode envolver a imposição de multa: "outras vezes, ao contratar, as partes estabelecem que o contrato pode ser resilido pela vontade unilateral de um contratante, desde que esse pague certa importância para compensar seu arrependimento. A essa importância a ser paga dá-se o nome de multa penitencial". O autor ainda enfatiza a distinção entre a multa penitencial (compensação pelo desfazimento do negócio) e a cláusula penal (decorrente do descumprimento contratual), conforme MARTINS, Fran. *Contratos e obrigações comerciais*. 17. ed. Rio de Janeiro: Forense, 2017, p. 86.
56. Conforme o parágrafo único do artigo 473 do Código Civil, se, dada a natureza do contrato, uma das partes tiver realizado investimentos consideráveis para o cumprimento do contrato, a denúncia unilateral só produzirá efeitos depois de transcorrido prazo compatível com a natureza e o vulto dos investimentos. Nesse contexto, veja-se o REsp 1.874.358/SP, que tratou sobre o abuso de direito na resilição unilateral, frente a caso de rescisão de contrato, sem que fosse respeitado um prazo razoável para a recuperação dos investimentos necessários pelas contratadas para o exercício da atividade, reconhecendo-se direito a indenização. Da decisão, destacamos a seguinte passagem: "5. O art. 473 do CC/2002 disciplina a denúncia injusta do contrato, estabelecendo uma garantia de recuperação dos investimentos, fundada na boa-fé objetiva, a cuja observância estão obrigados os contratantes por força do art. 422 do CC/2002. 6. A regra extraída do parágrafo único do art. 473 do CC/2002 revela que o prazo expressamente avençado para o aviso prévio será plenamente eficaz desde que o direito à resilição unilateral seja exercido por uma parte quando já transcorrido tempo razoável à recuperação dos investimentos realizados pela outra parte para o devido cumprimento das obrigações assumidas no contrato; do contrário, o legislador considera abusiva a denúncia, impondo, por conseguinte, a suspensão dos seus efeitos até que haja a absorção do capital aplicado por uma das partes para a execução do contrato em favor da outra".

que opera a resolução de pleno direito em razão de infração contratual, ou seja, basta o descumprimento contratual para acarretar automaticamente a extinção contratual. Tal medida facilita a situação da parte prejudicada pelo descumprimento, pois na ausência de tal cláusula, a resolução dependerá de interpelação judicial.

Por fim, note-se que, mesmo após a extinção do contrato, podem existir obrigações que perduram para os envolvidos, caracterizando uma responsabilidade pós-contratual. Exemplificam tal situação, entre outros casos, o dever de não concorrência, para adquirentes de estabelecimentos empresariais (vide artigo 1.147 do Código Civil), bem como o dever de sigilo quanto a informações confidenciais a que uma parte teve acesso durante a vigência do vínculo contratual.

Parte II
ASPECTOS PRÁTICOS

7
CONSIDERAÇÕES DE ORDEM PRÁTICA EM MATÉRIA DE REDAÇÃO CONTRATUAL

Como visto na primeira parte deste trabalho, vigora no Brasil a regra de liberdade de forma quanto aos contratos. Portanto, à exceção dos contratos formais, para os demais inexiste obrigação de atender a forma ou modelo específico. Por consequência, para negócios mais simples, utilizam-se meios negociais informais e ágeis, realizados de diversos modos, tal como de maneira verbal, por gestual, por telefone, por correspondência, através de plataformas eletrônicas, sites, aplicativos, redes sociais etc. Tal possibilidade acaba representando um meio conveniente de agilizar negócios e reduzir custos.

No entanto, para negócios de maior relevância e complexidade, é praxe a opção por elaborar documento escrito que instrumentalize o contrato. Note-se que, na atualidade, a referência a contrato escrito abrange a tradicional versão impressa em papel e assinada de próprio punho, mas compreende também a hipótese de o instrumento escrito estar em formato digital, inclusive com assinatura eletrônica. Ainda assim, em existindo redação de seu conteúdo, estaremos tratando de contrato escrito.

Sabendo que, em regra, tal documento escrito não é imposição legal, é preciso lembrar que a principal função de sua elaboração é servir como instrumento de prova quanto à existência e ao conteúdo do contrato[1].

Logo, o profissional que redigir um instrumento contratual escrito deverá partir do pressuposto que está desenvolvendo um documento dedicado a servir como prova em eventual conflito futuro, destinando-se o texto às partes, para avaliação de seus direitos e deveres, mas, especialmente, para uma possível análise de um juiz ou árbitro, que a partir de tais regras deverão conhecer do caso e proferir uma decisão.[2]

---

1. Nesse sentido: "Há uma distinção elementar que não se pode perder de vista: a distinção entre contrato e instrumento de contrato. O contrato é o acordo de vontades, ou seja, a essência do evento jurídico, relacionando duas ou mais pessoas. O instrumento de contrato é o documento que registra esse acordo, alternando as suas cláusulas e, assim, dando-lhe uma apresentação e estrutura gramatical. Portanto, o instrumento de contrato dá a forma ao ajuste e, mais que isso, constitui prova da convenção", conforme MAMEDE, Gladston e MAMEDE, Eduarda Cotta. *Manual de redação de contratos sociais, estatutos e acordo de sócios*. 5. ed. São Paulo: Atlas, 2019. No mesmo sentido: "Instrumento e contrato não se confundem. Instrumento é a base física, o acordo reduzido a escrito em um suporte material", conforme FORGIONI, Paula Andrea. *Contratos empresariais*: teoria geral e aplicação. São Paulo: Ed. RT, 2015, p. 237. Ainda, "o instrumento é a prova por excelência do negócio e não deixa dúvida quanto à criação do contrato", vide BASSO, Maristela. *Contratos internacionais do comércio*. 2. ed. Porto Alegre: Livraria do Advogado, 1998, p. 78.
2. O esforço inicial na negociação e redação do instrumento contratual, ainda que imponha custos e desgastes, tende a acarretar em potencial redução de disputas no futuro. Tais esforços negociais colaboram também

Por outro lado, inexiste um modelo padrão de redação do instrumento contratual, diversamente do que ocorre em outras áreas do Direito Empresarial, como nos títulos de crédito de modelo padronizado (como duplicatas e cheques, que adotam forma obrigatória). Logo, essa inexistência de padrão oferece uma flexibilidade estrutural, que permite ao redator impor seu estilo e formatar o instrumento, na forma que considerar melhor, às necessidades do caso concreto e aos limites legais. No entanto, embora não exista um padrão obrigatório, existem referências decorrentes da prática e dos costumes, como se pretende apresentar adiante.

Na elaboração do contrato escrito, o profissional também deverá buscar um texto que apresente clareza, precisão[3] e objetividade na redação, dado que a qualidade da escrita facilita a compreensão da prova. Textos prolixos ou confusos podem gerar dificuldades de interpretação, que acabam acarretando em conflitos e impondo custos adicionais, transtornos e incertezas às partes[4].

Quanto ao conteúdo do contrato, inexiste uma fixação da quantidade total de cláusulas, embora por vezes se possa identificar o mínimo exigido. Nesse sentido, trabalhar no documento escrito somente as cláusulas obrigatórias, embora não acarrete vício ao instrumento, pode não ser conveniente, no sentido de atender às necessidades efetivas das partes quanto à produção de prova, por deixar inúmeras lacunas. Por certo, em regra não se é possível prever a totalidade de circunstâncias que envolvem um contrato[5], mas deverá o profissional buscar atender ao máximo de situações, para minorar possíveis pontos em aberto, em que a indefinição aumenta as possibilidades de conflitos.

---

na análise, pelas partes, da conveniência do negócio e de seu custo-benefício, bem como permitem solucionar situações e antecipar questões que poderiam ser focos de conflito. Inclusive, é mais fácil proceder a tal negociação no momento inicial, em que todos os envolvidos desejam a conclusão do acordo, do que em um momento futuro, quando da existência de interesses divergentes e eventuais litígios já instalados.

3. Em matéria contratual, a escrita técnica é necessária. A utilização de termos técnicos não é mero preciosismo, mas uma necessidade para dar sentido específico às disposições negociadas, e assegurar a adequada compreensão do contrato.
4. Frente à questão da clareza do texto, mencione-se curioso caso noticiado pelo jornal Valor Econômico, em edição de 27.03.2009, sob o título "Diminuição do 'juridiquês' pode reduzir custos". A notícia retratou um caso nomeado como "a batalha da vírgula de um milhão de dólares", que decorria de um litígio entre duas companhias canadenses, quanto a um contrato envolvendo o uso de milhares de postes. De acordo com o noticiado na reportagem, a disputa se concentrou em uma frase do contrato, para avaliar o impacto, no texto, de uma vírgula específica, que, a depender da sua interpretação, alteraria a relação de direitos e obrigações. Assim, diversos especialistas em gramática foram consultados para determinar qual o sentido que uma determinada vírgula atribuía à frase em discussão. O desenrolar de tal questão teria consumido quase dois anos de litígio oneroso para as partes. Tal caso ilustra bem a problemática que um texto confuso e impreciso pode impor aos negócios.
5. Observe-se a menção, na doutrina, à figura dos contratos incompletos. Paula Forgioni menciona que "contratos são, por natureza, incompletos e maior sua complexidade, mais as lacunas far-se-ão sentir", e ainda que "na maioria das vezes, as partes não detêm todas as informações relacionadas ao negócio que pretendem celebrar, sendo a lacunosidade natural, ainda mais quando a relação é desenhada para ter longa duração" (conforme FORGIONI, Paula Andrea. *Contratos empresariais*: teoria geral e aplicação. São Paulo: Ed. RT, 2015, p. 63 e p. 155).

Também deverá o profissional se atentar quanto à adequação do avençado ao ordenamento jurídico, ou seja, deverá realizar um controle prévio da legalidade do conteúdo contratual. Para tanto, deve-se observar a legislação aplicável ao caso, identificar os limites dispostos em lei para tal contratação (vide os comentários apresentados em capítulo anterior), observar o posicionamento jurisprudencial aplicável ao tema, para que se busque dar sustentabilidade ao contrato, no sentido de manutenção de suas disposições caso venha a ser discutido em juízo ou na esfera arbitral.

Outro aspecto a ser observado é quanto à necessidade ou conveniência do contrato escrito ser levado a registro. Mencione-se, aqui, a figura popularmente chamada de "contrato de gaveta". Tal expressão representa a ideia de um contrato válido entre as partes, mas ao qual não se dá publicidade a terceiros, não sendo levado a registro público, e daí que mantido apenas "nas gavetas" dos contratantes. Assim, entre as partes tal contrato é plenamente vinculante, mas apresentará possíveis restrições no que envolve terceiros.

Logo, cabe ao profissional que assessora a contratação avaliar quanto à necessidade ou utilidade de se promover o registro do contrato, dado que tal registro afeta questões de oponibilidade, para que o contrato seja de conhecimento e produza eventuais efeitos em relação a terceiros.

Para se ilustrar tal situação, tome-se como exemplo um contrato de locação imobiliária empresarial. Na prática cotidiana, a maioria dos contratos de locação não são levados a registro, mantendo-se "de gaveta", em posse dos contratantes. Tal fato não interfere na validade do contrato, bem como não impede que as partes possam fazer valer seus direitos, tal como para viabilizar ações de despejo, de execução, renovatória, revisional de aluguel etc. No entanto, para que o contrato de locação seja oponível a terceiros, o registro passa a ser importante. É como no caso em que o locador vende a propriedade do imóvel no curso da locação. Para que o novo adquirente tenha que respeitar a locação vigente, determina o artigo 8º da Lei n. 8.245/1991 que o contrato escrito contenha cláusula de vigência e que seja registrado junto à matrícula do imóvel perante o Registro de Imóveis. Ausentes tais aspectos, o adquirente não será obrigado a respeitar a locação, e terá direito de denunciar o contrato, concedendo ao locatário o prazo de noventa dias para a desocupação.

Outro aspecto prático a se considerar é que, para que produzam efeitos no Brasil, e cumpram seu papel de prova, os contratos devem ser produzidos em língua portuguesa, ou traduzidos, quando necessário (vide artigo 224 do Código Civil).

Ainda, aspecto importante a observar é que a intenção das partes no contrato prevalece em relação à linguagem literal do texto, nos termos do artigo 112 do Código Civil.

Sendo o documento uma forma de prova, a assinatura dos envolvidos permite demonstrar a ciência e concordância com seus termos. Por isso, o contrato assinado presume-se verdadeiro em relação às suas partes signatárias (vide Código Civil, artigos 219 e 221), bem como é possível também inserir no documento escrito a participação de terceiros anuentes (vide Código Civil, artigo 220), para fazer prova de sua ciência, concordância ou autorização.

Feitas essas considerações iniciais de ordem prática, passaremos a tratar sobre a estrutura e a redação do documento escrito.

8
ESTRUTURA DO CONTRATO ESCRITO (PROPOSTA)

8.1 PROPOSTA DE ESTRUTURA BÁSICA PARA O DOCUMENTO CONTRATUAL

A legislação não apresenta ou obriga a adoção de um formato rígido de redação para os instrumentos contratuais em geral. No entanto, a prática acaba criando padrões, adotados de maneira bastante uniforme, o que facilita a compreensão e interpretação dos instrumentos. Assim, em termos de sugestão de estrutura, o instrumento contratual escrito pode ser dividido nas seguintes partes, indicadas no quadro abaixo, e que serão comentadas pontualmente nos tópicos a seguir.

ESTRUTURA DO CONTRATO ESCRITO
(i) Título
(ii) Qualificação das partes (e intervenientes)
(iii) Eventuais elementos prévios ao corpo contratual, destinados a facilitar a compreensão do texto
(iv) Corpo do contrato (cláusulas)
(v) Encerramento

8.1.1 Título

É praxe da advocacia contratual a estipulação de um título para identificar os instrumentos escritos. Para um instrumento adequado, espera-se que o título seja coerente com o conteúdo. Na maioria das vezes, em se tratando de contratos típicos, o título irá corresponder ao nome indicado em lei. No entanto, não se trata de regra inflexível, eis que, relembre-se, nos contratos a intenção das partes prevalece em relação à linguagem literal do texto. Portanto, o fundamental é o conteúdo constante do documento, representativo da intenção das partes.

Dada essa flexibilidade, um mesmo tipo de negócio pode apresentar títulos distintos, sem que isso imponha qualquer problema ou restrição. Como exemplo, imagine-se um contrato em que um empresário venda seu estabelecimento empresarial. É comum, na prática, encontrarmos títulos para tal tipo de negociação utilizando de variadas nomenclaturas, tal como: "Contrato de compra e venda"; "Instrumento particular de compra e venda de estabelecimento empresarial"; "Contrato de trespasse de estabelecimento empresarial"; "Contrato de alienação de fundo de comércio"; "Contrato de venda de estabelecimento e outras avenças", entre outros. Portanto, apesar da diferença dos termos empregados, todos podem ser utilizados na representação do mesmo negócio, e cumprem a função de indicar ao leitor a que tipo de contrato tal documento se relaciona.

8.1.2 Qualificação das partes (e intervenientes)

Elemento seguinte é a identificação e qualificação dos envolvidos no contrato. Obrigatoriamente serão indicadas as partes do contrato. Em sendo pessoas físicas/naturais, costuma-se indicar o nome completo, nacionalidade, profissão, estado civil[6], número dos documentos pessoais (normalmente o RG e o CPF), e-mail e o endereço.

Em se tratando de pessoas jurídicas, costuma-se indicar o nome empresarial completo, o número de inscrição no CNPJ, e-mail, endereço e a indicação de quem realiza a representação legal da pessoa jurídica no instrumento contratual (informação relevante para se apurar os poderes de representação).

Em ambos os casos, é comum se indicar, em sequência à qualificação, o termo pelo qual a parte será referida ao longo do texto contratual. Dessa forma, após a qualificação, é comum constar passagem como "doravante denominada VENDEDORA" ou "neste contrato designada como CONTRATADA".

Além da qualificação das partes, é possível inserir também, quando existentes, os intervenientes. Os intervenientes são terceiros que não integram qualquer das partes do contrato, mas figuram no instrumento para manifestar ciência, concordância, autorização etc. É comum identificarmos a participação de intervenientes-anuentes, que figuram para manifestar conhecimento e não oposição ao negócio, bem como intervenientes-garantidores, que não são partes do contrato, mas com ele se relacionam por prestarem garantia ao negócio, tal como ocorre em relação a um fiador. Havendo intervenientes, deve-se indicá-los e qualificá-los com as mesmas informações aplicáveis às partes.

A redação do documento deve atentar para distinguir adequadamente a situação dos envolvidos, de modo a evitar possíveis dúvidas ou confusões quanto à condição de cada uma das pessoas indicadas e suas respectivas responsabilidades.

8.1.3 Eventuais elementos prévios ao corpo contratual, destinados a facilitar a compreensão do texto

Após a qualificação das partes, mas anteriormente ao corpo do contrato, é possível aos contratantes inserir alguns elementos prévios, de cunho opcional, que são

6. Caso relevante ao negócio, pode-se qualificar também o cônjuge e indicar o regime de bens adotado no casamento.

destinados a facilitar a compreensão do texto contratual, em especial por terceiros, como juízes ou árbitros.

Um primeiro elemento prévio são os "considerandos", que se tratam de considerações prévias feitas pelos contratantes visando descrever ao leitor do contrato, em especial o juiz ou árbitro que venha a apreciar o documento, as condições e o contexto em que o negócio foi celebrado. Trata-se de figura opcional, que se justifica quando o contrato envolva um grau de complexidade que demande explicações prévias para melhor compreensão do conteúdo das cláusulas. Logo, não é figura obrigatória, mas pode ser bastante conveniente para a produção de um instrumento de prova. Como tal figura não é imposição legal, mas uma técnica decorrente da prática, fica a critério do profissional que redige o documento avaliar a utilidade de se valer de tal elemento em cada caso.

Outro elemento opcional que pode ser utilizado é a inserção de "definições" no contrato. Em um texto contratual que apresente muitos termos técnicos e específicos, de difícil compreensão, pode ser útil inserir disposições que definam expressamente o significado de cada termo. Ressalte-se novamente aqui tratar-se de figura opcional, ficando a cargo do profissional avaliar a conveniência de se estipular as definições. Inclusive, pela flexibilidade de forma, é possível inserir tais definições também em outra parte do documento, como em um anexo, quando se tratar de um grande rol de palavras.

Esgotados esses elementos prévios, que podem ou não existir, conforme o interesse das partes, passa-se ao corpo contratual.

8.1.4 Corpo do contrato (cláusulas)

O corpo do contrato tende a ser a parte mais extensa do instrumento contratual, pois apresentará o conjunto de cláusulas que determinam as estipulações das partes. Uma cláusula representa uma disposição contratual destinada a estabelecer um direito ou obrigação específica, além de poder conter esclarecimentos e informações adicionais. Cada cláusula pode ser dividida em itens ou parágrafos, que apresentam disposições relacionadas ao seu *caput*. As cláusulas podem também ser agrupadas em tópicos ou capítulos.

A princípio, as partes podem contratar as cláusulas que desejarem, desde que não sejam contrárias à legislação, de modo que se torna impossível listar taxativamente todas as possibilidades de cláusulas, visto que elas decorrem da criatividade do profissional que redige o documento, e, ainda, a extensão irá depender da quantidade de temas que as partes desejarem estipular expressamente no instrumento.

Mas, de uma forma geral, pode-se afirmar que o corpo contratual costuma abranger as cláusulas obrigatórias, indispensáveis ao negócio, e as cláusulas facultativas, que são opcionais e destinadas a tratar de temas que as partes consideram relevantes expressar no documento, como forma de tentar evitar possíveis conflitos futuros.

8.1.5 Encerramento

Terminadas as cláusulas, a parte final se destina ao encerramento do documento. Nesse caso, a praxe é de indicar o local da celebração do contrato, seguido da data da celebração. Em sequência, os campos de assinaturas das partes, assinaturas estas que farão prova do consenso na celebração do contrato (e, relembre-se, dispõe o Código Civil, em seu artigo 219, que "as declarações constantes de documentos assinados presumem-se verdadeiras em relação aos signatários").

Ainda, em caso de figurarem intervenientes no contrato, se insere o quadro de suas assinaturas em sequência.

E, para finalizar, inserem-se os campos de assinatura de duas testemunhas, podendo indicar também seus dados de identificação. Observe-se que a inserção de testemunhas no documento visa, por um lado, comprovar a vontade das partes conforme descrito no instrumento; e, no plano formal, busca atender ao comando do artigo 784, III, do Código de Processo Civil, que estipula ser título executivo extrajudicial o documento particular assinado pelo devedor e por duas testemunhas[7]. No entanto, tal exigência pode ser dispensada em casos específicos, tal como ocorre com contratos celebrados eletronicamente, em função de recente previsão inserida no Código de Processo Civil, em que consta, do parágrafo 4º do artigo 784, que "nos títulos executivos constituídos ou atestados por meio eletrônico, é admitida qualquer modalidade de assinatura eletrônica prevista em lei, dispensada a assinatura de testemunhas quando sua integridade for conferida por provedor de assinatura".

Ainda, caso entendam conveniente, as partes poderão inserir anexos ao contrato, para descrever informações adicionais em relação às quais considerem importante produzir prova escrita.

Como comentário final, cabe ressaltar que a estrutura acima proposta se aplica aos contratos em geral, bem como a diversos outros instrumentos escritos celebrados por ocasião da relação contratual, tal como protocolos de intenção, memorandos, acordos de confidencialidade, aditamentos, instrumentos de transferência de posição contratual, distratos etc. Trata-se, assim, de uma estrutura genérica aplicável aos diversos instrumentos contratuais.

8.2 EXEMPLOS PRÁTICOS: ESTRUTURAÇÃO DO CONTRATO E ROL DE CLÁUSULAS CONTRATUAIS

Conforme comentado em tópico anterior, é impossível se estabelecer um rol padronizado e taxativo de cláusulas, dado que cada tipo contratual e cada situação

---

7. Caso o contrato seja celebrado por instrumento público, tal aspecto deixa de ser necessário, dado que para ter executividade, basta que a escritura pública ou outro documento público seja assinado pelo devedor, conforme o artigo 784, II do Código de Processo Civil.

concreta demandam soluções diversas. Mas, para aplicar o conteúdo apresentado de forma mais prática, e permitir ilustrar a utilização de cláusulas em documentos específicos, usaremos duas situações hipotéticas.

8.2.1 Caso: contrato de venda de estabelecimento empresarial (trespasse)

A proposta desse tópico é avaliar a estrutura do documento e quais tipos de cláusulas poderiam integrar o corpo contratual de um contrato de venda de um estabelecimento empresarial (também chamado de contrato de trespasse). Assim, após a inserção do título do documento, qualificação dos envolvidos e eventuais elementos prévios, as cláusulas poderiam tratar das temáticas a seguir indicadas.

Inicialmente, costumam figurar as cláusulas obrigatórias. Nesse caso, se tratando de uma compra e venda, determina o artigo 481 do Código Civil que, quando pura, a compra e venda considerar-se-á obrigatória e perfeita desde que as partes acordarem no objeto e no preço. Assim, em termos de cláusulas obrigatórias, figurariam:

- Cláusula de objeto: indicação expressa do bem que está sendo negociado no contrato.
- Cláusula de preço: indicação do valor a ser pago e forma pela qual será feito o pagamento.

No entanto, é certo que, pensando no contrato escrito como instrumento de prova, e pela complexidade envolvida na operação, é por demais conveniente estabelecer cláusulas adicionais referentes a diversos outros aspectos da negociação, de forma a respaldar as partes. Assim, como possíveis cláusulas facultativas aplicáveis ao caso, poderíamos considerar:

- Cláusula de obrigações das partes: disposição que define diversos tipos de obrigações que podem ser impostas às partes (obrigações de fazer, deixar de fazer, de entregar, tal como, por exemplo, disponibilização de documentos, adoção de providências burocráticas, solução de pendências etc.).
- Cláusula de responsabilidades e indenizações: disposição que estipula direitos e obrigações quanto à eventual identificação de passivo oculto e outros riscos envolvidos.
- Cláusula de declarações e garantias: disposição pela qual se exige da(s) parte(s) uma série de declarações quanto a si e quanto à situação do bem alienado, visando fornecer elementos para apuração de eventuais responsabilidades.
- Cláusula de condições: disposição em que se estabelecem condições, suspensivas ou resolutivas, para a realização do negócio (tal como, por exemplo, condicionar a operação a autorizações de órgãos concorrenciais, agências reguladoras etc.).

- Cláusula de confidencialidade: disposição que determina o dever de não divulgação de informações referentes ao negócio, bem como quanto ao uso de informações sigilosas tratadas ao longo do vínculo contratual.
- Cláusula de não concorrência: disposição que estipula que o vendedor não poderá atuar no ramo do negócio alienado por um determinado prazo de tempo.
- Cláusula penal: disposição que estipula consequências por infrações às regras contratuais.
- Cláusula de garantias: disposição que estipula alguma forma de garantia que dê respaldo patrimonial à operação.
- Cláusula de sucessão: disposição que regula a hipótese de sucessão, em caso de falecimento, extinção ou substituição de uma das partes.
- Cláusula de irretratabilidade e irrevogabilidade: disposição que impede o arrependimento pelas partes.
- Cláusula de cessão de direitos: disposição que regula eventual transferência do direito por alguma das partes
- Cláusula de modificações: disposição que define as regras de validade para eventuais alterações no conteúdo do contrato (futuros aditamentos)
- Cláusula de custos e despesas: disposição que indica o responsável pelo pagamento dos custos envolvidos na operação
- Cláusula de extinção: disposição que determina hipóteses de desfazimento ou extinção do contrato
- Cláusula de inteiro teor: disposição que determina que os termos do contrato escrito refletem a totalidade dos entendimentos das partes quanto ao negócio, substituindo e revogando eventuais documentos anteriormente celebrados ao longo do trâmite negocial.
- Cláusula de idioma: em casos de contratos celebrados entre partes de diferentes nacionalidades, com vias redigidas em diferentes idiomas, tal disposição estabelece qual idioma irá prevalecer em caso de conflito.
- Cláusula de notificações: disposição que determina os procedimentos, prazos e destinatários de eventuais notificações que venham a ser trocadas entre as partes.
- Cláusula indicativa de documentos complementares/anexos: disposição que informa listagem dos documentos complementares ao contrato.
- Cláusula de validade e eficácia: disposição pela qual se pactua que, em sendo alguma cláusula do contrato considerada nula, as demais continuarão válidas e eficazes.
- Cláusula de solução de conflitos: disposição que estabelece o modo escolhido para resolução de eventuais conflitos decorrentes do contrato,

Em sequência ao término do corpo contratual, constarão os elementos de encerramento do contrato, com a indicação de local e data, assinaturas das partes, assinatura de eventuais intervenientes e das testemunhas.

Relembre-se, por fim, que o conteúdo acima não é padronizado, e que, portanto, cláusulas podem ser eliminadas ou acrescidas conforme a avaliação individualizada das partes, tratando-se a lista acima de um rol exemplificativo.

8.2.2 Caso: contrato social de sociedade limitada

A proposta desse tópico é avaliar a estrutura do documento e o rol de possíveis cláusulas constantes do corpo contratual de um contrato social de sociedade limitada, de natureza empresária. Trata-se, portanto, de situação bastante diversa do caso anterior, visto que o objetivo do contrato nesse caso é a constituição de uma sociedade, o que se dará com o arquivamento de seu contrato social na Junta Comercial.

Para definição da estrutura do contrato, devemos considerar inicialmente que o artigo 1.054 do Código Civil determina que ao contrato social das sociedades limitadas será aplicável, no que couber, as indicações constantes do artigo 997 (que se refere ao contrato social das sociedades simples). Considere-se também aplicável ao caso o Decreto n. 1.800/1996, que regulamenta a lei de registro empresarial (Lei n. 8.934/1994), e em seu artigo 53 apresenta alguns requisitos para arquivamento do contrato nas Juntas Comerciais. E, a partir de tais aspectos, considere-se ainda as instruções normativas do DREI – Departamento Nacional de Registro Empresarial e Integração, órgão a quem cabe estabelecer normas e diretrizes para o registro empresarial. Nesse caso em concreto, será aplicável a Instrução Normativa n. 81/2020, em seu Anexo IV – Manual de registro de sociedade limitada, que define regras bastante detalhadas para orientar o registro de sociedades limitadas.

Quanto aos seus elementos, o contrato adotará a estrutura básica indicada anteriormente nessa obra, de modo que terá inicialmente um título, e em sequência a qualificação das partes (sócios).

Quanto ao corpo contratual, será composto por, no mínimo, as seguintes cláusulas obrigatórias:

- Cláusula indicando o nome empresarial da sociedade.
- Cláusula indicativa do tipo societário (sociedade limitada).
- Cláusula indicando o endereço da sede, bem como o das filiais, se existentes.
- Cláusula indicando o objeto social da sociedade.
- Cláusula indicando o prazo de duração da sociedade.
- Cláusula indicando o capital social, a quota de cada sócio, bem como a forma e o prazo de sua integralização.
- Cláusula indicando o administrador, seus poderes e atribuições (havendo a qualificação do administrador, caso não seja sócio).

- Cláusula indicando a data de encerramento do exercício social (quando não coincidente com o ano civil).
- Clausula indicando a participação de cada sócio nos resultados.
- Cláusula de solução de conflitos (indicação de foro ou cláusula arbitral).

Além das cláusulas obrigatórias, poderão os sócios inserir outras cláusulas, facultativas, destinadas a regular a convivência social. Como possíveis cláusulas facultativas aplicáveis ao caso, poderíamos considerar:

- Cláusula de deliberação de sócios: disposição que indica a modalidade de deliberação de sócios adotada para a sociedade (assembleia de sócios / reunião de sócios).
- Cláusula indicativa das normas de regência supletiva: disposição que indica legislação de regência supletiva (regras das sociedades simples / regras das sociedades anônimas).
- Cláusula autorizando exclusão extrajudicial de sócios: disposição que autoriza procedimento de expulsão de sócio por justa causa, mediante alteração do contrato social.
- Cláusula regulando cessão de quotas: disposição que disciplina as regras de transferência de participação societária.
- Cláusula de desimpedimento do administrador: disposição pelo qual o administrador declara não estar impedido de exercer a administração de sociedade.
- Cláusula de *pro labore*: disposição quanto ao pagamento a que faz jus o sócio administrador, em remuneração a seu trabalho.
- Cláusula de conselho fiscal: disposição que organiza a instituição de conselho fiscal na sociedade.
- Cláusula indicativa de início da atividade: disposição que permite estipular data de início das atividades sociais.

Além dos exemplos acima indicados, outros mais podem ser inseridos a critério dos sócios. Em sequência, ao término das cláusulas, constará o local e data de celebração, o campo contendo o nome e as assinaturas dos sócios, o campo contendo as testemunhas, e o campo para assinatura de advogado (exigência imposta pela Lei n. 8.906/1994, mas dispensada para sociedades enquadradas como ME – microempresa ou EPP – empresa de pequeno porte, por força da Lei Complementar n. 123/2006).

8.3 EXEMPLO PRÁTICO: SUGESTÃO DE REDAÇÃO DO INSTRUMENTO CONTRATUAL

No presente ponto, o objetivo é apresentar uma sugestão de modelo de redação do instrumento contratual, levando em conta a estrutura apresentada anteriormente.

Relembre-se que a forma de redação é flexível, e se ajusta ao estilo de cada redator, razão pela qual o modelo a seguir é uma referência de redação, para fins didáticos.

8.3.1 Caso: contrato de locação imobiliária empresarial

Para o presente caso, utilizaremos como referência uma locação destinada a fins empresariais, pela qual o locatário deseja instalar no imóvel locado um estabelecimento empresarial, que atuará no ramo de comércio de vestuário, e negociou o direito ao ponto comercial, que lhe assegura a ação renovatória (nos termos da Lei n. 8.245/1991). Trata-se de contrato celebrado entre pessoas jurídicas, com prazo determinado e especificação de finalidade comercial do imóvel[8].

INSTRUMENTO PARTICULAR DE CONTRATO
DE LOCAÇÃO PARA FINS EMPRESARIAIS

Pelo presente instrumento particular, e na melhor forma de direito, de um lado

SOCIEDADE "A" LTDA, pessoa jurídica de direito privado, inscrita no CNPJ sob n. 00.000.000/0000-00, com endereço à Rua A, número 01, no Município de São Paulo, Estado de São Paulo, CEP: 00000-000, e-mail sociedadea@sociedadea.com.br, neste ato devidamente representada por seu administrador Antonio Silva, doravante denominada simplesmente **LOCADORA**;

e, de outro lado,

SOCIEDADE "B" LTDA, pessoa jurídica de direito privado, inscrita no CNPJ sob n. 00.000.000/0000-00, com endereço à Rua B, número 01, no Município de São Paulo, Estado de São Paulo, CEP: 00000-000, e-mail sociedadeb@sociedadeb.com.br, neste ato devidamente representada por sua administradora Bruna Santos, doravante denominada simplesmente **LOCATÁRIA**;

e ainda, na condição de interveniente-garantidor,

JOSÉ OLIVEIRA, brasileiro, solteiro, engenheiro, portador da cédula de identidade RG n. 00.000.000-0, inscrito no CPF sob o n. 000.000.000-00, residente e domiciliado à Rua J, número 01, no Município de São Paulo, Estado de São Paulo, CEP: 00000-000, e-mail J-O@email.eng.br, doravante denominado simplesmente **FIADOR**;

têm entre si justas e contratadas as seguintes cláusulas e condições:

CLÁUSULA PRIMEIRA – OBJETO: O objeto do presente contrato é a locação de um imóvel consistente no salão comercial sito à Rua Brasil, 001, Centro, no Município de São Paulo, Estado de São Paulo, CEP 00000-000, com área total de 100 m^2, de propriedade da LOCADORA, conforme a matrícula 00000 do 1º Registro de Imóveis do referido Município.

CLÁUSULA SEGUNDA – DESTINAÇÃO E CONSERVAÇÃO: A LOCADORA, na qualidade de proprietária do imóvel acima descrito, loca-o para a LOCATÁRIA, nas condições descritas nesse instrumento, com destinação exclusivamente empresarial, visando a instalação, no local, de estabelecimento empresarial pertencente à LOCATÁRIA, consistente em loja de roupas e acessórios.

8. Obs.: Os dados constantes dos modelos apresentados são fictícios, quanto às partes, endereços, documentos e demais elementos, tendo finalidade exclusivamente didática.

Parágrafo Primeiro: A LOCADORA disponibiliza o imóvel em pleno estado de conservação e pronto para uso, devendo a LOCATÁRIA conservar o imóvel tal como recebido, observando as boas condições de higiene e limpeza, sendo que qualquer obra ou benfeitoria a ser realizada deverá ser objeto de autorização prévia e por escrito da LOCADORA.

Parágrafo Segundo: Obriga-se ainda a LOCATÁRIA a realizar os reparos necessários à adequada manutenção do imóvel, arcando com o respectivo custo, à exceção de reparos que envolvam a estrutura do imóvel, que serão de responsabilidade da LOCADORA.

Parágrafo Terceiro: A LOCATÁRIA desde já autoriza a LOCADORA a realizar vistorias no imóvel, sempre que desejado, desde que se combinando dia e a hora com antecedência mínima de cinco dias.

CLÁUSULA TERCEIRA – PRAZO: A locação é contratada pelo prazo determinado de 5 (cinco) anos, iniciando-se em 01 de outubro de 2021, e tendo seu término na data de 01 de outubro de 2026, independentemente de qualquer aviso ou notificação, quando as chaves deverão ser restituídas à LOCADORA, e o imóvel deverá ser devolvido totalmente livre e desocupado.

Parágrafo Primeiro: Na hipótese de rescisão contratual, e consequente devolução antecipada do imóvel pela LOCATÁRIA, ficará a LOCATÁRIA obrigada ao pagamento de multa contratual equivalente a 3 (três) alugueis, nos termos do artigo 4º da Lei n. 8.245/1991.

Parágrafo Segundo: Eventual cessão, transferência, sublocação ou empréstimo do imóvel dependerá de prévio e expresso consentimento da LOCADORA, manifestado necessariamente por escrito, sob pena de rescisão do contrato e devolução do imóvel.

CLÁUSULA QUARTA – ALUGUEL: A LOCATÁRIA se obriga a pagar à LOCADORA, mensalmente, aluguel no valor de R$ 5.000,00 (cinco mil reais), que deverá ser quitado no 5º dia útil de cada mês subsequente ao mês vencido.

Parágrafo Primeiro: O valor do aluguel mensal sofrerá reajuste anual de acordo com o índice IGP-M (Índice Geral de Preços do Mercado), ou outro que venha a substituí-lo, computando-se o percentual acumulado desde o início do contrato ou do último reajuste realizado.

Parágrafo Segundo: Na hipótese de inadimplência por parte da LOCATÁRIA quanto ao pagamento dos aluguéis e encargos locatícios, incidirá multa de 10% (dez por cento) sobre o valor do aluguel vencido, além de juros moratórios de 1 % (um por cento) ao mês e correção monetária.

Parágrafo Terceiro: A LOCATÁRIA se obriga a pagar, além do aluguel, as despesas de IPTU – Imposto Predial e Territorial Urbano, contas de luz, água, esgoto, telefonia, internet, gás e demais encargos decorrentes da locação.

Parágrafo Quarto: A LOCATÁRIA compromete-se a contratar seguro contra danos no imóvel, devendo encaminhar a comprovação documental à LOCADORA no prazo máximo de 30 (trinta) dias corridos a contar do início da vigência deste contrato ou de cada renovação realizada.

CLÁUSULA QUINTA – GARANTIA: Estipula-se, como modalidade de garantia contratual, a fiança, conforme autorizado pelo artigo 37, inciso II, da Lei n. 8.245/1991. Assina o presente instrumento, na condição de FIADOR e interveniente-garantidor, o sr. JOSÉ OLIVEIRA, já anteriormente qualificado, que assume a obrigação de devedor solidário com a LOCATÁRIA, renunciando expressamente ao benefício de ordem previsto no artigo 827 do Código Civil, e obrigando-se como principal pagador por todos os valores devidos até a efetiva devolução do imóvel.

Parágrafo Primeiro: O FIADOR deverá ser comunicado de quaisquer alterações ou aditamentos convencionados neste contrato, assinando os referidos instrumentos, bem como eventual renovação ou distrato.

Parágrafo Segundo: Na hipótese de morte, falência, insolvência ou mudança de endereço do FIADOR, a LOCATÁRIA deverá apresentar substituto idôneo no prazo máximo de 30 (trinta) dias corridos, sob pena de caracterizar infração contratual.

CLÁUSULA SEXTA – DIREITO DE PREFERÊNCIA: A LOCADORA se compromete a, em caso de intenção de venda do imóvel, respeitar o direito de preferência da LOCATÁRIA, conforme previsão do artigo 27 da Lei n. 8.245/1991.

CLÁUSULA SÉTIMA – VIGÊNCIA DO CONTRATO EM CASO DE ALIENAÇÃO DO IMÓVEL: As partes se obrigam ao cumprimento deste contrato por si e/ou seus sucessores, sendo que o contrato continuará vigente mesmo em caso de alienação ou venda do imóvel, conforme previsão do artigo 8º da Lei n. 8.245/1991, devendo eventuais adquirentes respeitar a presente avença em todos os seus termos. Para tanto, fica autorizado o registro deste instrumento junto à matrícula do imóvel, perante o Registro de Imóveis competente, de modo a preservar os direitos das partes.

CLÁUSULA OITAVA – FORO: Fica eleito o foro da comarca do imóvel para solução de quaisquer dúvidas ou litígios decorrentes deste contrato.

E, por estarem justas e contratadas, as partes assinam o presente instrumento, em 3 (três) vias de igual teor, na presença das testemunhas abaixo identificadas.

São Paulo, 01 de outubro de 2021

____

LOCADORA: SOCIEDADE "A" LTDA

____

LOCATÁRIA: SOCIEDADE "B" LTDA

____

FIADOR: JOSÉ OLIVEIRA

Testemunhas:

1) ____________________________________

Nome:

RG:

CPF:

Endereço:

2) ____________________________________

Nome:

RG:

CPF:

Endereço:

9
INSTRUMENTOS NA FASE PRÉ-CONTRATUAL

A fase pré-contratual, que antecede a celebração do contrato, se destina à negociação entre as partes. Nela, frente ao grau de complexidade envolvido na operação, diferentes documentos escritos podem ser produzidos, visando nortear o rumo das negociações, ou assegurar as partes contra eventuais riscos que decorram das etapas negociais (visto que no contexto das tratativas as partes acabam compartilhando informações de seus negócios, estratégias comerciais, segredos de indústria, entre outros aspectos). Dado que a criação de documentos pode decorrer da livre ideia dos envolvidos, não é possível definir um rol taxativo de instrumentos pré-contratuais. No entanto, para ilustrar o tema em comento, mencionaremos alguns dos documentos mais comuns no universo empresarial.

Um primeiro documento bastante comum na prática negocial é a celebração, ao início das negociações, de um "protocolo de intenções", também chamado de "carta de intenções" ou ainda "memorando de entendimentos" (muito referido também em sua sigla inglesa "MOU – memorandum of understanding"). À par da nomenclatura empregada, trata-se da ideia de um documento escrito que norteie e oriente o andamento das negociações, um acordo para negociar[9]. Não se trata de um contrato propriamente, dado que não obriga à conclusão do negócio, mas é instrumento prévio para balizar os trâmites negociais[10], impondo uma postura de seriedade e boa-fé aos envolvidos[11]. Seu conteúdo, destinado a estabelecer regras de negociação, costuma abranger tópicos como a definição de pessoas envolvidas nas tratativas, definir um calendário para as negociações e suas etapas, fixar premissas iniciais de consenso, definição de responsabilidades por despesas, estipulação de eventual exclusividade de negociação, entre outros elementos que sejam considerados relevantes pelas partes.

Outro documento bastante comum em etapas negociais é a celebração de um acordo de confidencialidade, também referido na prática atual pela sigla "NDA"

9. Nesse sentido: BAPTISTA, Luiz Olavo. *Contratos internacionais*. São Paulo: Lex editora, 2010, p. 156.
10. Engrácia Antunes os chama de acordos não contratuais, ou acordo intermédios, definindo-os como instrumentos destituídos de natureza contratual, auxiliares em uma negociação de um contrato, cf. ANTUNES, José A. Engrácia. *Direito dos contratos comerciais*. Coimbra: Almedina, 2009, p. 97.
11. Relembre-se que a boa-fé impõe uma expectativa de comportamento leal aos envolvidos, mesmo na fase pré-contratual, que, acaso desrespeitada, pode acarretar em responsabilização (*culpa in contrahendo*).

(decorrente da nomenclatura inglesa "non-disclosure agreement"). Trata-se de um acordo escrito, no contexto de negociações em andamento, em que uma parte assume obrigação de sigilo e confidencialidade perante a outra em relação a informações relevantes a que tenha acesso em razão das negociações em que está envolvido.

No contexto das negociações, também é possível a celebração de documentos específicos destinados a regulamentar algum aspecto sensível às tratativas, tal como para atribuir direito de preferência quanto ao negócio, atribuir exclusividade de negociação, estipular a outorga de uma opção (de compra ou venda, representando uma proposta unilateral, que ficará pendente de aceitação pela outra parte), entre outras possibilidades.

E, ainda, é possível também, nessa fase, a celebração de pré-contratos, figura tratada anteriormente e disciplinada no Código Civil, que representa um compromisso de celebração posterior do contrato principal, utilizado principalmente quando a celebração do negócio definitivo impõe formalidades (caso dos contratos formais) ou demanda a entrega do bem para viabilizar seu aperfeiçoamento (caso dos contratos reais).

Note-se que, em termos de estrutura da escrita, tais documentos poderão se valer da mesma sugestão indicada no ponto anterior para os contratos, ou seja, apresentarão (i) título, (ii) qualificação dos envolvidos, (iii) eventuais elementos prévios para facilitar a compreensão do texto, (iv) corpo do documento e (v) encerramento.

10
ALTERAÇÕES DO CONTRATO NA FASE DE CUMPRIMENTO

O contrato, nascido do consenso das partes, representa um conjunto de regras espontaneamente assumidas pelos envolvidos, e que, portanto, se submetem a elas. No entanto, tais regras, decorrentes da vontade das partes, podem também ser modificadas pela vontade das partes[12]. Tais aspectos se verificam, especialmente, em contratos com cumprimento diferido ou continuado, em que os contratantes podem desejar alterar suas características ao longo da fase de cumprimento. Vejamos, na sequência, os instrumentos utilizados para realizar modificações no contrato quanto às pessoas envolvidas (transferência de posição contratual), quanto ao conteúdo contratual (aditamento), ou mesmo para extinguir por consenso o contrato (distrato).

10.1 A TRANSFERÊNCIA DA POSIÇÃO CONTRATUAL (MUDANÇA QUANTO À PARTE)

Após a celebração do contrato e no decorrer de sua vigência, é possível realizar a modificação das pessoas participantes, ou seja, proceder à transferência, cessão ou sub-rogação da posição contratual, de modo que uma pessoa, que não participou da formação original do contrato, integra posteriormente a relação contratual para substituir[13] uma das partes originais, de quem assume o lugar. Tal transferência, inclusive, pode ser voluntária, decorrente do desejo comum dos envolvidos e amparada na liberdade de contratar, ou decorrer de imposição legal em casos específicos[14].

Retomando o caso prático apresentado em tópico anterior, o exemplo a seguir apresenta uma sugestão de redação para o instrumento escrito que realiza a trans-

---

12. Relembre-se também da possibilidade da modificação contratual decorrer de revisão de terceiros, tal como o Poder Judiciário, hipótese em que, decorrente de litígio, não demandará o consenso dos contratantes, por se tratar de decisão impositiva.
13. Via de regra, a transferência de posição supõe a cessão da inteira posição do cedente. No entanto, em alguns contratos é possível se verificar uma cessão parcial, em que o cedente continua vinculado ao contrato e o cessionário ingressa como parte. É o que ocorre em um contrato de sociedade, quando um sócio original transfere parcela de suas quotas a terceiro, se mantendo como sócio, mas com menor percentual do capital, e permitindo o ingresso de uma nova figura ao contrato.
14. Como ocorre, por exemplo, em uma incorporação societária, em que a sociedade incorporada se extingue e é sucedida pela sociedade incorporadora. Nesse sentido, dispõe a Lei n. 6.404/1976: "Art. 227. A incorporação é a operação pela qual uma ou mais sociedades são absorvidas por outra, que lhes sucede em todos os direitos e obrigações".

ferência da posição contratual do locatário em contrato de locação de imóvel para fins empresariais. Trata-se de hipótese de transferência voluntária da posição, que decorre da concordância do cedente (pessoa que se desliga do contrato), do cessionário (pessoa que integra o contrato) e da contraparte (que permanece no contrato e manifesta sua anuência à transferência).

INSTRUMENTO PARTICULAR DE CESSÃO DE POSIÇÃO CONTRATUAL

Pelo presente instrumento particular, e na melhor forma de direito, de um lado

SOCIEDADE "B" LTDA, pessoa jurídica de direito privado, inscrita no CNPJ sob n. 00.000.000/0000-00, com endereço à Rua B, número 01, no Município de São Paulo, Estado de São Paulo, CEP: 00000-000, e-mail sociedadeb@sociedadeb.com.br, neste ato devidamente representada por sua administradora Bruna Santos, doravante denominada simplesmente **LOCATÁRIA-CEDENTE**;

e, de outro lado,

SOCIEDADE "C" LTDA, pessoa jurídica de direito privado, inscrita no CNPJ sob n. 00.000.000/0000-00, com endereço à Rua C, número 01, no Município de São Paulo, Estado de São Paulo, CEP: 00000-000, e-mail sociedadec@sociedadec.com.br, neste ato devidamente representada por sua administradora Camila Pereira, doravante denominada simplesmente **LOCATÁRIA-CESSIONÁRIA**;

e ainda, na condição de interveniente-anuente,

SOCIEDADE "A" LTDA, pessoa jurídica de direito privado, inscrita no CNPJ sob n. 00.000.000/0000-00, com endereço à Rua A, número 01, no Município de São Paulo, Estado de São Paulo, CEP: 00000-000, e-mail sociedadea@sociedadea.com.br, neste ato devidamente representada por seu administrador Antonio Silva, doravante denominada simplesmente **LOCADORA**;

e, na condição de interveniente-garantidor,

JOSÉ OLIVEIRA, brasileiro, solteiro, engenheiro, portador da cédula de identidade RG n. 00.000.000-0, inscrito no CPF sob o n. 000.000.000-00, residente e domiciliado à Rua J, número 01, no Município de São Paulo, Estado de São Paulo, CEP: 00000-000, e-mail J-O@email.eng.br, doravante denominado simplesmente **FIADOR**;

E CONSIDERANDO:

(i) que em 01/10/2021 a LOCADORA e a LOCATÁRIA-CEDENTE celebraram, por instrumento escrito, "Contrato de locação para fins empresariais" (doravante denominado simplesmente "Contrato de Locação");

(ii) que a LOCATÁRIA-CEDENTE manifestou interesse de ceder sua posição, no referido contrato, para a LOCATÁRIA-CESSIONÁRIA;

(iii) que a LOCADORA manifestou concordância com a referida transferência de posição contratual, figurando no presente instrumento para fins de prestar anuência ao negócio;

Resolvem formalizar a transferência da posição contratual da locatária, o que fazem mediante as seguintes cláusulas e condições:

CLÁUSULA PRIMEIRA – CESSÃO DE POSIÇÃO CONTRATUAL: Por força do presente instrumento, a LOCATÁRIA-CESSIONÁRIA assume, de forma única e exclusiva, a posição de LOCATÁRIA no "Contrato de Locação" celebrado em 01/10/2021, tendo por objeto o imóvel sito à Rua Brasil, 001, Centro, no Município de São Paulo, Estado de São Paulo. Em decorrência da presente transferência, a LOCATÁRIA-CESSIONÁRIA se sub-roga em todos os direitos e obrigações anteriormente aplicáveis à LOCATÁRIA-CEDENTE, ficando esta última excluída da relação jurídica referente ao contrato de locação.

CLÁUSULA SEGUNDA – ANUÊNCIA DA LOCADORA: A LOCADORA manifesta expressamente sua aceitação e concordância com a presente cessão de posição contratual, sem quaisquer ressalvas, dando ainda plena quitação à LOCATÁRIA-CEDENTE quanto às obrigações existentes até a presente data.

CLÁUSULA TERCEIRA – GARANTIA: O "Contrato de Locação" continua garantido por fiança, nos termos estipulados em sua redação original, anuindo com a presente cessão e reafirmando a condição de FIADOR e devedor solidário o sr. JOSÉ OLIVEIRA.

CLÁUSULA QUARTA – FORO: Reafirma-se a indicação do foro da comarca do imóvel como competente para solução de eventuais conflitos decorrentes da presente avença.

CLÁUSULA QUINTA – RATIFICAÇÃO: São neste ato ratificadas e confirmadas todas as demais disposições constantes do "Contrato de Locação", ficando autorizado o registro deste instrumento para preservação de direitos das partes.

E, por estarem justas e contratadas, assinam o presente instrumento, em 3 (três) vias de igual teor, na presença das testemunhas abaixo identificadas.

São Paulo, 21 de novembro de 2021.

____

LOCATÁRIA-CEDENTE: SOCIEDADE "B" LTDA

____

LOCATÁRIA-CESSIONÁRIA: SOCIEDADE "C" LTDA

____

LOCADORA: SOCIEDADE "A" LTDA

____

FIADOR: JOSÉ OLIVEIRA

Testemunhas:

1)____________________________

Nome:

RG:

CPF:

Endereço:

2)____________________________

Nome:

RG:

CPF:

Endereço:

10.2 O ADITAMENTO CONTRATUAL (MUDANÇA DE CONTEÚDO CONTRATUAL)

A vontade das partes também possibilita modificar o conteúdo do contrato, através de alterações no texto das cláusulas contratuais. Tal operação se instrumentaliza através da celebração do documento denominado aditamento, também chamado de adendo ou aditivo contratual.

Uma vez celebrado um ou mais aditamentos, a interpretação do contrato demandará uma análise conjunta do texto original e dos aditivos posteriores. Caso o aditamento envolva muitas modificações, é possível realizar a consolidação do texto contratual, pelo qual, no aditamento, se reescreve a totalidade do texto do contrato, atualizando as disposições alteradas.

Retomando o caso hipotético da locação, utilizado anteriormente, o exemplo a seguir apresenta uma sugestão de redação para o instrumento escrito de aditamento, que realiza a alteração do texto de uma cláusula do contrato.

PRIMEIRO ADITAMENTO AO CONTRATO DE LOCAÇÃO PARA FINS EMPRESARIAIS

Pelo presente instrumento particular, e na melhor forma de direito, de um lado

SOCIEDADE "A" LTDA, pessoa jurídica de direito privado, inscrita no CNPJ sob n. 00.000.000/0000-00, com endereço à Rua A, número 01, no Município de São Paulo, Estado de São Paulo, CEP: 00000-000, e-mail sociedadea@sociedadea.com.br, neste ato devidamente representada por seu administrador Antonio Silva, doravante denominada simplesmente **LOCADORA**;

e, de outro lado,

SOCIEDADE "C" LTDA, pessoa jurídica de direito privado, inscrita no CNPJ sob n. 00.000.000/0000-00, com endereço à Rua C, número 01, no Município de São Paulo, Estado de São Paulo, CEP: 00000-000, e-mail sociedadec@sociedadec.com.br, neste ato devidamente representada por sua administradora Camila Pereira, doravante denominada simplesmente **LOCATÁRIA**;

e ainda, na condição de interveniente-garantidor,

JOSÉ OLIVEIRA, brasileiro, solteiro, engenheiro, portador da cédula de identidade RG n. 00.000.000-0, inscrito no CPF sob o n. 000.000.000-00, residente e domiciliado à Rua J, número 01, no Município de São Paulo, Estado de São Paulo, CEP: 00000-000, e-mail J-O@email.eng.br, doravante denominado simplesmente **FIADOR**;

E CONSIDERANDO:

(i) que a LOCADORA e a LOCATÁRIA são, atualmente, partes integrantes do "Contrato de locação para fins empresariais" (doravante denominado simplesmente "Contrato de Locação"), celebrado em 01/10/2021, e que tem por objeto o salão comercial situado na Rua Brasil, 001, Centro, no Município de São Paulo, Estado de São Paulo;

(ii) que a LOCATÁRIA, embora não tenha figurado na redação original do "Contrato de Locação", assumiu tal posição através de "Instrumento particular de cessão de posição contratual", celebrado em 21/11/2021, pelo qual sucedeu a "Sociedade B Ltda" na relação locatícia;

(iii) que as partes desejam modificar o conteúdo do "Contrato de Locação", para estipular novo prazo contratual e, consequentemente, nova data de término do vínculo locatício;

Resolvem formalizar a modificação do conteúdo contratual, através deste primeiro instrumento de aditamento, o que fazem mediante as seguintes cláusulas e condições:

CLÁUSULA PRIMEIRA – PRAZO CONTRATUAL: O "Contrato de Locação", em sua redação original, estipulou o prazo determinado de 5 (cinco) anos, iniciando-se o vínculo em 01/10/2021, e com término original previsto em 01/10/2026. Através do presente aditamento, as partes estipulam novo prazo, bem como nova data final para a locação, de modo que o "Contrato de Locação" passa a prever um prazo determinado de 7 (sete) anos, com data de término em 01/10/2028. Frente à referida modificação, a "Cláusula Terceira" do "Contrato de Locação" passa a ter a seguinte redação:

> *"CLÁUSULA TERCEIRA – PRAZO: A locação é contratada pelo prazo determinado de 7 (sete) anos, iniciando-se em 01 de outubro de 2021, e tendo seu término na data de 01 de outubro de 2028, independentemente de qualquer aviso ou notificação, quando as chaves deverão ser restituídas à LOCADORA, e o imóvel deverá ser devolvido totalmente livre e desocupado.*
>
> *Parágrafo Primeiro: Na hipótese de rescisão contratual, e consequente devolução antecipada do imóvel pela LOCATÁRIA, ficará a LOCATÁRIA obrigada ao pagamento de multa contratual equivalente a 3 (três) alugueis, nos termos do artigo 4º da Lei n. 8.245/1991.*
>
> *Parágrafo Segundo: Eventual cessão, transferência, sublocação ou empréstimo do imóvel dependerá de prévio e expresso consentimento da LOCADORA, manifestado necessariamente por escrito, sob pena de rescisão do contrato e devolução do imóvel."*

CLÁUSULA SEGUNDA – GARANTIA: O "Contrato de Locação" continua garantido por fiança, anuindo com o presente aditamento e reafirmando a condição de fiador e devedor solidário o sr. JOSÉ OLIVEIRA.

CLÁUSULA TERCEIRA – FORO: Reafirma-se a indicação do foro da comarca do imóvel como competente para solução de eventuais conflitos decorrentes da presente avença.

CLÁUSULA QUARTA – RATIFICAÇÃO: São neste ato ratificadas e confirmadas todas as demais disposições constantes do "Contrato de Locação" que não tenham sido expressamente modificadas por este instrumento, ficando autorizado o registro para preservação de direitos das partes.

E, por estarem justas e contratadas, assinam o presente instrumento, em 3 (três) vias de igual teor, na presença das testemunhas abaixo identificadas.

São Paulo, 15 de janeiro de 2022.

____

LOCADORA: SOCIEDADE "A" LTDA

____

LOCATÁRIA: SOCIEDADE "C" LTDA

____

FIADOR: JOSÉ OLIVEIRA

Testemunhas:

1) ______________________________

Nome:

RG:

CPF:

Endereço:

2) ______________________________

Nome:

RG:

CPF:

Endereço:

10.3 O DISTRATO

Assim como o consenso das partes pode dar razão ao surgimento de um contrato, também pode desfazê-lo em tempo anterior ao previamente estipulado. Para tanto, após a celebração, e anteriormente a seu prazo final, utiliza-se do instrumento de distrato, figura expressamente prevista no artigo 472 do Código Civil. O distrato, portanto, é o acordo de vontades destinado a extinguir os vínculos contratuais entre as partes. Via de regra, o distrato será aplicável a contratos diferidos e continuados, por prazo determinado, para acarretar sua extinção antecipada, mas é igualmente utilizável em contratos por prazo indeterminado.

Retomando uma vez mais o caso da locação, o exemplo a seguir apresenta uma sugestão de redação do instrumento de distrato.

DISTRATO DE LOCAÇÃO

Pelo presente instrumento particular, e na melhor forma de direito, de um lado

SOCIEDADE "A" LTDA, pessoa jurídica de direito privado, inscrita no CNPJ sob n. 00.000.000/0000-00, com endereço à Rua A, número 01, no Município de São Paulo, Estado de São Paulo, CEP: 00000-000, e-mail sociedadea@sociedadea.com.br, neste ato devidamente representada por seu administrador Antonio Silva, doravante denominada simplesmente **LOCADORA**;

e, de outro lado,

SOCIEDADE "C" LTDA, pessoa jurídica de direito privado, inscrita no CNPJ sob n. 00.000.000/0000-00, com endereço à Rua C, número 01, no Município de São Paulo, Estado de São Paulo, CEP: 00000-000, e-mail sociedadec@sociedadec.com.br, neste ato devidamente representada por sua administradora Camila Pereira, doravante denominada simplesmente **LOCATÁRIA**;

e ainda, na condição de interveniente-garantidor,

JOSÉ OLIVEIRA, brasileiro, solteiro, engenheiro, portador da cédula de identidade RG n. 00.000.000-0, inscrito no CPF sob o n. 000.000.000-00, residente e domiciliado à Rua J, número 01, no Município de São Paulo, Estado de São Paulo, CEP: 00000-000, e-mail J-O@email.eng.br, doravante denominado simplesmente **FIADOR**;

E CONSIDERANDO:

(i) que a LOCADORA e a LOCATÁRIA são, atualmente, partes integrantes do "Contrato de locação para fins empresariais" (doravante denominado simplesmente "Contrato de Locação"), que tem por objeto o salão comercial situado na Rua Brasil, 001, Centro, no Município de São Paulo, Estado de São Paulo, contrato este celebrado em 01/10/2021;

(ii) que a LOCATÁRIA, embora não tenha figurado na redação original do "Contrato de Locação", assumiu tal posição através de "Instrumento particular de cessão de posição contratual", celebrado em 21/11/2021, pelo qual sucedeu a "Sociedade B Ltda" na relação locatícia;

(iii) que o "Contrato de Locação" foi objeto de posterior aditamento, celebrado em 15/01/2022, estabelecendo o término do prazo locatício em 01/10/2028;

(iv) que as partes decidiram, por mútuo consenso, extinguir antecipadamente o vínculo locatício;

Resolvem as partes celebrar o distrato do referido "Contrato de Locação", o que fazem nos seguintes termos:

CLÁUSULA PRIMEIRA – TÉRMINO DA RELAÇÃO LOCATÍCIA: Por mútuo e expresso consenso, LOCADORA e LOCATÁRIA distratam, neste ato, e sem qualquer ônus, o "Contrato de Locação" do salão comercial sito à Rua Brasil, 001, Centro, no Município de São Paulo, Estado de São Paulo, celebrado em 01/10/2021, ficando, por consequência, extinto o referido vínculo contratual.

CLÁUSULA SEGUNDA – TRANSMISSÃO DA POSSE: A LOCATÁRIA transmite a posse do imóvel, mediante a entrega, neste ato, das chaves do imóvel, que se encontra livre de pessoas e bens, estando em condições equivalentes às em que foi recebido.

CLÁUSULA TERCEIRA – QUITAÇÃO: A LOCADORA outorga a mais plena quitação quanto aos pagamentos e demais obrigações vencidas até o presente ato.

CLÁUSULA QUARTA – FORO: Fica eleito o foro da comarca do imóvel para solução de quaisquer dúvidas ou litígios decorrentes deste instrumento.

E, por estarem justas e contratadas, assinam o presente instrumento, em 3 (três) vias de igual teor, na presença das testemunhas abaixo identificadas.

São Paulo, 12 de julho de 2025.

____

LOCADORA: SOCIEDADE "A" LTDA

____

LOCATÁRIA: SOCIEDADE "C" LTDA

____

FIADOR: JOSÉ OLIVEIRA

Testemunhas:

1) ______________________________

Nome:

RG:

CPF:

Endereço:

2) ______________________________

Nome:

RG:

CPF:

Endereço:

11
ANÁLISE E CONFERÊNCIA DE CONTRATOS

Além de assessorar a negociação e elaborar a redação de contratos escritos, a atuação do profissional do direito nessa matéria pode envolver também a análise e conferência de contratos já celebrados, para manifestar sua concordância com o documento produzido ou apontar eventuais problemas ou pendências.

Assim, a proposta desse tópico é apresentar algumas considerações práticas quanto a pontos que devem ser considerados no exercício dessa função.

Um primeiro aspecto é a análise do conteúdo, para se apurar a adequação do contrato ao ordenamento jurídico, e observar se o conteúdo não infringe a legislação aplicável à matéria ou a jurisprudência.

Sob um aspecto mais formal, em se tratando de contrato impresso em papel e assinado de próprio punho, é oportuno verificar se todas as folhas estão vistadas pelas partes, para evitar risco futuro de questionamentos quanto à autenticidade do material.

Quanto às assinaturas ao final do contrato, é medida de cautela verificar se foi realizado o reconhecimento de firmas, procedimento que oferece maior segurança quanto à identificação da pessoa do subscritor, além de se prestar, também, a fornecer indicação de data constante do selo do cartório, o que pode ser um elemento conveniente de prova quanto à data da celebração do contrato.

Importante também conferir a existência das assinaturas das testemunhas, para assegurar o atendimento à exigência do Código de Processo Civil (artigo 784, III) e atribuir força executiva ao contrato celebrado por instrumento particular.

Em se tratando de contrato escrito celebrado eletronicamente, hipótese que tem se mostrado cada dia mais comum, cabe verificar também a existência de assinatura eletrônica por meio apto a assegurar a identificação da parte, a validade da manifestação de vontade e o conteúdo. Relembre-se, que nesse caso, a legislação dispensa a necessidade de duas testemunhas (nos termos do Código de Processo Civil, artigo 784, parágrafo 4º[15]).

---

15. Dispõe o referido parágrafo, inserido no Código de Processo Civil pela Lei n. 14.620/2023: "Nos títulos executivos constituídos ou atestados por meio eletrônico, é admitida qualquer modalidade de assinatura eletrônica prevista em lei, dispensada a assinatura de testemunhas quando sua integridade for conferida por provedor de assinatura".

É relevante também fazer a conferência da documentação das partes, como forma de aferição da correção dos dados constantes do instrumento contratual e, em se tratando de pessoa jurídica, proceder à verificação dos atos constitutivos e dos poderes de representação do subscritor (representante legal ou procurador), de modo a avaliar se a pessoa jurídica pode se obrigar em tal contrato e se quem a representa possui efetivos poderes para tal finalidade. Isso porque, nos termos do artigo 47 do Código Civil, "obrigam a pessoa jurídica os atos dos administradores, exercidos nos limites de seus poderes definidos no ato constitutivo". Assim, é medida de cautela avaliar se quem atua pela sociedade no contrato efetivamente detém poderes para tanto, sob pena de comprometer o negócio. É certo que, na prática, é comum nos depararmos, em especial em negócios realizados por grandes sociedades, que os instrumentos contratuais acabem sendo assinados por empregados sem poderes específicos de administração, o que cria um entrave frente ao texto do artigo 47 do Código Civil. Nesses casos, uma possível solução que tem sido adotada pelos tribunais é, com base no princípio da boa-fé (decorrente do artigo 422 do Código Civil), a aplicação da teoria da aparência, pela qual se possibilita obrigar pessoa jurídica pelo cumprimento de obrigação estipulada em contrato assinado por pessoa que não tem, em seus atos constitutivos, poderes de administração para representá-la. Tal vinculação decorreria do objetivo de assegurar a boa-fé e a lealdade, no sentido de preservar negócios que acarretem na contraparte uma legítima expectativa, dado que quem o celebrou (ainda que sem poderes) o fez com a aparência de legitimidade, assumindo negócio coerente com a finalidade da entidade, e que lhe traga proveitos, sendo ainda que o comportamento posterior da pessoa jurídica, de cumprimento espontâneo da obrigação, demonstra o reconhecimento do vínculo estipulado. No entanto, a aplicação de tal teoria é aspecto subjetivo, que acarreta possível incerteza no caso concreto[16], de modo que, para plena segurança jurídica, o mais adequado é, sempre que possível, avaliar se quem celebra o instrumento contratual efetivamente detém poderes de administração, em atendimento ao disposto na regra do artigo 47 do Código Civil.

Ainda, nesse contexto da representação, é medida de cautela o cuidado e a coerência com a terminologia empregada no instrumento contratual. Em matéria de direito empresarial (e em especial na área societária), é importante destacar, para fins de precisão da redação contratual, o cuidado de se evitar algumas confusões conceituais e terminológicas. Nesse sentido, é importante observar que uma sociedade

16. Nesse sentido, veja-se o REsp 1.902.410/MG, que tratava da celebração de um instrumento assinado por empregado sem poderes específicos de administração/representação. Embora ao final o STJ tenha reconhecido a vinculação da pessoa jurídica ao negócio com base na boa-fé e na teoria da aparência, o caso demonstra o grau de incerteza na aplicação da medida, visto que em primeira instância foi reconhecida a vinculação da pessoa jurídica ao negócio, mas em sede de apelação o Tribunal de Justiça de Minas Gerais reformou a decisão, entendendo que o documento não poderia ser considerado válido por ter sido firmado por pessoa sem poderes de representação, sendo necessário nova reforma, pelo STJ, para assegurar a vinculação da entidade.

não se confunde com seus sócios nem com seus administradores (aspecto inclusive mencionado expressamente no artigo 49-A do Código Civil). Logo, a pessoa que a administra não é parte do contrato que a sociedade celebra, mas apenas age em nome da sociedade, sem envolvimento direto/pessoal na avença, e a redação contratual deve retratar adequadamente tal situação. Também é importante distinguir a figura do administrador em relação à do sócio. Embora uma pessoa possa acumular tais situações (ser sócio e administrador ao mesmo tempo), tais aspectos não se confundem. Nesse sentido, portanto, é preciso levar em conta que uma pessoa pode ser sócia sem possuir poderes de administração. Nesse caso, não poderá agir em nome da sociedade (independentemente da quantidade de capital que possua). Por outro lado, podem existir administradores que não são sócios, e em razão de sua função detém legitimidade para representar a sociedade. Assim, necessário apurar quem possui a função de representação, para adequadamente figurar no contrato. Em situação diversa, quando se tratar de um empresário individual, é preciso levar em conta que tal figura não é uma pessoa jurídica, e, portanto, a redação contratual deve considerar tal aspecto para evitar erros e imprecisões textuais. E ainda, no que tange à identificação de tais pessoas (empresário individual / sociedade), deve se atentar para o uso do nome empresarial, não se confundindo, no texto, com eventuais nomes fantasias ou marcas utilizadas pelas referidas pessoas.

Por fim, após a celebração, é importante também manter a gestão e o monitoramento do contrato, no sentido de acompanhar o exercício de direitos e deveres, proceder a avaliações preventivas quanto à situação contratual, formalizar eventuais ajustes na relação[17], tudo visando maior segurança jurídica.

17. Até porque, mudanças comportamentais das partes durante o cumprimento contratual podem acarretar na revisão externa do contrato, e daí a importância da gestão e documentação de eventuais modificações fáticas, através de aditamentos, cessões de posição etc.

12
SOLUÇÃO DE CONFLITOS CONTRATUAIS

12.1 ASPECTOS GERAIS

Em decorrência da boa-fé que deve nortear os contratantes, a expectativa inicial das partes é de que o contrato terá seu cumprimento integral e voluntário. Mas, existe sempre um risco de descumprimento, que pode decorrer de variadas razões. Frente a tal risco, é costume a estipulação de cláusula indicando a escolha do método de solução de eventuais conflitos que decorram do contrato[18]. Em grande parte dos casos, esta costuma ser a última cláusula, antecedendo ao encerramento do contrato.

Nesse sentido, ao redigir a referida cláusula, as partes podem adotar uma solução judicial, que é a forma mais tradicional e comum, ou optar por meios extrajudiciais para solução de conflitos.

Dentre os meios extrajudiciais, podemos encontrar, de um lado, os métodos cooperativos. Nesse rol temos a negociação direta entre as partes, a conciliação e a mediação, que buscam como ponto comum, ao final, a construção de uma solução amigável e consensual para o litígio, instrumentalizada em um acordo. A distinção principal entre tais métodos decorre de que, na conciliação e na mediação a tentativa de se construir o acordo entre as partes é intermediada por um profissional neutro facilitador (conciliador/mediador), sem poder decisório, e que se vale de diferentes técnicas, dependendo de se tratar de mediação ou de conciliação. Já na negociação, a busca pelo acordo se dá de forma direta entre as partes interessadas, sem a presença de um terceiro neutro.

Ainda no campo dos métodos extrajudiciais, consta a arbitragem, que se diferencia por envolver um procedimento litigioso que assegure o contraditório às partes, sob responsabilidade de um ou mais árbitros, a quem cabe ao final proferir sentença impositiva e vinculante. A arbitragem, portanto, é mecanismo procedimental contencioso privado, dado que submete o litígio a um processo, mas fora do Poder Judiciário, nos termos que as partes estipularem para a convenção de arbitragem.

Feitos esses comentários, o presente ponto busca apresentar considerações e técnicas para a redação das cláusulas de solução de conflitos contratuais, em específico as que envolvam indicação de eleição de foro, cláusula compromissória de arbitragem, cláusula de mediação e, por fim, a cláusula escalonada “med-arb”.

---

18. Trata-se, em regra, de cláusula facultativa, dado que, em sua ausência, a solução será judicial e serão aplicáveis as regras processuais de definição de competência.

12.2 CLÁUSULA DE ELEIÇÃO DE FORO

A forma mais tradicional de se estipular a solução de conflitos contratuais é através da inserção, no contrato, de cláusula de eleição de foro. Tal possibilidade é permitida quando a cláusula constar de instrumento escrito e fizer referência expressa a determinado negócio jurídico, conforme previsão do artigo 63, e respectivos parágrafos, do Código de Processo Civil, que estipula em seu *caput* que "as partes podem modificar a competência em razão do valor e do território, elegendo foro onde será proposta ação oriunda de direitos e obrigações"[19].

Tal possibilidade também é reconhecida na Súmula 335 do STF – Supremo Tribunal Federal, que dispõe que "é válida a cláusula de eleição do foro para os processos oriundos do contrato".

Logo, em princípio é válida tal cláusula, em decorrência da autonomia privada e da liberdade de contratar. Mas a legislação processual prevê a possibilidade de o juiz avaliar eventual abusividade da cláusula, nos termos dos §§ 3º e 4º do artigo 63 do Código de Processo Civil:

> Art. 63. (...)
>
> § 3º Antes da citação, a cláusula de eleição de foro, se abusiva, pode ser reputada ineficaz de ofício pelo juiz, que determinará a remessa dos autos ao juízo do foro de domicílio do réu.
>
> § 4º Citado, incumbe ao réu alegar a abusividade da cláusula de eleição de foro na contestação, sob pena de preclusão.

Também é possível ocorrer discussão quanto à validade da cláusula em casos como contratos por adesão ou relações de consumo, quando ficar provada a hipossuficiência de uma das partes, através de dados concretos que comprovem efetivo prejuízo processual[20].

Note-se que na redação da cláusula elege-se o foro, mas não se admite a definição do juízo (vara) ou da pessoa do juiz. Para ilustrar, apresentaremos em sequência duas sugestões de redação para a referida cláusula:

---

19. Note-se que modificação legislativa realizada pela Lei n. 14.879/2024 alterou a redação do parágrafo 1º do artigo 63 do CPC, e inseriu um novo parágrafo 5º, de modo que, em decorrência de tais modificações, houve uma restrição quanto à liberdade de eleição do foro, dado que o novo texto do parágrafo 1º estipula que "a eleição de foro somente produz efeito quando constar de instrumento escrito, aludir expressamente a determinado negócio jurídico e guardar pertinência com o domicílio ou a residência de uma das partes ou com o local da obrigação, ressalvada a pactuação consumerista, quando favorável ao consumidor"; e o novo parágrafo 5º prevê que "o ajuizamento de ação em juízo aleatório, entendido como aquele sem vinculação com o domicílio ou a residência das partes ou com o negócio jurídico discutido na demanda, constitui prática abusiva que justifica a declinação de competência de ofício".
20. Conforme o REsp 1.675.012/SP.

"Fica eleito o foro da comarca de Campinas, Estado de São Paulo, para solução de quaisquer dúvidas ou litígios decorrentes deste contrato".

"Para dirimir quaisquer dúvidas ou controvérsias decorrentes deste contrato, fica desde já eleito o foro da comarca de Santo André, Estado de São Paulo, com exclusão de qualquer outro, por mais privilegiado que seja."

12.3 CLÁUSULA ARBITRAL

A proposta central do presente tópico é tratar da figura da cláusula arbitral, e indicar sugestões de sua redação. Mas, para tanto, se faz necessário tecer alguns comentários prévios sobre o instituto da arbitragem.

A arbitragem é figura há muito tempo prevista no Brasil, mas sua legislação atual data do ano de 1996, sendo a Lei n. 9.307. À época, o instituto da arbitragem se encontrava em desprestígio no país, e referida legislação buscou reavivar tal procedimento, de grande relevância mundial para questões comerciais. Apesar de calorosas discussões envolverem referida lei após sua criação, no ano de 2001 sua constitucionalidade foi reconhecida pelo Supremo Tribunal Federal, e desde então o instituto apresenta grande desenvolvimento entre nós, e considerável adoção pelo setor empresarial, destacando-se sua vasta utilização em questões societárias e contratuais.

Por tal razão, embora a arbitragem seja um procedimento contencioso, o conhecimento das regras arbitrais é de grande importância ao advogado contratualista, que irá lidar diretamente com a redação ou análise da convenção de arbitragem, que determina a utilização de tal instituto.

Para se avaliar a possibilidade de adoção da arbitragem para solução de conflitos, deve-se averiguar a presença de alguns pressupostos ao caso. Ou seja, somente será admissível a arbitragem quando (i) o objeto envolver um direito patrimonial disponível, (ii) as partes possuírem capacidade para contratar e (iii) se existir expresso consenso entre as partes quanto ao uso deste método. Além de avaliar a possibilidade de escolha da arbitragem, o profissional também deve analisar a conveniência de seu uso no caso concreto, tanto para a defesa dos direitos de seu cliente, quanto sob uma análise de custo-benefício, para verificar se o custo decorrente da opção arbitral[21] é compatível ao porte econômico do contrato e das partes.

Também deve ser considerada a utilidade processual, dado que a arbitragem não substitui totalmente a atividade judicial. De fato, o procedimento arbitral se justifica quando existente a necessidade de obtenção de um título executivo, no caso a sentença arbitral. Contudo, se o litígio contratual envolver diretamente a necessidade de processo de execução judicial com base no contrato ou título de crédito a

21. Por ser atividade privada, não existe uma tabela oficial de custas para a arbitragem. Assim, cabe avaliar a instituição arbitral escolhida, número de árbitros envolvidos e outros elementos, para se tomar uma decisão consciente.

ele relacionado, não haverá lógica de se realizar procedimento arbitral prévio, dado que já existente título executivo[22].

O consenso quanto à escolha da arbitragem se dará através de uma convenção de arbitragem. Tal figura, que é gênero, se desdobra em duas espécies, que são (i) a cláusula compromissória de arbitragem, também chamada simplesmente de cláusula arbitral, e (ii) o compromisso arbitral. Portanto, de forma bastante sintética, qualquer procedimento arbitral dependerá da prévia existência ou de uma cláusula arbitral ou de um compromisso arbitral.

A diferença fundamental entre as duas figuras é que a cláusula arbitral é um dispositivo, a ser inserido em contratos em geral, e que se destina à escolha preventiva da arbitragem para eventuais conflitos futuros que venham a surgir. O compromisso arbitral, por seu turno, é um contrato em si mesmo, e tem por objeto instituir arbitragem referente a um litígio que já surgiu. Portanto, a cláusula tem um perfil preventivo e genérico (pois abrange os diversos litígios que possam vir a surgir relativamente ao contrato), enquanto o compromisso é tipo contratual específico para submeter à arbitragem um único litígio já existente. Embora ambos tenham a mesma força vinculante, na prática a cláusula encontra muito mais utilização, por ser celebrada em momento de relações harmônicas entre as partes.

No contexto dessa obra, o interesse recai sobre a figura específica da cláusula arbitral, em razão de sua utilização junto aos contratos empresariais. Assim, passaremos a tratar especificamente dessa figura.

Nos termos do artigo 4º da Lei de Arbitragem (Lei n. 9.307/1996), "a cláusula compromissória é a convenção através da qual as partes em um contrato comprometem-se a submeter à arbitragem os litígios que possam vir a surgir, relativamente a tal contrato".

A escolha pela cláusula arbitral é decisão a ser tomada de forma cuidadosa e ponderada, pois uma vez adotada, se tratará de figura vinculante e obrigatória, sendo que a legislação prevê mecanismos processuais destinados a assegurar a observância da cláusula arbitral pelas partes.

Quanto à possibilidade de sua utilização dentro de um caso em concreto, é preciso avaliar a relação entre as partes contratantes. Isso porque, em contratos paritários, a cláusula é plenamente válida e vinculante, bastando que esteja prevista por escrito no próprio contrato ou em documento separado que a ele se refira. No entanto, em se tratando de contrato por adesão, a legislação arbitral demanda re-

22. Nesse sentido, veja-se a seguinte passagem constante do REsp 1.373.710/MG, pelo qual se definiu que "a existência de título executivo extrajudicial prescinde de sentença arbitral condenatória para fins de formação de outro título sobre a mesma dívida". Ainda nessa linha, veja-se também o REsp 1.481.644/SP, que apresentou o entendimento de que compete ao Poder Judiciário julgar ações de despejo, mesmo que existente convenção de arbitragem no contrato, frente à natureza executória da pretensão (e considerando que o árbitro não teria poder para impor atos executivos).

quisitos adicionais, dispondo o art. 4º, § 2º da Lei n. 9.307/1996 da seguinte forma: "Nos contratos de adesão, a cláusula compromissória só terá eficácia se o aderente tomar a iniciativa de instituir a arbitragem ou concordar, expressamente, com a sua instituição, desde que por escrito em documento anexo ou em negrito, com a assinatura ou visto especialmente para essa cláusula".

Por fim, recorde-se que, caso a relação entre as partes se caracterize como relação de consumo, retira-se das partes a opção de adoção de cláusula arbitral, dado que o Código de Defesa do Consumidor estipula ser nula de pleno direito a cláusula que determine a utilização compulsória de arbitragem (vide artigo 51, VII). Portanto, em matéria consumerista, a convenção só pode ser celebrada através de compromisso arbitral, posterior ao surgimento do litígio[23].

A cláusula arbitral costuma ser classificada em duas espécies, quais sejam, a cláusula vazia e a cláusula cheia.

Diz-se vazia a cláusula quando seu texto se limita a indicar a opção pela arbitragem, mas não determina como as partes devem proceder para instituir o procedimento arbitral quando necessário, bem como não indica qualquer instituição arbitral ou árbitro. Portanto, embora válida e obrigatória, não é recomendável esse tipo de redação, pois acarretará em maiores dificuldades práticas para iniciar o procedimento arbitral, em especial se necessária a propositura de prévia ação judicial com tal finalidade (conforme previsão da Lei n. 9.307/1996, artigos 6º e 7º), o que comprometeria a celeridade desejada pelas partes. Para fins didáticos, observe-se exemplo de cláusula arbitral considerada vazia:

> "As partes têm justo e acertado que todos os conflitos decorrentes do presente contrato serão solucionados necessariamente por arbitragem."

A cláusula compromissória de arbitragem será considerada cheia quando, além de indicar a arbitragem como método de solução de conflitos, também informa parâmetros para a instituição do procedimento arbitral. Por esta razão, a cláusula cheia se divide em duas subespécies, (i) a cláusula cheia institucional e (ii) a cláusula cheia *ad hoc*.

23. Nesse sentido, veja-se a decisão do STJ no REsp 1.169.841/RJ, de que constou a seguinte passagem: "Com a promulgação da Lei de Arbitragem, passaram a conviver, em harmonia, três regramentos de diferentes graus de especificidade: (i) a regra geral, que obriga a observância da arbitragem quando pactuada pelas partes, com derrogação da jurisdição estatal; (ii) a regra específica, contida no art. 4º, § 2º, da Lei n. 9.307/96 e aplicável a contratos de adesão genéricos, que restringe a eficácia da cláusula compromissória; e (iii) a regra ainda mais específica, contida no art. 51, VII, do CDC, incidente sobre contratos derivados de relação de consumo, sejam eles de adesão ou não, impondo a nulidade de cláusula que determine a utilização compulsória da arbitragem, ainda que satisfeitos os requisitos do art. 4º, § 2º, da Lei n. 9.307/96. 2. O art. 51, VII, do CDC se limita a vedar a adoção prévia e compulsória da arbitragem, no momento da celebração do contrato, mas não impede que, posteriormente, diante de eventual litígio, havendo consenso entre as partes (em especial a aquiescência do consumidor), seja instaurado o procedimento arbitral". Nessa mesma linha, o REsp 1.785.783/GO.

A cláusula cheia institucional é aquela que indica a arbitragem como forma de solução de conflitos, e conjuntamente indica a instituição arbitral (popularmente denominada como câmara de arbitragem) que será responsável pela administração do procedimento, quando e se necessário. Dessa forma, tal cláusula simplifica muito a situação das partes, pois, surgindo o conflito, elas devem proceder em conformidade com as regras institucionais da entidade escolhida. A título ilustrativo, observe-se exemplo de redação de cláusula compromissória cheia institucional[24]:

> "As partes têm justo e acertado que todos os conflitos decorrentes do presente contrato serão solucionados necessariamente por arbitragem. Para tanto, desde já indicam como instituição responsável pela administração do procedimento arbitral a Câmara de Arbitragem XYZ, bem como aderem às regras e regulamentos da referida entidade."

A cláusula cheia *ad hoc*, por sua vez, é cláusula que permite às partes adotar uma solução sob medida para instituir a arbitragem, sem a necessidade de envolver uma câmara de arbitragem. Assim, no texto de tal cláusula, se indicará expressamente a escolha pela arbitragem como método de solução de conflitos, e conjuntamente se informará o procedimento adotado para viabilizar a instituição do procedimento arbitral. Logo, nessa cláusula as partes criam soluções específicas para a arbitragem, diferentemente da cláusula institucional, em que aderem às regras preestabelecidas por uma câmara de arbitragem. Para fins didáticos, observe-se exemplo de redação de cláusula compromissória cheia *ad hoc*:

> "Quaisquer dúvidas ou controvérsias decorrentes do presente contrato serão resolvidas, de forma definitiva, por arbitragem. Para tanto, desde já as partes convencionam que será indicado como árbitro único o sr. Antonio Silva, brasileiro, advogado inscrito na OAB sob n. 00.000, com escritório na Av. Brasil, 1000, na cidade de São Paulo/SP.
>
> Parágrafo Primeiro: A arbitragem será realizada no escritório do árbitro, ficando a cargo dele o estabelecimento das regras procedimentais, prazos e demais informações vinculadas à arbitragem.
>
> Parágrafo Segundo: A parte que desejar iniciar o procedimento arbitral deverá apresentar ao árbitro requerimento escrito nesse sentido, frente ao qual o árbitro procederá à notificação extrajudicial da outra parte, através de cartório. A recusa da parte notificada em participar da arbitragem não impedirá seu desenvolvimento e julgamento, aspecto do qual ambas as partes expressam plena ciência e concordância."

Dessa forma, caso se opte pela adoção da arbitragem como meio de solução de conflitos contratuais, a recomendação é que se utilize de cláusula cheia, dado que seu texto informará expressamente a forma de instituição do procedimento, conforme consta do artigo 5º da Lei n. 9.307/1996[25].

---

24. O exemplo indicado é de uma cláusula simplificada e mencionando uma câmara hipotética, somente para fins didáticos. Na prática, as instituições arbitrais costumam indicar sugestões de cláusulas específicas, que podem ser adotadas pelas partes, embora não haja impedimento para a redação de texto próprio.
25. "Art. 5º Reportando-se as partes, na cláusula compromissória, às regras de algum órgão arbitral institucional ou entidade especializada, a arbitragem será instituída e processada de acordo com tais regras, podendo, igualmente, as partes estabelecer na própria cláusula, ou em outro documento, a forma convencionada para a instituição da arbitragem".

Ademais, é possível inserir elementos adicionais à redação da cláusula cheia, destinados a tratar de aspectos mais minuciosos de um eventual procedimento arbitral. Assim, a cláusula poderá indicar o número de árbitros participantes, a linguagem que será utilizada na arbitragem, o local em que ocorrerá o procedimento, as regras de mérito que serão aplicáveis, indicação de câmara ou árbitro substituto, previsão de foro residual (para apreciar matérias não passíveis de solução arbitral), entre outros itens que sejam de interesse das partes.

Por fim, destaque-se que a redação da cláusula arbitral deve ser bastante assertiva e evidente quanto à escolha da arbitragem, para não acarretar dúvida ou contradição, sob pena de caracterizar uma cláusula patológica. Diz-se patológica a cláusula cujo texto, de redação confusa, não permite identificar a efetiva vontade das partes quanto ao método escolhido para solução de conflitos, ou por vezes indicando conjuntamente mais de um método. Tal situação acarretará em dificuldades procedimentais para apurar a vontade dos contratantes e permitir a efetiva solução do conflito. Por tal razão, o cuidado e a técnica na redação da cláusula arbitral é elemento fundamental a permitir a escolha adequada desse método, buscando uma solução final mais célere e especializada.[26]

12.4 CLÁUSULA DE MEDIAÇÃO

Embora a mediação objetive um acordo entre as partes, que por certo não pode ser imposto, é prevista em lei a possibilidade de inserção de cláusula de mediação em contratos. Tal cláusula não obriga um acordo, obviamente, mas impõe às partes um dever de tentar negociar.

A cláusula de mediação é figura relativamente recente em nossa legislação, instituída pela Lei n. 13.140/2015. Conforme o artigo 22, ela deverá conter, no mínimo, os seguintes requisitos: (i) prazo mínimo e máximo para a realização da primeira reunião de mediação, contado a partir da data de recebimento do convite; (ii) indicação do local da primeira reunião de mediação; (iii) critérios de escolha do mediador ou equipe de mediação e (iv) penalidade em caso de não comparecimento da parte convidada à primeira reunião de mediação. Tais itens podem ser substituídos, na cláusula, por indicação de instituição de mediação que disponha de regras regulamentares para orientar o procedimento.

Destaque-se, portanto, que, embora ninguém seja obrigado a permanecer em procedimento de mediação ou a aceitar acordo, a previsão da cláusula admite a estipulação de obrigação de comparecimento à primeira reunião, sob pena de arcar

26. Ainda a respeito da cláusula arbitral, é importante ressaltar que, conforme previsto no artigo 8º da Lei n. 9.307/1996, "a cláusula compromissória é autônoma em relação ao contrato em que estiver inserta, de tal sorte que a nulidade deste não implica, necessariamente, a nulidade da cláusula compromissória".

com penalidade contratualmente estipulada. Para fins didáticos, apresentamos uma sugestão de redação de cláusula de mediação, indicativa de instituição profissional:

> "As partes têm justo e acertado que eventuais litígios decorrentes deste contrato serão submetidos inicialmente a procedimento de mediação, a ser administrado pela Câmara de Mediação XYZ, que atuará em conformidade com seu regulamento interno de mediação, em relação ao qual as partes manifestam expressa concordância e aceitação.
>
> Parágrafo único: Fica acordado que os custos com o procedimento de mediação serão arcados em partes iguais pelas contratantes, sendo que o não comparecimento de qualquer das partes à reunião inicial de mediação, sem justa causa, acarretará em penalidade correspondente ao pagamento de multa de (.......) em favor da outra parte."

12.5 CLÁUSULA ESCALONADA MED-ARB

Como explicado em item anterior, a mediação e a arbitragem são métodos diversos, e com finalidades distintas, dado que a primeira visa um acordo, enquanto a segunda visa o proferimento de uma sentença arbitral. Foi visto também que é possível a adoção desses métodos, individualmente, através das respectivas cláusulas próprias.

No entanto, é possível, caso seja o desejo das partes, mesclar ambos os métodos em cláusula única, para que funcionem de forma escalonada. É do que se trata a chamada cláusula "med-arb". Por essa cláusula, se estipula que, surgido o conflito, as partes deverão buscar inicialmente uma solução amigável por mediação. Acaso tal alternativa não seja bem-sucedida, só então as partes poderão instituir o procedimento arbitral. O texto da cláusula, portanto, determina um escalonamento que guiará a conduta das partes visando a solução extrajudicial do conflito, sendo que impõe uma tentativa prévia de solução por um método menos conflitivo e custoso, e no caso de seu insucesso se procederá à instituição da arbitragem. Para fins didáticos, apresentamos uma sugestão de redação de cláusula med-arb:

> "As partes têm justo e acertado que eventuais litígios decorrentes deste contrato serão submetidos inicialmente a procedimento prévio de mediação, a ser administrado pela Câmara de Mediação e Arbitragem XYZ. Em caso de não obtenção de solução do litígio através da mediação, será obrigatoriamente instituído em sequência procedimento de arbitragem, igualmente administrado pela Câmara de Mediação e Arbitragem XYZ, tudo em conformidade com seu regulamento interno, em relação ao qual as partes manifestam expressa concordância e aceitação."

13
CONSIDERAÇÕES FINAIS EM MATÉRIA DE PRÁTICA CONTRATUAL

A parte II desse trabalho buscou aliar o conhecimento teórico dos contratos com uma abordagem prática, que ajude a desenvolver uma capacitação em matéria contratual, visando orientar o leitor a como pensar a estruturação do documento contratual, técnicas de redação, o raciocínio empregado na estipulação e definição de cláusulas, entre outros aspectos.

Inclusive, para facilitar a visualização dos temas, nos valemos de alguns modelos com sugestões de redação. Mas cabe reiterar, uma vez mais, que tais modelos são apenas referências e sugestões, dado que inexiste uma escrita padrão e inflexível.

Também se desejou demonstrar que a estrutura para os instrumentos contratuais é comum, e, portanto, a compreensão da estrutura geral apresentada pode ser utilizada para toda a gama de contratos empresariais.

De fato, com base na estrutura geral, cabe ao profissional ajustar o conteúdo, integrante do corpo contratual, para atender às necessidades do caso concreto. Para tal ajuste, deverá levar em conta a vontade das partes, as normas contratuais gerais, e as regras específicas dos tipos contratuais, que serão apresentadas em sequência, na parte III deste trabalho.

Parte III
CONTRATOS EMPRESARIAIS EM ESPÉCIE

O rol de contratos passíveis de utilização pelos empresários é amplo, destinado a viabilizar as diversas necessidades negociais existentes na exploração de uma empresa. Portanto, diferentes modalidades contratuais representam a possibilidade de adoção de estratégias negociais diversas, com vistas à obtenção do resultado desejado. A compreensão das diferentes modalidades permite avaliar alternativas, promover análise de custo benefício, e adotar uma definição consciente de estratégias negociais na busca de maior eficiência, sustentabilidade e viabilidade econômica do negócio.

A gama de contratos insere-se em alguns grupos de características comuns, tais como os contratos que permitem trocas ou circulação de bens, os contratos que estipulam colaboração ou cooperação entre empresários, os contratos financeiros, os contratos que envolvem prestação de serviços, os contratos societários, entre outros.

Claro que a presente parte desse trabalho não objetiva tratar da totalidade dos contratos empresariais existentes, dado que tal ideia seria até inviável, diante da possibilidade de livre criação de contratos atípicos a qualquer tempo, frente ao que o rol de contratos estará sempre se inovando. Pretende-se, assim, apresentar os tipos contratuais mais comuns no universo empresarial, demonstrando sua definição, a função que desempenham, a legislação que lhes é aplicável e suas características gerais.

Por fim, relembre-se que, no contexto desse trabalho, a referência a "empresário", como parte de um contrato, abrange as diferentes espécies empresariais permitidas na legislação brasileira, ou seja, o empresário individual ou a sociedade empresária (em uma de suas diferentes modalidades).

14
COMPRA E VENDA

14.1 CONCEITO

Pelo contrato de compra e venda, uma parte, denominada comprador, se obriga a pagar o preço, em dinheiro, em contrapartida à obrigação de transferência, pela outra parte, denominada vendedor, do domínio da coisa objeto do negócio. Trata-se, portanto, de contrato cuja celebração acarreta uma obrigação, de posterior entrega de coisa e o respectivo pagamento do preço.

14.2 FUNÇÃO

A compra e venda é o contrato mais característico do universo negocial. Como afirma Fábio Ulhoa Coelho, é o contrato elementar da atividade empresarial, dado ser o comércio uma sucessão de contratos de compra e venda[1]. No passado, José Xavier Carvalho de Mendonça já reconhecia tal importância, ao registrar ser "o negócio jurídico por excelência, típico do direito comercial; consubstancia o próprio comercio"[2]. Tal importância decorre de que é o tipo contratual que viabiliza trocas, no sentido de permitir uma substituição de coisas por dinheiro (que é, por sua vez, um elemento denominador comum a facilitar negócios cotidianos).

Dado que a atividade empresarial envolve a celebração de compra e venda em várias etapas da cadeia econômica, tal contrato atende a necessidades negociais de diversas espécies, tal como a de um fabricante que vende a empresário revendedor, bem como do lojista que vende ao cliente final. Por tal razão, inclusive, se presta a negociações no atacado e no varejo. Diz-se no atacado quando se trata de venda realizada em grandes quantidades, permitindo uma redução de preço pela escala envolvida, em que, em regra, o comprador adquire com vistas à revenda futura com lucro; e no varejo quando se trata de quantidades menores, normalmente adquiridas pelo cliente final.

Tal contrato é também passível de utilização pelos mais diversos ramos empresariais. De fato, a todo e qualquer empresário a compra e venda será contrato indispensável, pois viabilizará a aquisição de bens necessários à organização e manutenção de sua atividade.

---

1. COELHO, Fábio Ulhoa. *Manual de direito comercial*. 33. ed. São Paulo: Ed. RT, 2022, p. 389.
2. MENDONÇA, José Xavier Carvalho de. *Tratado de direito commercial brasileiro*. 3. ed. Rio de Janeiro: Freitas Bastos, 1939, v. VI, p. 8.

14.3 LEGISLAÇÃO

Na atualidade, o contrato de compra e venda, como contrato típico que é, tem suas regras definidas no Código Civil, entre os artigos 481 a 532. Portanto, são regras aplicáveis a contratos de compra e venda em geral, quer envolva empresários ou não. Relembre-se que nem sempre funcionou assim em nosso país, pois anteriormente tal contrato recebia tratamento legislativo duplo, sendo a compra e venda cível tratada no antigo Código Civil de 1916, e a compra e venda mercantil disciplinada na parte primeira do Código Comercial. Contudo, o Código de 2002 unificou o tratamento da matéria, e revogou as disposições anteriores.

14.4 CARACTERÍSTICAS GERAIS

Trata-se a compra e venda de contrato comum, que pode ser celebrado por quaisquer pessoas. Como partes, teremos o vendedor e o comprador, sendo contrato bilateral e sinalagmático. É também contrato consensual, dado que sua celebração depende da manifestação de consenso das partes quanto ao objeto e ao preço, indiferentemente à forma (à exceção de quando existir exigência expressa a esse respeito na legislação).

Ademais, é contrato que gera efeitos obrigacionais, no sentido de que, após a celebração e no decorrer de seu cumprimento, caberá ao vendedor a entrega da coisa e ao comprador o pagamento do preço. Logo, a transferência da propriedade não se dá pela celebração, mas pelo cumprimento posterior, visto que em se tratando de bens móveis, a propriedade se transfere pela entrega do bem (vide artigo 1.267 do Código Civil), e para imóveis pelo registro do título aquisitivo no registro de imóveis (vide artigo 1.245 do Código Civil).

Alguns aspectos que merecem ser destacados são:

Objeto: a compra e venda pode envolver ampla gama de coisas quanto a seu objeto, tal como coisa corpórea ou incorpórea, móvel, imóvel ou semovente, fungível ou infungível, existente ou mesmo coisa ainda não existente[3] ou não pertencente ao vendedor[4].

Preço: na compra e venda, o preço deve ser estipulado necessariamente em dinheiro, pois do contrário, prevista a entrega de bem como contraprestação, se caracterizaria o contrato de permuta, previsto no artigo 533 do Código Civil, embora se admita que parcela não preponderante do preço seja paga em bens, em pagamento misto. O preço deve ainda ser certo, economicamente sério e justo (ou seja, que

---

3. Como colheitas futuras e bens a serem fabricados.
4. Vide a operação chamada, no jargão do mercado financeiro, como "venda a descoberto", em que o vendedor se obriga a entregar coisa que ainda não possui, e para tanto deverá adquiri-la a tempo de cumprir a obrigação de entrega, esperando lucrar com disparidades de preços no período contratual.

tenha lógica econômica na operação negocial, que não afronte a comutatividade), determinado pelas partes ou a que se permita determinação, tal como por cotação de mercado, por índices ou parâmetros ou mediante fixação por terceiro indicado (que os contratantes devem designar; se o terceiro não aceitar a incumbência, ficará sem efeito o contrato, salvo se os contratantes designarem outra pessoa). E, na indesejável hipótese de inexistentes quaisquer referências, aplica-se preço de mercado nos negócios habituais do vendedor (vide artigo 488 do Código Civil). No entanto, nulo será o contrato se deixar ao arbítrio exclusivo de uma das partes a fixação do preço.

Condição: é possível às partes estabelecerem condições ao negócio, sejam suspensivas ou resolutivas. Portanto, ao contrário das vendas simples, que decorrem do imediato consenso das partes quanto ao objeto e ao preço, existem as vendas condicionadas, que ficam submetidas a um evento futuro e incerto que determina o início (condição suspensiva) do negócio ou a sua cessação (condição resolutiva).

Cumprimento: a celebração do contrato, mediante o consenso, demanda posterior cumprimento (ou execução) que, a critério das partes, pode ser imediato (em sequência à celebração), diferido (com a postergação no tempo da prestação única de uma ou de ambas as partes), ou continuado, com várias e sucessivas prestações de uma ou ambas as partes.

Responsabilidade por despesas e riscos do negócio: as partes têm liberdade de definir a responsabilidade por custear as despesas do contrato, bem como os riscos do negócio. Entretanto, caso não o façam expressamente, determina o Código Civil que as despesas de escritura e registro são de responsabilidade do comprador, enquanto as de entrega são do vendedor, sendo que até o momento da entrega os riscos da coisa são de responsabilidade do vendedor, e os riscos quanto ao preço são de responsabilidade do comprador. Ademais, prevê a lei que, na falta de estipulação expressa, a entrega da coisa vendida ocorrerá no lugar aonde ela se encontrava no momento da venda. Se a coisa for enviada para local diverso, por ordem do comprador, este será responsável pelos riscos, uma vez que o vendedor entregue a coisa ao transportador.

No entanto, além da possibilidade de estipulação e definição de riscos e despesas ser negociada diretamente pelas partes, através de cláusulas criadas sob medida, é viável também se valer de parâmetros definidos por entidades externas, relacionadas a atividades empresariais. Exemplo comum de tal prática é a definição de cláusulas padronizadas pela CCI – Câmara de Comércio Internacional, que publica e revisa, de tempos em tempos, os chamados INCOTERMS, que são cláusulas uniformizadas, representadas por siglas de amplo conhecimento mundial, e que facilitam estabelecer os parâmetros de custo, responsabilidades e riscos em negociações internacionais. Como exemplos, dentre as mais conhecidas, temos a cláusula "EXW (Ex Works)", em que o vendedor dispõe a mercadoria em seu estabelecimento, cabendo ao comprador a responsabilidade e os custos a partir de então; a cláusula "FOB (Free On Board)", que informa a responsabilidade do vendedor entregar a mercadoria a bordo do navio, no porto de embarque, seguindo, a partir de então, por conta e risco do comprador; a cláusula "CIF (Cost, Insurance and Freight)", em que o vendedor se responsabiliza pelos custos de embarque, frete e seguro na viagem; e ainda a cláusula "DDP (Delivered Duty Paid)", em que o vendedor se responsabiliza até a disponibilização da mercadoria no local do comprador.

Nessa graduação de responsabilidades, a cláusula EXW representa a menor responsabilidade ao vendedor, enquanto a cláusula DDP impõe o máximo de obrigações ao vendedor, figurando as demais opções como situações intermediárias. Na edição 2020 dos Incoterms, foram estabelecidos quatro grupos de cláusulas, iniciadas pelas letras E, F, C e D, em um total de 11[5] cláusulas.

Responsabilidade por vícios ocultos e evicção: como regra, o vendedor se responsabiliza, perante o comprador, quanto a vícios ocultos e evicção. Tratam-se, portanto, de previsões legais que representam garantias da lei para proteção do comprador. No caso dos vícios redibitórios, a garantia se dá, em contratos comutativos, em relação a possíveis vícios ou defeitos ocultos, que tornem a coisa imprópria ao uso, ou lhe diminui o valor, frente ao que o prejudicado pode pleitear o desfazimento do negócio ou o abatimento no preço. A evicção, por sua vez, corresponde, em contratos onerosos, à perda do bem adquirido em favor de terceiros detentores de direito anterior, por força de decisão judicial, frente ao que é possível se pleitear a restituição do preço e a indenização por outros prejuízos[6]. Note-se que tais temas são tratados no Código Civil entre os artigos 441 a 446, quanto aos vícios redibitórios, e 447 a 457, quanto à evicção. No entanto, se a compra e venda corresponder a uma relação de consumo, serão aplicáveis disposições diversas relativas ao tema, constantes do Código de Defesa do Consumidor.

Cláusulas especiais estipuladas pelo Código Civil: a par do direito de criação de outras cláusulas pelas partes, decorrentes da liberdade contratual, o Código Civil estipulou expressamente algumas cláusulas especiais aplicáveis à compra e venda. São elas:

a) retrovenda: trata-se de cláusula especial, prevista nos artigos 505 a 508 do Código Civil, que atribui ao vendedor de bem imóvel[7] o direito de readquiri-lo, por sua exclusiva vontade, mediante a restituição do preço e reembolso de despesas incorridas. O exercício de tal direito deve observar o prazo máximo de três anos.

---

5. Como o rol de INCOTERMS é revisto de tempos em tempos, sugere-se a consulta atualizada diretamente no site da CCI, através dos links www.iccwbo.org e www.iccbrasil.org.
6. Quanto à evicção, dispõe o artigo 448 do Código Civil que tal tema pode ser objeto de negociação contratual, admitindo-se que podem as partes, por cláusula expressa, reforçar, diminuir ou excluir a responsabilidade pela evicção.
7. O Código Civil estipula a retrovenda unicamente em relação a bens imóveis. No entanto, existe entendimento doutrinário sustentando a possibilidade de estipulação de tal cláusula em relação a bens móveis infungíveis e sujeitos a registro público, tal como se vê em VERÇOSA, Haroldo Malheiros Duclerc. *Direito comercial 5*: contratos empresariais em espécie. São Paulo: Ed. RT, 2014, p. 50.

b) venda a contento e sujeita a prova: são cláusulas, previstas nos artigos 509 a 512 do Código Civil, que impõem condições ao aperfeiçoamento do negócio. Pela cláusula de venda a contento, impõe-se condição suspensiva pela qual o negócio somente se aperfeiçoará, mesmo após a entrega da coisa, mediante a manifestação de satisfação e aceitação do adquirente. Já a compra sujeita a prova impõe condição pela qual terá o adquirente que se manifestar se a coisa atende às qualidades prometidas e seja idônea para o fim a que se destina. Em ambos os casos, enquanto não houver tal manifestação de aceitação, a posse da coisa se justificará a título de comodato.

c) cláusula de preferência de recompra: disciplinada entre os artigos 513 a 520 do Código Civil, e também chamada de cláusula de preempção ou prelação, estipula ao vendedor a preferência de recomprar o bem, móvel ou imóvel, anteriormente vendido, caso o comprador decida revender ou dar em pagamento. Tal direito de preferência é estipulado, pela lei, em 180 dias para bens móveis, e dois anos para imóveis. Nesse caso, a preferência permite cobrir oferta de terceiros, de modo a readquirir o bem anteriormente alienado. O descumprimento do direito de preferência sujeitará o infrator a indenizar a parte preterida.

d) reserva de domínio: trata-se de cláusula, prevista nos artigos 521 a 528 do Código Civil, destinada a aumentar o respaldo patrimonial do vendedor em vendas a crédito, pois ela lhe assegura a reserva da propriedade do bem móvel infungível vendido até o integral pagamento do preço. Portanto, por essa cláusula, a entrega do bem, por si só, não transferirá o direito de propriedade, dado que tal direito será reservado até que o vendedor tenha recebido todo o preço. Sua adoção impõe celebração por escrito e depende de registro do contrato no domicílio do comprador, para valer contra terceiros.

e) venda sobre documentos: tal cláusula, regulada entre os artigos 529 a 532 do Código Civil, determina que a entrega física da coisa vendida é substituída pela entrega de título representativo de propriedade, bem como eventuais outros documentos exigidos pelo contrato ou pelos usos negociais.

14.5 VENDA COMPLEXA – O CONTRATO DE FORNECIMENTO

Trata-se o fornecimento de uma modalidade, ou desdobramento, do contrato de compra e venda, que se caracteriza pela continuidade e periodicidade de venda de bens, mediante termos pré-ajustados entre as partes quanto às condições negociais, assegurando previsibilidade de recebimento ao adquirente e de demanda ao vendedor.

A utilidade de tal figura é de permitir o suprimento constante de bens necessários ao comprador, assegurando também um fluxo esperado de vendas para o fornecedor. Representa, assim, importante instrumento para assegurar a continuidade na entrega de produtos necessários à cadeia produtiva de empresários, bem como para atender a necessidades pessoais de consumidores.

Como observado por Fábio Ulhoa Coelho, o fornecimento busca estabilizar aspectos da relação negocial, poupando as partes de constantes renegociações, e consequentemente facilitando o planejamento empresarial quanto ao suprimento de bens (para o adquirente) ou quanto à expectativa de demanda (para o vendedor). Desse modo, conforme o referido autor, "a partir da assinatura do contrato de fornecimento, comprador e vendedor assumem a obrigação de realizar a compra e venda nas condições estabilizadas"[8].

14.6 VENDA EM CONSIGNAÇÃO (CONTRATO ESTIMATÓRIO)

14.6.1 Conceito

O contrato estimatório, popularmente conhecido como venda em consignação, é o contrato em que uma parte, denominada consignante, confia à outra parte, o consignatário, um bem móvel, para que o consignatário promova a sua venda a terceiros, por um determinado prazo, ao fim do qual ele pode restituir o bem, caso não vendido, ou pagar o valor ajustado entre as partes. Ocorrendo tal venda a terceiros, constata-se dupla compra e venda em sequência[9], dado que a propriedade do bem se consolida no consignatário, que ato seguinte o vende a terceiro em nome próprio e por sua conta e risco, nas condições livremente ajustadas entre o consignatário e o terceiro.

14.6.2 Função

Trata-se de contrato que propicia ao empresário consignatário ofertar bens à venda, sem a necessidade de prévia aquisição dos referidos bens, em relação aos quais não possui certeza de negociação. Assim, o consignatário diminui seus riscos por não ter que adquirir um produto que não sabe se venderá. Contudo, caso efetivada a venda, lucrará com a margem de diferença entre o que pagar ao consignante e o que receber do terceiro adquirente.

Ao mesmo tempo, tal modalidade contratual permite ao consignante dispor de bens, confiados ao consignatário, para que este busque vender em mercado. Tendo êxito, paga o ajustado ao consignante. Em não conseguindo vender, pode devolver o bem, se não preferir adquiri-lo por conta própria.

14.6.3 Legislação

O contrato estimatório está previsto expressamente no Código Civil, entre os artigos 534 a 537.

---

8. COELHO, Fábio Ulhoa. *Curso de direito comercial*. 12. ed. São Paulo: Saraiva, 2011, v. 3, p. 89.
9. Nesse sentido: FRANCO, Vera Helena de Mello. *Contratos* – direito civil e empresarial. São Paulo: Ed. RT, 2009, p. 67.

14.6.4 Características gerais

Pela dinâmica de tal contrato, o consignatário vende o bem consignado por sua própria conta e risco, ou seja, em seu nome e seu interesse. Ele recebe o bem do consignante, e com ele ajusta as condições de eventual pagamento futuro. Posteriormente, com o bem disponível, irá buscar vendê-lo a terceiro em condições que livremente estabelecer, colocando um sobrepreço que lhe permita pagar o consignante e obter lucro. Do contrato, se destacam ainda as seguintes características:

Objeto: nos termos do artigo 534 do Código Civil, trata-se de modalidade contratual que abrange exclusivamente bens móveis. Não se aplica a bens imóveis, e nem seria possível, dada a dinâmica negocial aplicável a tais bens. Ainda, trata-se de contrato real, que se aperfeiçoa com a entrega da coisa ao consignatário, frente ao que surge a possibilidade de venda para terceiros.

Prazo: o prazo é figura essencial do contrato, em que se define um limite temporal para que o consignatário devolva a coisa ou pague o preço (sendo que, em eventual ausência de prazo, a solução impõe a notificação do consignatário). Durante o prazo, pode o consignatário devolver o bem, mas não pode o consignante exigi-lo, e tampouco dispor do bem.

Preço: em regra é estimado na celebração do contrato, conforme se depreende da redação do artigo 534.

Risco da negociação com terceiro: o risco do não pagamento por terceiros é do consignatário, que vendeu como proprietário do bem.

Obrigações das partes: cabe ao consignatário arcar com os gastos de conservação e manutenção do bem, enquanto estiver com a posse (salvo disposição em contrário), bem como responde pela perda ou deterioração, sendo ainda que ele não se exonera da obrigação de pagar o preço, se a restituição da coisa, em sua integridade, se tornar impossível, ainda que por fato que não seja a ele imputável.

O consignante, durante o prazo contratual, apesar de proprietário da coisa, perde a disponibilidade sobre ela, e não pode transferi-la até que ocorra eventual devolução. Logo, durante a vigência do contrato, não pode pretender reaver a coisa, nem interferir na posse do consignatário; mas, ao mesmo tempo, para preservar direito do consignante, não pode o bem ser penhorado por credores do consignatário, enquanto o preço não for integralmente pago.

14.7 VENDA DE ESTABELECIMENTO EMPRESARIAL (CONTRATO DE TRESPASSE)

14.7.1 Conceito

O contrato de alienação de estabelecimento empresarial, popularmente chamado de trespasse, corresponde a operação que objetiva a transferência de propriedade de um estabelecimento empresarial, através do qual um empresário (alienante) transmite seu negócio a outro empresário (adquirente). Sendo o estabelecimento figura central para o exercício de atividade empresarial organizada, a lei optou por dar tratamento específico para essa modalidade de venda, estipulando regras e consequências próprias.

14.7.2 Função

A função do contrato de trespasse é viabilizar a venda do estabelecimento empresarial, e por consequência a transferência de empresa, ou seja, da atividade econômica. O adquirente, portanto, sucederá os negócios do alienante, ao adquirir o estabelecimento e seus respectivos elementos, tal como nome fantasia, marcas, ponto comercial, móveis, mercadorias, entre outros. Como consequência dessa operação, busca o adquirente assumir o aviamento e a clientela de seu antecessor.

Note-se que não se confunde o trespasse com negociações de participação societária, tal como cessão de quotas ou de ações. No trespasse, o empresário é parte do contrato, e o objeto vendido é o estabelecimento empresarial. Em negociações societárias, a parte vendedora é o sócio, enquanto o objeto transferido é seu título de participação societária (quotas ou ações)[10].

14.7.3 Legislação

Embora se trate de uma venda, por ser o trespasse operação peculiar destinada a viabilizar a transferência de estabelecimento, com a consequente sucessão da atividade empresarial, optou o Código Civil por atribuir regras específicas, constantes dos artigos 1.143 a 1.149.

14.7.4 Características gerais

Dado ser o estabelecimento um conjunto de diversos bens, corpóreos e incorpóreos, organizados de acordo com as necessidades do empresário que o estrutura, reconhece o Código Civil que tal complexo de bens pode ser objeto unitário de negócios jurídicos, tal como em relação à sua venda, viabilizada pelo contrato de trespasse. Será um contrato de venda, portanto, em que figurarão dois empresários, o alienante e o adquirente. Quanto às características desse contrato, podemos observar os seguintes aspectos:

Formalidades: a lei determina que, para que produza efeitos em relação a terceiros (aspecto de grande relevância, dada a transmissão da atividade empresarial), o contrato de trespasse deve ser celebrado por escrito, para fins de arquivamento

---

10. Observe-se que o contrato de trespasse possui grande importância para o empresário individual, dado que para tal figura o trespasse é a forma principal de transferência da atividade empresarial, frente à inexistência de pessoa jurídica (o que inviabiliza uma cessão de quotas ou ações). Não obstante, as pessoas jurídicas podem igualmente se valer do trespasse, para alienação de seus estabelecimentos.

na Junta Comercial, e para que tenha seu conteúdo publicado na imprensa oficial, vide artigo 1.144 do Código Civil.

Ainda, é necessário avaliar a situação patrimonial do alienante, dado que, se a ele não restarem bens suficientes para pagar o seu passivo, a eficácia da alienação dependerá do pagamento de todos os credores, ou da obtenção de consentimento destes, de modo expresso ou tácito.

Sucessão: o trespasse acarreta na sucessão da atividade empresarial, de modo que o adquirente será sucessor do alienante, com efeitos em diversas esferas. No âmbito civil (artigo 1.146), o adquirente responderá pelo pagamento dos débitos anteriores à transferência, desde que regularmente contabilizados, continuando o devedor primitivo solidariamente obrigado pelo prazo de um ano, a partir, quanto aos créditos vencidos, da publicação, e, quanto aos outros, da data do vencimento. Também haverá sucessão em outras esferas, tal como na tributária (conforme consta do Código Tributário Nacional, artigo 133) e trabalhista (conforme consta da CLT, artigos 10 e 448).

Não restabelecimento: dado que a transferência do estabelecimento importa, para o adquirente, na justa expectativa de assumir a clientela, o Código Civil estipula ao alienante um dever de não restabelecimento, ou não concorrência, pelo qual deve se abster de fazer concorrência ao estabelecimento alienado após a venda. Nesse sentido, dispõe o artigo 1.147 que "não havendo autorização expressa, o alienante do estabelecimento não pode fazer concorrência ao adquirente, nos cinco anos subsequentes à transferência". Trata-se de previsão implícita, que comporta determinação em sentido contrário em contrato. E, frente à relevância de tal tema concorrencial no contexto de um trespasse, é recomendável que exista cláusula dispondo expressamente sobre esse assunto, definindo se existe ou não o dever de não concorrência, bem como, caso existente, que especifique critérios, tais como os de área, tempo e ramo de atuação.

Transferência de contratos e de créditos: conforme o artigo 1.148 do Código Civil, ressalvada disposição contratual em sentido contrário, o trespasse acarreta a sub-rogação do adquirente nos contratos estipulados para exploração do estabelecimento, se não tiverem caráter pessoal, podendo os terceiros rescindir o contrato em noventa dias a contar da publicação da transferência, se ocorrer justa causa, ressalvada, nesse caso, a responsabilidade do alienante. Quanto à cessão de créditos referentes ao estabelecimento transferido, determina o artigo 1.149 que tal ato produzirá efeito em relação aos respectivos devedores, desde o momento da publicação da transferência, mas o devedor ficará exonerado se de boa-fé pagar ao cedente.

15
PRESTAÇÃO DE SERVIÇO

15.1 CONCEITO

O contrato de prestação de serviços representa o acordo de vontades pelo qual uma parte, denominada prestador ou contratado, se obriga a realizar uma atividade lícita de interesse da outra parte, o contratante (ou tomador), em troca de uma remuneração.

15.2 FUNÇÃO

Se, como dito em ponto anterior, a compra e venda é a operação base da atividade empresarial, outra figura de considerável importância é a prestação de serviços, que abrange grande parte dos negócios empresariais[11].

Na ótica empresarial, é o contrato de que se vale o empresário, seja para contratar serviços de que necessita visando o exercício de sua atividade, seja para fornecer serviços a seus clientes. Em síntese, é operação negocial que disciplina a execução de uma obrigação de fazer pelo contratado junto ao contratante.

Embora o Código Civil dedique poucos artigos a regular a prestação de serviços, trata-se de operação que na atualidade é das mais relevantes para os empresários. Note-se que, no passado, a prestação de serviços não era considerada um ato de comércio, de modo que tal setor sequer se incluía, como regra, no âmbito do Direito Comercial. No entanto, com o Código Civil de 2002 e a adoção da Teoria da Empresa, a atividade empresarial passou a abranger expressamente atividades organizadas de produção, circulação e prestação de serviços (conforme a parte final do artigo 966 do Código Civil).

Logo, trata-se de segmento que se desenvolveu muito nas últimas décadas, e hoje representa percentual relevante do setor empresarial.

---

11. Como observa Rodrigo Brandão Fontoura: "o contrato de prestação de serviços possui natureza manifesta de alicerce fundamental da economia"; "se houvesse a possibilidade de separar as atividades mercantis em apenas duas grandes vertentes, certamente uma delas seria o fornecimento de produtos, tipificado pela compra e venda de mercadorias; e a outra, o fornecimento de serviços" (vide FONTOURA, Rodrigo Brandão. *Contrato de prestação de serviços e mitigação de riscos*. 2. ed. Indaiatuba: Editora Foco, 2021, p. 5).

15.3 LEGISLAÇÃO

O contrato de prestação de serviços é contrato típico e está disciplinado entre os artigos 593 a 609 do Código Civil.

Note-se que tal legislação não é aplicável a prestações de serviços que caracterizem relação de emprego, às quais se aplicam as regras da CLT, bem como a setores em que exista legislação especial aplicável.

15.4 CARACTERÍSTICAS GERAIS

Representa a prestação de serviços contrato bastante abrangente, dado que, conforme o artigo 594 do Código Civil, qualquer espécie de serviço lícito, material ou imaterial, pode ser contratado, mediante pagamento. Corresponde a contrato que se aperfeiçoa a partir do consenso entre as partes, possuindo forma livre, e que apresenta as seguintes características:

Objeto: em geral, envolve toda e qualquer prestação de serviços lícitos, em que o prestador possui liberdade técnica, e atua de forma eventual ou não, sendo o serviço prestado por pessoa natural ou jurídica, existindo uma obrigação de fazer, bilateral e onerosa (em contraprestação a pagamento).

No entanto, devem ser ressalvados os casos em que se trate de relação submetida ao direito do trabalho, de forma a não se confundir a prestação de serviço autônoma (civil ou empresarial) da prestação de serviço trabalhista. Nesse sentido, importante destacar que a prestação de serviço caracterizará um contrato de trabalho quando o prestador, sendo pessoa física, atuar, de forma cumulativa, com subordinação, mediante pagamento (onerosidade), com pessoalidade e habitualidade. Assim, presentes tais requisitos, se configurará uma relação submetida à CLT, de modo que, a *contrario sensu*, a prestação de serviço, civil ou empresarial, não pode conter cumulativamente tais elementos, sob pena de descaracterização. Logo, ainda que natural a presença de onerosidade e eventualmente habitualidade na prestação de serviço civil e empresarial, não existirá, nesses casos, subordinação (em sentido de submissão a poder diretivo trabalhista)[12]. Ainda, também deverão ser excepcionadas outras situações tratadas por leis especiais, tais como serviços públicos.

12. Nesse contexto, é importante destacar a figura da terceirização, bem como a denominada "pejotização". A terceirização é figura lícita, que corresponde a contrato interempresarial, pelo qual uma sociedade, contratada por outra, assume o encargo de prestar serviços, através de seus empregados, em favor da contratante. Nesse caso, contudo, como forma de resguardar os direitos dos empregados, é obrigatório que a sociedade "terceirizada" tenha seus empregados em regime jurídico da CLT, com a observância dos direitos trabalhistas legalmente assegurados. Diversamente é o caso popularmente denominado como "pejotização", em que se simula um contrato de prestação de serviço interempresarial, mas com objetivo real de ocultar efetiva situação trabalhista, dado que a atuação do(s) sócio(s) costuma atender a todos os requisitos para a caracterização do vínculo de emprego. Nesse caso, se constatada tal situação, verifica-se um desvirtuamento do contrato de prestação de serviço, que ofende a própria função social do contrato, hipótese em que a Justiça do Trabalho, tomando por base a primazia da realidade, poderá desconsiderar o contrato formalmente celebrado e reconhecer o vínculo de emprego ao caso.

Prazo: pode ter prazo certo, para serviço determinado, como pode ser de execução continuada. Se celebrado por prazo determinado, não pode superar quatro anos, por força de previsão expressa do artigo 598, embora passível de renovação. Se por prazo indeterminado, qualquer das partes poderá rescindir o contrato mediante aviso prévio, que será dado com os seguintes prazos de antecedência mínima (vide artigo 599): 8 (oito) dias se o pagamento houver sido ajustado por tempo de um mês ou mais; 4 (quatro) dias se o pagamento houver sido ajustado por semana ou quinzena; e de véspera, quando se tenha contratado por menos de sete dias, sendo aplicáveis tais prazos a qualquer das partes.

Remuneração: prevê o Código Civil que, em contrapartida aos serviços prestados, terá o contratado direito a uma remuneração. Quando não prevista expressamente tal retribuição, poderá ser determinada mediante arbitramento, observando o costume do lugar, o tempo de serviço e sua qualidade (conforme artigo 596). Tal pagamento se dará após a conclusão do serviço, salvo se as partes estipularem diversamente, mediante pagamento adiantado ou parcelado.

Extinção: nos termos do artigo 607 do Código Civil, são causas para a extinção do contrato a morte das partes, o término do prazo estipulado, a conclusão do serviço contratado, a rescisão do contrato mediante aviso prévio, o inadimplemento por qualquer das partes e a impossibilidade de continuação, por motivo de força maior.

16
LOCAÇÃO

16.1 LOCAÇÃO DE COISAS MÓVEIS

16.1.1 Conceito

Pelo contrato de locação de coisas móveis, uma parte (locador) permite à outra (locatário) a utilização, de forma temporária, de bem móvel infungível, mediante o pagamento de um aluguel estipulado.

16.1.2 Função

Tal contrato tem por função permitir ao locatário utilizar de bem de terceiros, de que precisa, sem a necessidade de despender o valor para sua aquisição, remunerando a outra parte mediante pagamento de aluguel correspondente ao tempo de utilização do bem móvel locado.

16.1.3 Legislação

A locação de coisas móveis é contrato típico, que se encontra disciplinado no Código Civil, entre os artigos 565 a 578.

16.1.4 Características gerais

Trata-se tal modalidade de locação de contrato consensual, bilateral e oneroso, dado que envolve obrigações, ônus e vantagens para ambas as partes. Sua celebração apresenta como elementos básicos o consenso quanto ao objeto, ao aluguel e ao prazo. Em linhas gerais, ao locador cabe disponibilizar a coisa ao locatário, e assegurar o uso pacífico durante o período locatício, cabendo ao locatário, em contrapartida, usar da coisa para o fim destinado, conservando-a com cuidado, e informando ao locador eventuais turbações quanto à coisa alugada[13]; além disso, deve pagar o aluguel ajustado e restituir o bem ao final do contrato. Assim, acerca das principais características, podemos destacar:

---

13. Dado que, conforme o Código Civil: "Art. 568. O locador resguardará o locatário dos embaraços e turbações de terceiros, que tenham ou pretendam ter direitos sobre a coisa alugada, e responderá pelos seus vícios, ou defeitos, anteriores à locação".

Objeto: o contrato tem por objeto coisa móvel infungível, ou seja, individualizada e sobre a qual não se admite a substituição por equivalente (de mesmo gênero, quantidade e qualidade), sendo ainda coisa não consumível.

Prazo: trata-se de contrato cujo cumprimento se dá de forma continuada, pelo período estabelecido para a locação, sendo possível se estipular prazo determinado ou indeterminado, vide o artigo 565 do Código Civil. Pode-se estipular unidades de tempo variadas, tal como dias, horas, semanas, meses, anos. No entanto, sempre será contrato temporário, pois do contrário deixaria de caracterizar uma locação. Determina o Código Civil, em seu artigo 571, que antes do vencimento não poderá o locador reaver a coisa alugada, senão mediante ressarcimento de perdas e danos, nem o locatário poderá devolvê-la ao locador, senão pagando, proporcionalmente, a multa prevista no contrato. Ao final do prazo determinado, cessa o contrato de pleno direito, independentemente de notificação ou aviso, e se o locatário continuar na posse do bem sem oposição do locador, presume-se a prorrogação da locação, por prazo indeterminado. Em se tratando de contrato por prazo indeterminado, se extinguirá por denúncia, mediante notificação de uma parte à outra, ou ainda por distrato.

Aluguel: o pagamento de aluguel é aspecto essencial ao tipo negocial, dado que oneroso, e acaso inexistente a remuneração paga pelo locatário, descaracterizar-se-ia o contrato, que se trataria então de comodato, modalidade de empréstimo gratuito. O valor do aluguel é livremente negociado pelas partes, mas deve representar valor certo, sério e justo.

Registro: em regra, o registro não é obrigatório ao contrato. Mas, para que se faça oponível a eventual adquirente da propriedade do bem no curso do contrato, torna-se necessário observar a exigência de cláusula de vigência em caso de alienação, e registro junto ao Registro de Títulos e Documentos do domicílio do locador (vide artigo 576 do Código Civil).

16.2 LOCAÇÃO IMOBILIÁRIA EMPRESARIAL

16.2.1 Conceito

Trata-se de contrato pelo qual uma parte (locador) permite à outra (locatário) a utilização temporária de bem imóvel urbano, destinado ao exercício de atividade empresarial, mediante o pagamento do aluguel convencionado.

16.2.2 Função

Para a realização de seus negócios, o empresário costumeiramente necessita de bens imóveis, para instalação de seus estabelecimentos, escritórios, depósitos etc. Quando o empresário não possui imóvel próprio, ou não pretende adquirir, pode se valer do contrato de locação para o alcance de suas necessidades, mediante o pagamento pelo uso temporário de imóvel urbano alheio. Nesse caso, contudo, elemento adicional se agrega; no local, pertencente ao locador, se instalará a atividade do locatário, do trabalho de quem decorrerá eventual clientela que se forme, em razão do negócio exercido. Por essa peculiaridade, esse contrato recebe tratamento diferenciado da legislação, buscando equilibrar os interesses econômicos de ambas as partes.

16.2.3 Legislação

A locação de imóveis urbanos, seja para fins residenciais ou não residenciais (dentre as quais figuram as empresariais), está disciplinada em lei especial, qual seja, a Lei n. 8.245, de 1991. Tal lei contempla a locação de imóveis urbanos em geral, excepcionando os imóveis de propriedade da União, dos Estados e dos Municípios, de suas autarquias e fundações públicas; as vagas autônomas de garagem ou de espaços para estacionamento de veículos; os espaços destinados à publicidade; apart-hotéis, hotéis-residência ou equiparados, assim considerados aqueles que prestam serviços regulares a seus usuários e como tais sejam autorizados a funcionar; e o arrendamento mercantil, em qualquer de suas modalidades. No entanto, existem regras distintas que regulam as locações residenciais e as empresariais.

16.2.4 Características gerais

Por via de tal contrato, o empresário locatário busca obter a posse de imóvel para utilizar no exercício de sua empresa. Assim, de forma geral, cabe ao locador disponibilizar o imóvel e assegurar seu uso pacífico ao longo do contrato, enquanto ao locatário cabe dar ao imóvel a finalidade empresarial definida, conservando-o adequadamente (bem como informando eventuais problemas, danos ou defeitos verificados, e turbações), pagando os aluguéis e demais encargos da locação, e ao final restituir o imóvel. No entanto, em decorrência dos interesses empresariais envolvidos, a legislação cria regras especiais, que podem atribuir ao locatário a renovação compulsória do contrato, com vistas a proteger sua clientela e o ponto comercial. Vejamos, dentro das características do contrato:

Objeto: o contrato terá por objeto imóvel urbano, a cuja finalidade se direcione uma atividade empresarial. Contudo, é necessário que se faça a distinção quanto às locações em *shoppings centers*, bem como de imóveis construídos ou ajustados sob medida para o locatário, dado que existentes regras próprias a tais situações, que serão tratadas mais à frente.

Prazo: permite a lei que o contrato seja celebrado por qualquer prazo, e se valendo de diferentes unidades de medida, como dias, meses, anos, mas, se igual ou superior a dez anos, dependerá de vênia conjugal para vincular o cônjuge ao prazo excedente. Durante o prazo contratual, não poderá o locador retomar o imóvel sem justa causa. Ao locatário, contudo, é possível a devolução antecipada, mediante o pagamento de multa proporcional ao período de cumprimento do contrato.

Note-se que, em relação a locações empresariais, o contrato cessa, de pleno direito, findo o prazo estipulado, qualquer que seja este, independentemente de notificação ou aviso, o que permite ao locador a denúncia vazia e imotivada[14]. Contudo, se o prazo determinado se esgotar e o locatário permanecer no imóvel por mais de 30 dias sem oposição do locador, ocorrerá a prorrogação automática da locação, mantidas as condições ajustadas, mas tornando-se contrato por prazo indeterminado (vide artigo 56 da Lei n. 8.245/1991)[15].

Em se tratando de contrato por prazo indeterminado, poderão as partes denunciá-lo a qualquer tempo, por notificação escrita, com antecedência mínima de 30 dias, bem como poderão, por consenso, distratá-lo.

Aluguel: é livre a definição do aluguel, embora a lei vede sua estipulação em moeda estrangeira e sua vinculação à variação cambial ou ao salário-mínimo. É permitido também às partes estabelecer novo valor para o aluguel, bem como inserir previsão de reajuste, destinado à correção do valor. Quanto a esse reajuste, mesmo se não previsto expressamente, poderão as partes após três anos de vigência do contrato, pedir revisão judicial do aluguel, a fim de ajustá-lo ao valor de mercado. Em regra, nas locações empresariais, não pode o locador pedir o pagamento antecipado do aluguel, salvo quando a locação não possuir garantias.

Ponto comercial e ação renovatória de locação: em decorrência da locação, o locatário empresário instalará no imóvel uma unidade empresarial que, muitas das vezes, atende diretamente à clientela, e cria um vínculo junto aos consumidores. Assim, embora o imóvel pertença ao locador, a clientela desenvolvida no local é decorrência, frequentemente, do trabalho do locatário. Frente a isso, visando proteger tal aspecto, a Lei n. 8.245/1991 prevê figura processual que permite ao empresário locatário, desde que observadas as exigências legais e que o contrato esteja sendo cumprido integralmente, pleitear a renovação compulsória do contrato de locação, mesmo contra a vontade do locador, para assim assegurar a continuidade da exploração do imóvel, e do respectivo ponto comercial e clientela[16].

---

14. Hipótese diversa do que se verifica em relação à locação residencial, em que, se a estipulação de prazo for inferior a trinta meses, findo o prazo estabelecido, a locação será prorrogada automaticamente, por prazo indeterminado, somente podendo ser retomado o imóvel por causa justificada. Ainda, veja-se também situação diferenciada prevista no artigo 53 da lei, que envolve locações de imóveis utilizados por hospitais, unidades sanitárias oficiais, asilos, estabelecimentos de saúde e de ensino autorizados e fiscalizados pelo Poder Público, bem como por entidades religiosas devidamente registradas.

15. Tal situação deve ser bem avaliada pelos empresários locatários, dado que, com a prorrogação tácita automática, e a consequente definição de prazo contratual indeterminado, não terá o locatário, em qualquer hipótese, possibilidade de propositura de ação renovatória para proteção do ponto comercial.

16. Destaque-se que a jurisprudência tem aplicado o entendimento de que o prazo de renovação, decorrente de ação renovatória, deve ser de 5 anos, independentemente do prazo estipulado no contrato anterior. Nesse sentido, passagem do REsp 1.990.552/RS: "Em sede da ação renovatória de locação comercial prevista no art. 51 da Lei 8.245/91, o prazo máximo de prorrogação contratual será de cinco (5) anos. Assim, ainda que o prazo da última avença supere o lapso temporal de cinco anos, a renovação compulsória não poderá excedê-lo, porquanto o quinquênio estabelecido em lei é o limite máximo". No entanto, apesar dessa limitação do prazo a renovar, note-se que não existe limitação legal quanto a novas proposituras da referida ação.

Para ter direito à propositura da ação renovatória, o locatário deve demonstrar a presença dos requisitos constantes do artigo 51, os quais sejam: (i) que o contrato a renovar tenha sido celebrado por escrito e com prazo determinado; (ii) que o prazo mínimo do contrato a renovar ou a soma dos prazos ininterruptos dos contratos escritos seja de cinco anos; e (iii) que o locatário esteja explorando sua atividade[17], no mesmo ramo, pelo prazo mínimo e ininterrupto de três anos. Ademais, note-se que tal ação deve ser proposta no prazo de um ano, no máximo, até seis meses, no mínimo, anteriores à data da finalização do prazo do contrato em vigor[18].

Portanto, em consonância à previsão legal acima, é possível afirmar que um empresário é titular do ponto comercial quando possuir os requisitos para a ação renovatória[19]. Ausentes tais requisitos, não terá o direito ao ponto, e ficará, quando do término do contrato, submetido à vontade do locador, em querer ou não promover a renovação amigável, bem como quanto às suas condições financeiras.

Embora a lei assegure como regra o direito de ação renovatória ao empresário--locatário, quando presentes seus requisitos, existem certas exceções a tal direito, chamadas de hipóteses de retomada pelo locador (vide artigos 52 e 72 da lei). Assim, terá o locador a possibilidade de impedir a renovação compulsória e consequentemente pleitear a retomada do imóvel, mesmo quando presentes os requisitos do artigo 51 da Lei n. 8.245/1991, nas seguintes situações:

a) apresentação, pelo locatário, de proposta economicamente injusta, por não atender ao valor locativo real do imóvel na época da renovação, excluída a valorização trazida por aquele ao ponto ou lugar; neste caso, dado que o valor da proposta foi a razão da não renovação, inexistirá indenização ou compensação ao locatário pelo fim do contrato.[20]

---

17. Embora o texto da lei mencione imóveis destinados ao "comércio", entendemos que a interpretação deve ser ampliada para abranger "atividades empresariais", tendo em vista que a lei data do ano de 1991, época em que vigente a "teoria dos atos do comércio", substituída no Código Civil de 2002 pela "teoria da empresa".
18. Dado que o prazo de propositura da ação renovatória corresponde ao penúltimo semestre do contrato em vigor, as tratativas amigáveis de renovação, que antecedem eventual medida judicial, devem se iniciar com grande antecedência em relação ao final do contrato, para evitar o risco de perda do direito de renovação judicial.
19. Na prática comercial, a concessão de tais requisitos ao locatário costuma ter, por contrapartida, um pagamento ao locador, denominado popularmente como "ponto" ou "luvas". Seria, portanto, um pagamento adicional cobrado pelo locador, que o remunera por atribuir ao locatário um direito diverso, que é o direito ao ponto comercial, e que pode ser imposto através da propositura da ação renovatória. Quanto à legalidade de tal cobrança por ocasião do contrato inicial de locação, veja-se, como exemplo, o REsp 1.003.581/RJ, em que constou da ementa a seguinte passagem: "Não há ilegalidade na cobrança de luvas em contrato inicial de locação. Inteligência dos arts. 43, I, e 45 da Lei 8.245/91. Precedente do STJ".
20. A respeito do valor, interessante destacar posicionamento jurisprudencial, quanto ao seguinte: Em sua inicial, o autor indica um determinado valor proposto para o aluguel, podendo ser maior, menor ou igual ao do contrato vigente. Em havendo contrapedido, formulado pelo réu, serão indicadas as condições de locação que repute compatíveis com o valor locativo real e atual do imóvel (vide parágrafo 1º do artigo 72). Diante disso, criam-se parâmetros que devem ser respeitados pelo juiz, de modo que não poderá fixar valor que seja superior ao indicado pelo locador, ou que seja inferior ao oferecido pelo locatário, sob pena de afrontar os limites objetivos definidos pelas partes. Nesse sentido, o REsp 1.815.632/MG.

b) existência de proposta de terceiros em condições melhores; neste caso, apresentada proposta real de terceiros para locação do imóvel, em ramo diverso, poderá o locador impedir a renovação compulsória. No entanto, o locatário pode cobrir a diferença, hipótese em que terá direito à continuidade no imóvel. Caso não o faça, será indenizado pela não renovação da locação.

c) realização de obras no imóvel locado, por determinação do Poder Público ou para modificações substanciais que aumentem o valor do negócio ou da propriedade; nesta hipótese, demonstrando o locador que irá realizar obras de porte substancial no imóvel, que aumentem sua valorização, ou que existe determinação do Poder Público para realização de obras no local, é motivo que também impede a renovação compulsória da locação. Neste caso, se o locador, no prazo de três meses da entrega do imóvel, não iniciar as obras determinadas pelo Poder Público ou as que declarou pretender realizar, gerará ao locatário direito à indenização para ressarcimento dos prejuízos e dos lucros cessantes decorrentes da mudança, da perda do lugar e da desvalorização de seu estabelecimento.

d) utilização do imóvel pelo próprio locador ou para transferência de estabelecimento existente há mais de um ano, que não atue no mesmo ramo do locatário[21], que pertença ou seja detentor da maioria do capital o locador, seu cônjuge, ascendente ou descendente; neste caso, se o locador, no prazo de três meses da entrega, não der o destino alegado ao imóvel, gerará ao locatário direito a indenização para ressarcimento dos prejuízos e dos lucros cessantes decorrentes da mudança, da perda do lugar e da desvalorização de seu estabelecimento.

Direito de preferência do locatário: o uso do imóvel pelo locatário, no contexto de um contrato de locação, acarreta em um direito de preferência, em caso de alienação do imóvel, estipulado pelo artigo 27 da Lei n. 8.245/1991. Nesse sentido, é assegurado ao locatário que, em caso de venda, promessa de venda, cessão ou promessa de cessão de direitos ou dação em pagamento, o locatário tem preferência para adquirir o imóvel locado, em igualdade de condições com terceiros, devendo o locador lhe dar conhecimento do negócio, através de notificação ou outro meio de ciência inequívoca, que contenha todas as condições do negócio (tal como preço, forma de pagamento, existência de ônus reais, e informar local e horário em que o locatário pode examinar a documentação relacionada), frente ao qual terá um prazo de 30 dias para manifestação.

O locatário preterido no seu direito de preferência poderá reclamar do locador as perdas e danos decorrentes ou, depositando o preço e demais despesas do ato de transferência, haver para si o imóvel locado, desde que o faça com observância às exigências constantes do artigo 33 da Lei n. 8.245/1991[22].

---

21. Excetuado o caso em que a locação abrangia o imóvel com as instalações próprias da atividade, de modo que o imóvel só irá permitir o exercício do mesmo tipo de negócio, conforme disposto no artigo 52, parágrafo 1°. Logo, nesse caso, havendo a retomada, será admitido o exercício de atividade no mesmo ramo.
22. Observe-se que, em caso de concorrência de preferências entre locatário e coproprietários do imóvel, a preferência do condômino terá prioridade sobre a do locatário (vide artigo 34).

Garantias contratuais: para fins de maior respaldo patrimonial ao locador em relação ao seu direito de crédito, permite a legislação a estipulação de garantias. No entanto, restringem-se as possibilidades de garantia, bem como impede-se a cumulação. Nesse sentido, o artigo 37 da Lei n. 8.245/1991 dispõe que o locador poderá exigir como modalidades de garantia (i) caução, (ii) fiança, (iii) seguro de fiança locatícia e (iv) cessão fiduciária de quotas de fundo de investimento, sendo que o parágrafo único veda, sob pena de nulidade, a adoção de mais de uma modalidade de garantia no mesmo contrato de locação.

Registro do contrato: em regra, o registro não é obrigatório ao contrato. Mas, para que se faça oponível a eventual adquirente da propriedade do imóvel no curso do contrato, de modo a assegurar a vigência, torna-se necessário observar a exigência (vide artigo 8º) de cláusula de vigência em caso de alienação, a estipulação de prazo determinado, e proceder ao registro junto à matrícula do imóvel. Ausentes tais medidas, o adquirente do imóvel poderá denunciar o contrato, concedendo o prazo de 90 dias para desocupação.

Locação empresarial por equiparação: nos termos do artigo 55 da Lei n. 8.245/1991, será considerada locação não residencial quando o locatário for pessoa jurídica e o imóvel se destinar ao uso de seus titulares, diretores, sócios, gerentes, executivos ou empregados.

16.3 LOCAÇÃO IMOBILIÁRIA EM *SHOPPING CENTER*

16.3.1 Conceito

Trata-se de contrato de locação imobiliária empresarial em situação especial, dado que versa sobre a relação entre o empresário-lojista, como locatário, e como locador o proprietário do *shopping*, referido na lei como empreendedor. Corresponde a uma locação em situação especial pois, embora o locador disponibilize a posse de imóvel urbano ao locatário em contrapartida a remuneração, neste caso a relação entre as partes é mais complexa, dado que o empreendedor organiza a estruturação e funcionamento do *shopping*, do qual participará o locatário, e, portanto, se valerá de toda a infraestrutura e atrativos do complexo.

16.3.2 Função

O contrato permite às partes estabelecer seu relacionamento quanto ao funcionamento de um centro de compras organizado, de modo que o empreendedor-locador pode receber aluguéis e ao mesmo tempo contar com os produtos ou serviços do locatário em seu mix, ao passo que o locatário-lojista tem a possibilidade de potencializar seus negócios ao se integrar ao mix, usufruindo da estrutura do *shopping*, bem como da clientela atraída ao local pelo empreendimento como um todo e por outros lojistas. Constata-se, portanto, uma troca de aviamento entre as partes, na medida em que o locatário otimiza seus resultados usufruindo dos atrativos do *shopping*, enquanto o empreendedor aumenta o portfólio de negócios disponíveis ao público, e obtém renda a partir do aluguel.

16.3.3 Legislação

Embora se trate de uma locação, tal contrato caracteriza uma situação especial e diferenciada, pois, pela dinâmica existente entre as partes, destinada a permitir a organização do *shopping center*, a lei atribui liberdade contratual muito mais ampla. Por tal razão, essa situação contratual é mencionada no artigo 54 da Lei n. 8.245/1991, que prevê tratamento excepcional, ao dispor que prevalecerão as condições livremente pactuadas pelas partes no contrato de locação, mas se manterão aplicáveis as disposições procedimentais previstas na lei.

16.3.4 Características gerais

A justificativa para o tratamento diferenciado atribuído pela lei aos contratos de locação em *shopping centers* decorre da dinâmica específica de tal negócio, que foge a uma mera disponibilização de imóvel. No caso, o empreendedor, diretamente ou através de um administrador, organiza o funcionamento do *shopping*, para que ofereça aos consumidores ampla oferta de lojas, dos mais diversos setores e nichos, além de serviços e entretenimento, conjugando com elementos de conveniência, como estacionamento, segurança etc.

Para tanto, o empreendedor organiza o mix, que é uma distribuição racional dos lojistas na planta do *shopping*, de acordo com seus ramos de atuação. Tal situação permite a organização de áreas especificas, como praças de alimentação e passarelas de serviços. Ao mesmo tempo, tal organização impõe diversas limitações aos lojistas, que em regra devem respeitar estritamente o ramo de atividade especificado em contrato, para não comprometer o mix, além de atenderem a diversas regras padronizadas quanto ao funcionamento do *shopping*, como horários de funcionamento, quantidade de empregados no estabelecimento, participação em promoções e eventos gerais, entre outros aspectos. Portanto, a inserção em um *shopping* impõe ao lojista se adequar a uma série de regras preestabelecidas, necessárias para manter o funcionamento uniforme do empreendimento[23].

---

23. Embora o aspecto mencionado neste tópico enfatize o *shopping center* dentro de um contexto de locação, em que o empreendedor somente loca os salões comerciais, cabe mencionar que existem modelos em que os salões comerciais integrantes do *shopping* são vendidos a diversos proprietários, que integram o condomínio, mas que dificulta muito a organização de um mix. Por tal razão, esse modelo, que era relativamente comum em décadas anteriores, hoje é mais raro, dado que boa parte dos *shoppings* são estruturados de modo a que o empreendedor seja o único proprietário, e somente celebre contratos de locação dos salões comerciais, facilitando a organização e manutenção do mix.

Na montagem do mix, ao observar a distribuição de lojistas, o empreendedor irá coordenar a convivência das chamadas "lojas âncoras", assim consideradas aquelas de grande porte e fama, que atraem grande fluxo de clientes, e as "lojas satélites", que são estabelecimentos menores e possuem tal nomenclatura por orbitar ao redor das lojas maiores, usufruindo do público consumidor.

Dessa interação é que se viabiliza uma troca de aviamento, dado que o sucesso do empreendimento como um todo depende da adequada oferta de lojas, serviços e entretenimento, e de seu funcionamento harmônico. Tal cenário propicia aos lojistas ampliar seu público e potencializar seu resultado econômico, ao partilhar da clientela do *shopping* como um todo e de outros lojistas.

Frente a isso, para permitir tal organização, a lei autoriza a livre estipulação de regras entre as partes, para viabilizar o funcionamento do empreendimento como um todo. Não obstante inexistirem cláusulas ou disposições estipuladas em lei, as práticas de mercado permitem identificar algumas características que são comumente encontradas em tais empreendimentos (e cuja adoção, no caso concreto, dependem de expressa previsão no contrato de locação). Vejamos algumas dessas características:

Aluguel percentual: dentro da ideia de uma "troca de aviamento", entende-se que a inserção em um *shopping* potencializa os resultados dos lojistas, que podem se valer de sua própria clientela, bem como de clientes atraídos por outros aspectos do *shopping*, mas acabam consumindo também, por conveniência, no locatário. Em razão dessa potencialização, é comum se verificar a prática de estipulação de um aluguel percentual, correspondente a um percentual do faturamento mensal do locatário-lojista. Nesse caso, quanto mais o negócio do lojista faturar no *shopping*, maior será o valor do aluguel a ser pago. No entanto, alguns contratos estipulam outros parâmetros para o cálculo do aluguel, tal como a definição de um valor mínimo mensal[24] (que seria um piso de pagamento), conjuntamente ao aluguel percentual, sendo pagável o que for maior.

13º aluguel: outra característica comum em *shopping centers* é a previsão contratual de aluguel maior em períodos de grande volume de vendas. Exemplo disso é o chamado "13º aluguel", cobrado no mês de dezembro, quando os *shoppings* têm seu movimento incrementado em razão das festas de fim de ano, sendo período de grandes campanhas promocionais, decorações festivas, que costumam repercutir em aumento substancial nas vendas[25].

---

24. Marlon Tomazette observa também a possibilidade, quanto ao valor do aluguel, de se estipular uma "cláusula degrau": "Além de eventual correção do valor, é possível o estabelecimento de uma cláusula degrau que determina o aumento real desse valor fixo de tempos em tempos (ex: a cada dois anos haverá um aumento de 10%). Não se trata de simples correção do valor pago, mas de aumento progressivo do valor fixo do aluguel, pela própria lógica da melhoria do negócio com o passar do tempo", conforme TOMAZETTE, Marlon. *Contratos empresariais*. São Paulo: JusPodivm, 2022, p. 525.
25. Sobre a legalidade da cobrança do 13º aluguel, veja-se o REsp 1.409.849/PR.

Submissão do locatário-lojista à fiscalização do locador: para apurar o valor de aluguel percentual, dado que oscilante em razão da performance mensal de vendas, o contrato pode prever regras de fiscalização do movimento do locatário, tal como obrigação de disponibilização de documentos, permissão de auditorias e fiscalizações, entre outros aspectos. Também é comum o empreendedor coletar comprovantes de vendas dos consumidores, tal como notas e cupons fiscais, por ocasião de promoções, que permitem o cruzamento de dados financeiros dos lojistas.

Condomínio e fundo de despesas: além do aluguel, o locatário-lojista acaba contribuindo para a manutenção do empreendimento, através de cota condominial, e para a divulgação do *shopping*, mediante contribuição para o fundo de promoções e despesas, destinado a viabilizar campanhas na mídia, promoções e sorteios, entre outros aspectos.

Cessão de ponto comercial: para organizar o mix, o empreendedor mantém a propriedade dos imóveis, realizando somente a locação, como forma de manter controle quanto aos empresários-lojistas presentes no local e respectivos ramos de atividade. Contudo, é praxe se negociar o "ponto comercial" do local, mediante a concessão contratual dos requisitos para a ação renovatória de locação (vide artigo 51 da Lei n. 8.245/1991), o que permite ao lojista obter futura renovação compulsória do contrato. Tal direito de ponto é vendido, e representa importante fonte de receitas ao empreendedor, distinta do aluguel.

Ponto comercial e ação renovatória: dado que, em razão do comentário anterior, é comum a cessão do direito de ponto, é direito dos locatários a eventual propositura de ação renovatória, para obtenção da renovação compulsória da locação. Relembre-se, a esse respeito, que o *caput* do artigo 54 determina que, a par da liberdade quanto ao conteúdo contratual, são aplicáveis a tais relações as disposições procedimentais previstas na lei, dentre as quais a ação renovatória. Tal medida observará as regras gerais da ação renovatória em locações imobiliárias empresariais, já comentadas anteriormente, sendo ponto de distinção que o locador de espaço em *shopping* não pode recusar a renovação com fundamento em uso próprio do imóvel ou para transferência de estabelecimento existente (vide artigo 52, inciso II, § 2º, da Lei n. 8.245/1991).

16.4 LOCAÇÃO BTS - *BUILT TO SUIT*

16.4.1 Conceito

A locação "BTS – *built to suit*" representa contrato de locação empresarial em situação especial, em que as partes ajustam a locação de um imóvel personalizado, sob medida às necessidades do locatário, em condições predeterminadas e específicas. Para tanto, o locador irá preparar o imóvel a contento do locatário, podendo envolver a aquisição, construção do bem ou a realização de reformas para ajustá-lo às necessidades de utilização do locatário.

16.4.2 Função

A locação *built to suit* é modalidade negocial que permite ao locatário utilizar, por prazo determinado, imóvel alheio, preparado especificamente para suas necessidades empresariais, evitando a imobilização de capital que seria necessário à aquisição ou construção da propriedade. Contudo, para respaldar o locador, que arca com a preparação do imóvel, e tem a justa expectativa de ser remunerado pelos gastos prévios e pela disposição do bem, a lei atribui tratamento especial, oferecendo maior liberdade de definição de regras para as partes.

16.4.3 Legislação

A locação *built to suit* está prevista no artigo 54-A da Lei n. 8.245/1991. Referido artigo foi inserido na legislação no ano de 2012, por determinação da Lei n. 12.744.

16.4.4 Características gerais

Diversamente das locações tradicionais, em que o locador dispõe de um determinado imóvel e oferece a qualquer interessado, a locação BTS – *built to suit* busca atender a uma demanda singular, de um empresário que necessita de um imóvel personalizado, com características específicas, e consegue encontrar locador disposto a fazer um investimento imediato para disponibilização, em contrapartida a um retorno a médio ou longo prazo, através dos aluguéis. Em razão dessa dinâmica diferenciada, a lei de locações foi alterada em 2012 para prever expressamente tal situação contratual, e a permitiu, com a estipulação de que nesse contrato, frente às suas peculiaridades, prevalecerão as condições livremente pactuadas, embora observadas as disposições procedimentais estipuladas na legislação. Diante disso, podem-se apontar os seguintes aspectos previstos nessa modalidade:

<u>A adaptação prévia do imóvel</u>: o elemento característico de tal modalidade de locação é a preparação prévia do imóvel, conforme as necessidades do locatário, de modo que ao locador caberá realizar ações como a eventual aquisição do imóvel desejado pelo locatário, ou proceder a construção ou reforma substancial, seja realizada por si ou através de terceiros, para atender às necessidades do locatário. Logo, é modalidade que demanda investimentos prévios pelo locador como pressuposto para a locação.

<u>Prazo</u>: a legislação não estipula prazo, que deverá ser período de tempo suficiente a permitir ao locador remunerar seus custos e auferir ganhos, para que o negócio tenha lógica econômica. No entanto, determina o artigo 54-A que o prazo previsto por ocasião da locação deverá ser determinado, para assegurar previsibilidade, inclusive quanto às expectativas econômicas e fixação da multa por denúncia antecipada.

<u>Aluguel</u>: acerca do aluguel, valem as condições ajustadas entre as partes, para atribuir lógica econômica à operação, dado que o valor remunera tanto a disponibi-

lização do imóvel, quanto os gastos iniciais do locador. Por tal razão, a lei autoriza expressamente a estipulação de cláusula de renúncia ao direito de revisão do valor dos aluguéis durante o prazo de vigência do contrato de locação, de modo a assegurar a expectativa de retorno gerada ao locador em contrapartida ao seu investimento prévio.

Multa por denúncia antecipada pelo locatário: em razão dos elevados gastos suportados pelo locador para viabilizar essa modalidade de locação, a lei prevê regra diferenciada quanto à multa por extinção prévia do contrato. Desse modo, é permitido se fixar multa, para o caso de denúncia antecipada pelo locatário, em valor estipulado pelas partes e coerente com a complexidade do negócio, não se aplicando, portanto, a regra geral prevista no artigo 4º da Lei n. 8.245/1991. No entanto, apesar da liberdade de fixação da multa, a lei determina que ela não poderá exceder a soma dos valores dos aluguéis a receber até o final da locação.

17
MANDATO

17.1 CONCEITO

O contrato de mandato corresponde ao acordo de vontades através do qual uma parte (mandante) outorga poderes à outra (mandatário), para que esta lhe represente diante de terceiros, atuando em nome do mandante, bem como obrigando-o, razão pela qual deve atuar de acordo com suas instruções.

17.2 FUNÇÃO

Conforme o conceito apresentado, verifica-se que o mandato viabiliza que uma pessoa encarregue outra, através de outorga de poderes, a atuar em seu interesse e no seu nome, relacionando-se com terceiros. Ele transmite, portanto, o poder de agir e tratar em nome de outra pessoa (mandante), obrigando-o para com terceiros. Logo, embora seja contrato comum, passível de celebração por quaisquer pessoas, e de muita utilização no universo civil, o mandato igualmente apresenta relevante função no meio empresarial, com vistas a viabilizar e facilitar a realização de negócios. Nesse sentido, é corriqueira a celebração de contratos de mandato para a realização de negócios empresariais cotidianos, tal como se vê, constantemente, no contexto de grandes sociedades empresárias, que para dar conta de celebrar os inúmeros negócios do dia a dia, se valem de diversos procuradores, de modo que os administradores da sociedade não tenham que lidar pessoalmente com toda a gama de contratos demandados ao funcionamento regular da empresa. Ademais, tal figura é imprescindível também a permitir a representação dos empresários em juízo.

17.3 LEGISLAÇÃO

O contrato de mandato se encontra atualmente disciplinado no Código Civil, entre os artigos 653 a 692. Tal conjunto de artigos são aplicáveis a contratos de mandato em geral, quer envolva empresários ou não. No entanto, nem sempre a legislação brasileira adotou tal sistema, dado que anteriormente o contrato recebia tratamento legislativo duplo, sendo o mandato cível tratado no antigo Código Civil de 1916, e o mandato mercantil disciplinado na parte primeira do Código Comercial. Contudo, o Código de 2002 unificou o tratamento, e revogou as disposições anteriores.

17.4 CARACTERÍSTICAS GERAIS

O contrato tem por partes o mandante e o mandatário, sendo este último mais conhecido como "procurador", a quem se atribui a função de representar o mandante e atuar em seu interesse. Note-se que, de forma geral, o mandato pode ser oneroso ou gratuito, no sentido de o mandatário receber ou não uma remuneração por sua atuação. Mas, no âmbito empresarial, é praxe, decorrente do próprio intuito negocial e do profissionalismo envolvido, a estipulação de remuneração ao mandatário. No mais, o contrato apresenta as seguintes características gerais:

Destinação e abrangência: o mandato pode se destinar à realização de negócios em geral, envolvendo atos de administração comuns, ou se limitar a um ou alguns negócios específicos e determinados. Frente a tal divisão, podemos denominar o mandato como geral ou específico, conforme a sua destinação e abrangência. Tal possibilidade consta expressamente do artigo 660 do Código Civil, que dispõe que o mandato pode ser especial a um ou mais negócios determinadamente, ou geral a todos os do mandante. O mandato em termos gerais só confere poderes de administração, sendo que a prática de atos que exorbitem a administração ordinária depende da outorga de poderes especiais e expressos. Observe-se, ainda, que os atos praticados por quem não tenha mandato ou sem poderes suficientes são ineficazes em relação àquele (mandante) em cujo nome foram praticados, salvo se este os ratificar (vide artigo 662 do Código Civil).

Forma e instrumento: no contexto do mandato, deve-se distinguir o contrato, como acordo de vontades entre as partes, que envolve as diversas relações existentes entre elas (tal como obrigações, direitos, previsão de remuneração, entre outros aspectos), e a procuração, que é instrumento destinado a provar a terceiros os poderes de representação[26].

Quanto ao contrato, vale a liberdade de forma. Dispõe o artigo 656 que o mandato pode ser expresso ou tácito, verbal ou escrito. No contexto empresarial, dado o profissionalismo envolvido, a forma escrita representa aspecto de maior segurança às partes.

Quanto ao instrumento de procuração, determina o artigo 654 que todas as pessoas capazes são aptas para outorgar procuração mediante instrumento particular, que valerá desde que contenha a assinatura do outorgante. Quanto ao seu conteúdo, deverá conter a indicação do local onde foi passada, a qualificação do outorgante e do outorgado, a data e o objetivo da outorga, e a designação e a extensão dos poderes conferidos, havendo a ressalva de que o terceiro com quem o mandatário tratar po-

26. Como observado por Ricardo Negrão: "desde logo, se separam duas realidades jurídicas distintas: mandato e procuração. A primeira identifica a relação contratual e a segunda, o instrumento do ato jurídico praticado pelo representado ao conceder poderes a seu representante", conforme NEGRÃO, Ricardo. *Manual de direito comercial e de empresa*. São Paulo: Saraiva, 2010, v. 2: títulos de crédito e contratos empresariais, p. 322.

derá exigir que a procuração traga a assinatura reconhecida. Além de outorgada por instrumento particular, é possível também a procuração por instrumento público, sendo que, inclusive, tal modalidade pode ser exigida em determinadas hipóteses especiais.

Obrigações das partes: de uma forma geral, dado que o mandatário irá atuar sob o nome e conforme os interesses do mandante, pode-se compreender que deverá o mandante estabelecer as instruções ao mandatário, para definir as referências para atuação; também deverá custear as despesas dos negócios realizados em seu interesse, além de se responsabilizar, em nome próprio, pelos negócios realizados pelo mandatário. Aliás, a esse respeito, pode-se afirmar que, em decorrência do mandato, os atos são praticados por conta e risco do mandante, em nome do próprio mandante. Ainda, caso estabelecido, deverá remunerar o mandatário pela atuação em seu favor.

Quanto ao mandatário, cabe seguir as instruções apresentadas pelo mandante; agir com cautela e diligência quando na atuação em nome alheio, bem como indenizar eventuais prejuízos que decorram de sua atuação em desconformidade com o estabelecido. E, ainda, tem o dever de prestar contas ao mandante.

Pluralidade de mandatários: nos termos do artigo 672 do Código Civil, admite-se a estipulação de uma pluralidade de mandatários/procuradores. Nesse caso, é possível se definir que a atuação dos procuradores poderá ser simultânea (em que qualquer deles pode atuar individualmente), conjunta (em que se demandará atuação conjugada de mais de um procurador, sendo que não terá eficácia o ato praticado sem interferência de todos), e sucessiva (em que se define uma ordem de atuação dos mandatários). Para que o mandato seja conjunto ou sucessivo, tal previsão deverá constar expressamente, pois do contrário será considerado simultâneo, permitindo a atuação individual de cada procurador. Ademais, pode o instrumento delimitar e especificar a atuação dos mandatários, inclusive designando-os para atos diferentes[27].

Substabelecimento: é possível ao mandatário realizar a transferência dos poderes de representação para outras pessoas, o que se dá através do substabelecimento. Tal figura pode ser feita com reserva de poderes, em que o substabelecente continua na condição de mandatário juntamente com o substabelecido; e pode ser feita sem reservas de poderes, em que o antigo mandatário é excluído do contrato e deixa de possuir poderes de representação, passando a figurar o substabelecido, de forma exclusiva, na condição de representante.

Caso o mandante queira impedir a possibilidade de substabelecimento, deverá declarar expressamente tal opção no instrumento, caso em que os atos praticados

27. A legislação prevê também a possibilidade de um mandato com pluralidade de mandantes, para a realização de negócio que lhes é comum. Nessa hipótese, determina o artigo 680 que "se o mandato for outorgado por duas ou mais pessoas, e para negócio comum, cada uma ficará solidariamente responsável ao mandatário por todos os compromissos e efeitos do mandato, salvo direito regressivo, pelas quantias que pagar, contra os outros mandantes".

pelo substabelecido não obrigam o mandante, nos termos do artigo 667, § 3º. Se inexistente tal proibição expressa, poderá o mandatário proceder ao substabelecimento.

Quanto à forma, o instrumento de substabelecimento poderá ser feito de modo particular, ainda que a outorga de procuração tenha se dado por instrumento público (vide artigo 655).

Modalidades de mandato: o mandato admite as modalidades negocial e judicial. A primeira envolve a outorga de poderes para que o mandatário realize negócios de interesse do mandante, enquanto na segunda a outorga de poderes se destina à defesa de seus interesses jurídicos. Os empresários se valem constantemente de ambas as modalidades, seja para viabilizar seus negócios, como para assegurar a atuação de advogados, que fazem a representação em juízo, ou mesmo extrajudicial, destinada à defesa dos direitos do empresário representado.

Prazo: o mandato pode prever prazo determinado ou indeterminado, bem como se vincular à conclusão do negócio específico a ser realizado pelo mandatário. Note-se que, em mandatos destinados a fins empresariais, é costumeira a estipulação de prazo determinado, de modo a se assegurar maior controle e previsibilidade ao empresário mandante, bem como em relação a terceiros que se relacionem com o mandatário.

Revogação, renúncia e outras causas de extinção do mandato: dispõe o artigo 682 sobre as hipóteses que levam à extinção do mandato.

A primeira hipótese apontada é a revogação, que corresponde à possibilidade de o mandante cancelar os poderes anteriormente outorgados ao mandatário[28]. Para tanto, deverá o mandante notificar o mandatário a respeito, bem como a terceiros, sob pena de tal ato não ser oponível a quem de boa-fé tratou com o mandatário sem conhecer da revogação.

A segunda hipótese listada é a renúncia, que corresponde à possibilidade de o mandatário abdicar dos poderes de representação que lhe foram outorgados. Nesse caso, caberá ao mandatário notificar o mandante, para dar conhecimento de sua decisão[29].

---

28. Embora, como regra, seja assegurado o direito de revogação, deve ser comentada a possibilidade de existência de restrições ao exercício de tal poder pelo mandante, em situações especiais, conforme se observa dos artigos 683 e seguintes do Código Civil. Como exemplo de tais restrições, veja-se o contido no artigo 685, que determina que, quando se tratar de mandato celebrado com a cláusula "em causa própria" (ou seja, que favoreça o mandatário), a sua revogação não terá eficácia, nem se extinguirá pela morte de qualquer das partes, ficando o mandatário dispensado de prestar contas, e podendo transferir para si os bens móveis ou imóveis objeto do mandato, obedecidas as formalidades legais. Portanto, a possibilidade de revogação deve ser avaliada criteriosamente, para apurar sua viabilidade e eventuais consequências.

29. Também aqui é preciso avaliar as consequências do ato em relação ao mandatário. Isto porque, o artigo 688 determina que a renúncia pode gerar dever de indenizar o mandante, quando essa o prejudicar em razão de inoportunidade, ou pela falta de tempo para prover a substituição do procurador, ressalvada a hipótese de que este não poderia continuar no mandato sem prejuízo considerável, e que não lhe era dado substabelecer.

Em sequência, a disposição legal determina que geram a extinção do mandato a morte ou interdição de uma das partes, bem como eventual mudança de estado que inabilite o mandante a conferir os poderes ou o mandatário para os exercer.

Por fim, o artigo 682 indica como causa de extinção o término do prazo estipulado, ou a conclusão do negócio, que são hipóteses normais e previsíveis de extinção do vínculo contratual.

Afora as hipóteses listadas pelo Código Civil, cabe comentar ainda os impactos de eventual falência, situação possível em se tratando de mandato para fins empresariais.

A lei falimentar (Lei n. 11.101/2005) determina, em seu artigo 120, que a decretação da falência acarreta na cessação dos efeitos dos mandatos negociais anteriormente outorgados pelo empresário (situação distinta em relação aos destinados à representação judicial, que continuam em vigor até que expressamente revogados pelo administrador judicial). Por outro lado, em sendo falido o mandatário, cessa o mandato que houver recebido antes da falência, salvo se tratar sobre matéria estranha à atividade empresarial.

18
COMISSÃO

18.1 CONCEITO

Trata-se a comissão do contrato por meio do qual uma parte, denominada comissário, assume perante a outra parte, o comitente, a obrigação de realizar negócios para aquisição ou venda de bens, ou ainda a realização de mútuo ou outro negócio jurídico de crédito, de interesse do comitente junto a terceiros, mas apresentando-se e obrigando-se diretamente o comissário.

18.2 FUNÇÃO

A função do contrato de comissão é permitir que uma pessoa (comitente) consiga realizar negócios de seu interesse, mas sem aparecer para terceiros, pois os atos negociais são realizados pela pessoa do comissário, em nome próprio. A lógica desse contrato é que o comitente tem interesse estratégico em se manter desconhecido dos terceiros, para evitar dificuldades negociais, tal como uma abrupta elevação de preço quanto ao bem desejado, caso conhecido o real interessado em sua aquisição.

18.3 LEGISLAÇÃO

O contrato de comissão é disciplinado pelo Código Civil, entre os artigos 693 a 709, sendo aplicáveis a ele, no que couber, as regras do mandato (conforme determinação do artigo 709).

18.4 CARACTERÍSTICAS GERAIS

Podem se destacar, quanto à comissão, as seguintes características gerais:

Obrigações das partes: ao comitente cabem as obrigações de instruir o comissário quanto ao negócio a realizar com terceiros, delimitando suas funções e objetivos; custear os gastos previstos pelo comissário, bem como ressarcir as despesas decorrentes do negócio; e remunerar o comissário, mediante o pagamento da comissão ajustada.

Quanto ao comissário, deverá seguir as instruções fornecidas pelo comitente; prestar contas quanto às despesas e gastos incorridos no negócio realizado; agir com cautela e diligência, buscando atender às expectativas negociais do comitente;

e ainda, se dispor a realizar os negócios em nome próprio, ainda que à conta e no interesse do comitente. Inclusive, nesse sentido, traço fundamental de tal contrato é a inexistência de vínculo do comitente para com terceiros, dispondo o artigo 694 do Código Civil que "o comissário fica diretamente obrigado para com as pessoas com quem contratar, sem que estas tenham ação contra o comitente, nem este contra elas".

Responsabilidade do comissário: como regra, o comissário, embora atue perante terceiros em nome próprio, não deve arcar com os riscos do negócio, eis que atua por conta e risco do comitente. Por tal razão, além de ser custeado, terá direito a receber em regresso qualquer despesa ou custo que tenha que arcar, dispondo o artigo 697 do Código Civil que o comissário não responde pela insolvência das pessoas com quem tratar, exceto em caso de culpa, ou se estipulada em contrato a cláusula "del credere".

Comissão com cláusula "del credere": admite o artigo 698 do Código Civil que, do contrato de comissão, possa constar a cláusula "del credere". Em decorrência de tal previsão, se contratada, o comissário responderá solidariamente com as pessoas com que houver tratado no interesse do comitente (podendo, a referida previsão, ser parcial, conforme disposto no respectivo parágrafo único).

19
FRANQUIA

19.1 CONCEITO

Pelo contrato de franquia, um empresário, denominado franqueador, titular de rede de estabelecimentos já conhecidos do público consumidor, autoriza a outro empresário, denominado franqueado, que utilize, em seu estabelecimento próprio, a identidade visual dos estabelecimentos do franqueador, incluindo marcas, produtos, nome fantasia, insígnia, *trade dress*, entre outros elementos. Além disso, o franqueador presta serviços de apoio e assessoria na montagem e administração do estabelecimento, em troca de uma determinada remuneração.

19.2 FUNÇÃO

A franquia representa um contrato que viabiliza uma parceria entre empresários, oferecendo vantagens a ambos os lados.

Do ponto de vista do franqueado, trata-se de mecanismo que facilita a inserção de um novo negócio no mercado. Um empresário, em início de atividades, convive com as dificuldades decorrentes de não ter uma identidade consolidada, e nem clientela formada, além de possível desconhecimento quanto ao funcionamento do negócio e respectivo ramo de atuação. Como forma de contornar tais dificuldades, a franquia permite ao franqueado utilizar, em seu estabelecimento, a identidade visual do franqueador, e consequentemente acessar sua clientela, ao mesmo tempo em que conta com a assessoria do franqueador na organização e gestão do negócio.

Do ponto de vista do franqueador, a operação é interessante pois, de forma direta, lhe gera fluxo de receitas, decorrentes dos pagamentos recebidos do franqueado, e de forma indireta lhe ajuda a ampliar o alcance de sua rede e de seus produtos junto ao público, bem como reforça sua imagem no mercado, sem a necessidade de custear novas filiais.

19.3 LEGISLAÇÃO

A franquia é tratada pela Lei n. 13.966/2019. Destaque-se que referida legislação dá atenção especial à etapa pré-contratual, disciplinando trâmites obrigatórios de negociação para a contratação da franquia.

19.4 CARACTERÍSTICAS GERAIS

Trata-se a franquia de contrato interempresarial que permite uma forma de parceria, em que o franqueado se utiliza da imagem e conhecimento do franqueador, em contrapartida à realização de pagamentos ao franqueador, que também obtém maior divulgação de sua imagem empresarial.

Embora possua uma legislação própria, nota-se que o texto legal não buscou tratar detalhadamente do conteúdo do contrato, atentando-se muito mais à fase pré-contratual, frente ao que se trata de contrato com elevado grau de liberdade quanto à definição de suas cláusulas, ainda que, grande parte das vezes, ele seja celebrado por adesão.

Destacam-se, como características gerais, os seguintes aspectos:

Vínculo: deve-se ressaltar que o franqueado é um empresário independente do empresário-franqueador. Além disso, não se trata, o estabelecimento franqueado, de filial do franqueador, mas de estabelecimento distinto, pertencente exclusivamente ao empresário-franqueado. Logo, o vínculo entre franqueador e franqueado é exclusivamente contratual, sem subordinação de outra espécie (societário, trabalhista etc.). Cabe ao franqueado seguir as diretrizes contratuais definidas pelo franqueador para manter o caráter unitário da rede e gerar o reconhecimento da identidade e qualidade junto aos consumidores. Inclusive, o artigo 1º da lei é expresso ao afirmar que a relação das partes não caracteriza relação de consumo ou vínculo empregatício, quer em relação ao franqueado ou a seus empregados.

Obrigações das partes: em linhas gerais, cabem às partes as seguintes obrigações: ao franqueado, o dever de efetuar os pagamentos estipulados, tais como um pagamento periódico a título de remuneração da franquia (os denominados "*royalties*"), além de eventual taxa de adesão ao início e pagamentos por fornecimento de produtos. Além da questão financeira, deve o franqueado manter a identidade da franquia perante o público consumidor, seguindo as diretrizes estipuladas pelo franqueador, e oferecer somente os produtos ou serviços da franquia, adquiridos, em regra, do próprio franqueador ou de fornecedores por ele indicados.

Ao franqueador, cabe autorizar ao franqueado o uso de sua identidade visual, permitindo se apresentar ao mercado como integrante da rede. Além disso, o franqueador deve prestar serviços de assessoria na montagem e administração do estabelecimento franqueado, podendo ainda envolver o fornecimento de produtos e assistência técnica ao franqueado.

Circular de oferta de franquia – COF: a fase pré-contratual de uma franquia deve observar algumas regras impostas pela legislação. A principal delas é que o franqueador deverá disponibilizar ao candidato a franqueado um documento denominado "Circular de oferta de franquia – COF", que corresponde a uma espécie de manual ou prospecto com as condições do negócio, para que o candidato estude e avalie a conveniência de celebrar a contratação. [30]

Nos termos da legislação, a disponibilização da COF é obrigatória, e deverá ser entregue ao candidato a franqueado, no mínimo, 10 (dez) dias antes da assinatura do contrato ou pré-contrato de franquia ou, ainda, do pagamento de qualquer tipo de taxa pelo franqueado ao franqueador ou a entidade ou pessoa ligada a este, sendo que o descumprimento do prazo permitirá ao franqueado arguir anulabilidade ou nulidade do contrato, e exigir a devolução de todas as quantias pagas ao franqueador ou a terceiros por ele indicados, corrigidas monetariamente. Ainda, essa mesma sanção será aplicável ao franqueador que omitir informações exigidas por lei ou veicular informações falsas na COF, sem prejuízo das sanções penais cabíveis.

A lei também é minuciosa quanto ao conteúdo da COF, que será escrita em língua portuguesa e deverá conter, obrigatoriamente, os seguintes elementos (vide artigo 2º da lei):

> I – histórico resumido do negócio franqueado;
>
> II – qualificação completa do franqueador e das empresas a que esteja ligado, identificando-as com os respectivos números de inscrição no Cadastro Nacional da Pessoa Jurídica (CNPJ);
>
> III – balanços e demonstrações financeiras da empresa franqueadora, relativos aos 2 (dois) últimos exercícios;
>
> IV – indicação das ações judiciais relativas à franquia que questionem o sistema ou que possam comprometer a operação da franquia no País, nas quais sejam parte o franqueador, as empresas controladoras, o subfranqueador e os titulares de marcas e demais direitos de propriedade intelectual;
>
> V – descrição detalhada da franquia e descrição geral do negócio e das atividades que serão desempenhadas pelo franqueado;
>
> VI – perfil do franqueado ideal no que se refere a experiência anterior, escolaridade e outras características que deve ter, obrigatória ou preferencialmente;
>
> VII – requisitos quanto ao envolvimento direto do franqueado na operação e na administração do negócio;
>
> VIII – especificações quanto ao: a) total estimado do investimento inicial necessário à aquisição, à implantação e à entrada em operação da franquia; b) valor da taxa inicial de filiação ou taxa de franquia; c) valor estimado das instalações, dos equipamentos e do estoque inicial e suas condições de pagamento;
>
> IX – informações claras quanto a taxas periódicas e outros valores a serem pagos pelo franqueado ao franqueador ou a terceiros por este indicados, detalhando as respectivas bases de cálculo e o que elas remuneram ou o fim a que se destinam, indicando, especificamente, o seguinte: a) remuneração periódica pelo uso do sistema, da marca, de outros objetos de propriedade intelectual do franqueador ou sobre os quais este detém direitos ou, ainda, pelos serviços prestados

30. Como observa Marlon Tomazette, "a COF não representa um pré-contrato, não representando uma promessa de contratar. A COF é um sistema de divulgação de informações(...)"; "a partir dessa divulgação, o interessado poderá tomar uma decisão consciente de celebrar ou não celebrar o contrato", conforme TOMAZETTE, Marlon. *Contratos empresariais*. São Paulo: JusPodivm, 2022, p. 377.

pelo franqueador ao franqueado; b) aluguel de equipamentos ou ponto comercial; c) taxa de publicidade ou semelhante; d) seguro mínimo;

X – relação completa de todos os franqueados, subfranqueados ou subfranqueadores da rede e, também, dos que se desligaram nos últimos 24 (vinte quatro) meses, com os respectivos nomes, endereços e telefones;

XI – informações relativas à política de atuação territorial, devendo ser especificado: a) se é garantida ao franqueado a exclusividade ou a preferência sobre determinado território de atuação e, nesse caso, sob que condições; b) se há possibilidade de o franqueado realizar vendas ou prestar serviços fora de seu território ou realizar exportações; c) se há e quais são as regras de concorrência territorial entre unidades próprias e franqueadas;

XII – informações claras e detalhadas quanto à obrigação do franqueado de adquirir quaisquer bens, serviços ou insumos necessários à implantação, operação ou administração de sua franquia apenas de fornecedores indicados e aprovados pelo franqueador, incluindo relação completa desses fornecedores;

XIII – indicação do que é oferecido ao franqueado pelo franqueador e em quais condições, no que se refere a: a) suporte; b) supervisão de rede; c) serviços; d) incorporação de inovações tecnológicas às franquias; e) treinamento do franqueado e de seus funcionários, especificando duração, conteúdo e custos; f) manuais de franquia; g) auxílio na análise e na escolha do ponto onde será instalada a franquia; e h) leiaute e padrões arquitetônicos das instalações do franqueado, incluindo arranjo físico de equipamentos e instrumentos, memorial descritivo, composição e croqui;

XIV – informações sobre a situação da marca franqueada e outros direitos de propriedade intelectual relacionados à franquia, cujo uso será autorizado em contrato pelo franqueador, incluindo a caracterização completa, com o número do registro ou do pedido protocolizado, com a classe e subclasse, nos órgãos competentes, e, no caso de cultivares, informações sobre a situação perante o Serviço Nacional de Proteção de Cultivares (SNPC);

XV – situação do franqueado, após a expiração do contrato de franquia, em relação a: a) *know-how* da tecnologia de produto, de processo ou de gestão, informações confidenciais e segredos de indústria, comércio, finanças e negócios a que venha a ter acesso em função da franquia; b) implantação de atividade concorrente à da franquia;

XVI – modelo do contrato-padrão e, se for o caso, também do pré-contrato-padrão de franquia adotado pelo franqueador, com texto completo, inclusive dos respectivos anexos, condições e prazos de validade;

XVII – indicação da existência ou não de regras de transferência ou sucessão e, caso positivo, quais são elas;

XVIII – indicação das situações em que são aplicadas penalidades, multas ou indenizações e dos respectivos valores, estabelecidos no contrato de franquia;

XIX – informações sobre a existência de cotas mínimas de compra pelo franqueado junto ao franqueador, ou a terceiros por este designados, e sobre a possibilidade e as condições para a recusa dos produtos ou serviços exigidos pelo franqueador;

XX – indicação de existência de conselho ou associação de franqueados, com as atribuições, os poderes e os mecanismos de representação perante o franqueador, e detalhamento das competências para gestão e fiscalização da aplicação dos recursos de fundos existentes;

XXI – indicação das regras de limitação à concorrência entre o franqueador e os franqueados, e entre os franqueados, durante a vigência do contrato de franquia, e detalhamento da abrangência territorial, do prazo de vigência da restrição e das penalidades em caso de descumprimento;

XXII – especificação precisa do prazo contratual e das condições de renovação, se houver;

XXIII – local, dia e hora para recebimento da documentação proposta, bem como para início da abertura dos envelopes, quando se tratar de órgão ou entidade pública.

Portanto, ao franqueador que desejar oferecer o sistema de franquia, é imposta a obrigação de disponibilizar a COF a potenciais interessados, devendo o franqueador se atentar quanto ao prazo mínimo de entrega disposto em lei, bem quanto à exigência de conteúdo e veracidade de informações[31].

Contrato: a lei não estipula cláusulas mínimas para o contrato de franquia, se limitando a exigir que, para produzir efeitos no território nacional, seja escrito[32] em língua portuguesa e regido pela legislação brasileira[33].

Subfranquia: um possível desdobramento do contrato é a estipulação de subfranquia. Nessa hipótese, o franqueador delega poderes a um franqueado para, em uma determinada região, atuar como franqueado principal (denominado como subfranqueador ou também master franqueado), o que lhe permite, além de explorar o negócio diretamente, conceder também novas autorizações de franquias, para empresários subfranqueados. Dessa forma, o subfranqueador/master franqueado exerce o controle dos negócios em sua região de atuação, recebendo pagamentos dos subfranqueados, e repassando percentual ao franqueador.

Registro: nos termos do artigo 211 da Lei n. 9.279/1996, o Instituto Nacional da Propriedade Industrial – INPI fará o registro dos contratos de franquia, para produzirem efeitos em relação a terceiros.

31. Observe-se que, no plano jurisprudencial, existem precedentes que atenuam o rigor quanto à exigência da COF – Circular de oferta de franquia, a depender da análise do caso concreto. São hipóteses em que o contrato é mantido pelo Poder Judiciário (não permitindo a anulação), mesmo diante da não entrega da COF, quando considerado que o pleito do franqueado é abusivo face ao seu comportamento durante a etapa de cumprimento do contrato.

32. Embora a lei estipule a celebração do contrato de franquia por instrumento escrito (evidenciando uma exigência formal), nota-se a existência de precedentes que acabam por admitir o reconhecimento de franquia mesmo diante de contratação verbal, em decorrência da conduta das partes na situação concreta e como forma de evitar comportamento desleal e contraditório, tal como verificado no REsp 1.881.149/DF.

33. Em se tratando de contrato de franquia internacional, será escrito originalmente em língua portuguesa ou terá tradução certificada para a língua portuguesa custeada pelo franqueador, e os contratantes poderão optar, no contrato, pelo foro de um de seus países de domicílio.

20
REPRESENTAÇÃO COMERCIAL

20.1 CONCEITO

Pelo contrato de representação comercial, uma parte, denominada representante comercial autônomo, se compromete perante a outra parte (empresário representado), a promover, de forma habitual, os negócios do representado em uma determinada área, buscando captar propostas de compra, que serão a ele transmitidas para aceitação. Havendo a conclusão de cada negócio, o representante comercial terá direito a receber uma comissão como retribuição por sua atuação.

20.2 FUNÇÃO

No objetivo de expandir seus negócios, um empresário pode realizar a promoção de seus produtos diretamente, tal como através de seus empregados, abertura de filiais ou comércio eletrônico. Mas outra estratégia negocial permitida é se valer da parceria de um representante comercial autônomo. Nesse caso, trata-se de um outro empresário, que não é empregado, mas colaborador externo e independente, que organiza sua própria atividade, consistente em uma estrutura destinada a promover os produtos do representado na sua área de atuação. Dado ser uma parceria empresarial, o representante assume o risco de seu negócio, de modo que o recebimento de comissões demanda a obtenção de propostas, consequente aceitação pelo representado e o efetivo pagamento pelo terceiro comprador.

20.3 LEGISLAÇÃO

O contrato de representação comercial autônoma é disciplinado pela Lei n. 4.886, de 1965. Destaque-se tratar de lei que, embora envolva dois empresários profissionais, possui acentuado caráter intervencionista, ao disciplinar detalhadamente vários aspectos do contrato, com intuito especial de resguardar o representante comercial.

Cabe observar ainda que, desde o surgimento do Código Civil, em 2002, existe discussão se esse contrato, de representação comercial autônoma, seria equivalente ao contrato de agência (disciplinado nos artigos 710 e seguintes do Código Civil), havendo posições favoráveis e contrárias a tal entendimento. Nessa obra, consideramos serem contratos distintos, em que a representação comercial é figura mais específica, envolvendo hipótese que caracteriza profissão regulamentada, de natureza necessariamente empresarial (dado que a lei expressa a referência a "negócios mercantis") e cujo exercício impõe regras próprias de atuação, registro e fiscalização[34], diversamente à agência, que se trata de uma forma de parceria mais ampla, em que o Código Civil se refere genericamente a "negócios"[35].

20.4 CARACTERÍSTICAS GERAIS

O contrato de representação comercial autônoma é um contrato interempresarial, dado que tanto o representado quanto o representante são empresários[36]. Inclusive, o representante comercial pode se estruturar como pessoa física ou jurídica para o exercício de sua atividade. Ainda, o contrato pode ser escrito, sendo esta a forma preferencial aplicável ao caso, mas é admitida a contratação verbal[37], situação em que a lei supre diversas das omissões.

De forma geral, trata-se de figura em que a legislação é bastante detalhista quanto aos elementos integrantes do contrato, e, nesse contexto, podem-se apontar as seguintes características gerais:

<u>Autonomia e profissionalismo do representante</u>: o artigo 1º da Lei n. 4.886/1965 destaca a inexistência de relação de emprego entre as partes, o que ressalta a autonomia do representante na exploração de sua função[38]. Inclusive, o mesmo artigo

---

34. Haroldo Malheiros Duclerc Verçosa afirma, ao se referir à distinção entre a agência e distribuição e a representação comercial, que "enquanto o último contrato é empresarial pela sua natureza, os outros dois podem, também, ser utilizados no âmbito da atividade econômica civil", conforme VERÇOSA, Haroldo Malheiros Duclerc. *Direito comercial* 5: contratos empresariais em espécie. São Paulo: Ed. RT, 2014, p. 157.

35. Carlos Roberto Gonçalves apresenta interessante distinção, ao se referir à representação comercial, no seguinte sentido: "Neste as partes necessariamente serão empresárias. No contrato de agência, regulamentado pelo atual Código Civil, não é necessário que o agente ou o proponente sejam empresários, como sucede, por exemplo, com o agente de um atleta profissional ou de renomado ator ou cantor", vide GONÇALVES, Carlos Roberto. *Direito civil brasileiro*. 17. ed. São Paulo: Saraiva, 2020, v. 3, p. 483. Na mesma linha, se posiciona Marlon Tomazette: "deve-se entender que a representação comercial é específica na mediação de negócios empresariais e a agência para outros negócios civis (agenciamento de atletas, de artistas, de modelos, *head hunters*), tendo em vista a especificidade da representação comercial", conforme TOMAZETTE, Marlon. *Contratos empresariais*. São Paulo: JusPodivm, 2022, p. 305.

36. Conforme Fran Martins: "A representação comercial pode ser exercida por pessoa física ou jurídica. Em qualquer hipótese, será sempre uma atividade habitual e autônoma, donde serem os representantes classificados como empresários" (vide MARTINS, Fran. *Contratos e obrigações comerciais*. 17. ed. Rio de Janeiro: Forense, 2017, p. 223); Fábio Ulhoa Coelho enfatiza que "o representante comercial autônomo é empresário, pessoa natural ou jurídica. Como tal, estrutura e dirige negócio próprio, ainda que exíguo e simples" (conforme COELHO, Fábio Ulhoa. *Manual de direito comercial*. 33. ed. São Paulo: Ed. RT, 2022, p. 399); ainda, Haroldo Verçosa afirma, ao tratar da figura do representante comercial: "não havendo atualmente qualquer dúvida de que se trata de empresários, os quais podem, por sua vez, constituir sociedades empresárias para a exploração daquela atividade" (conforme VERÇOSA, Haroldo Malheiros Duclerc. *Direito comercial* 5: contratos empresariais em espécie. São Paulo: Ed. RT, 2014, p. 164).

37. Conforme reconhecido na jurisprudência, vide o REsp 846.543/RS.

38. Frente à autonomia do representante comercial, observa Marlon Tomazette que: "havendo qualquer discussão sobre o contrato de representação, o foro competente é a justiça comum estadual, uma vez que não há vínculo empregatício entre o representante e o representado", conforme TOMAZETTE, Marlon. *Contratos empresariais*. São Paulo: JusPodivm, 2022, p. 322. Nesse contexto, o teor do artigo 39 da Lei n. 4.886/1965, que reconhece como competente a justiça comum e determina o foro do domicílio do representante

também destaca que o representante pode ser pessoa física ou jurídica. Logo, o vínculo entre as partes é exclusivamente contratual e de natureza empresarial, inexistindo outra forma de subordinação. Caso, na prática, a relação das partes não observe tal autonomia empresarial, então poderá ocorrer a descaracterização do vínculo.

Ademais, a lei também acentua o profissionalismo do representante comercial, determinando ser obrigatório o registro no Conselho Regional dos Representantes Comerciais, a quem se atribui a fiscalização de tal profissão.

Obrigações das partes: de uma maneira geral, cabe ao representante comercial promover os negócios do representado, obtendo pedidos e propostas de negócios. Deve ainda observar as instruções negociais estabelecidas pelo representado, e lhe prestar contas dos negócios. Ao representado, por sua vez, cabe a obrigação de instruir quanto aos procedimentos negociais a serem adotados, realizar o pagamento das comissões devidas, além de observar direitos contratualmente assegurados, tal como, se existente, o direito de exclusividade de área de atuação.

Elementos do instrumento contratual: o artigo 27 da Lei n. 4.886/1965 indica que, do contrato, além dos elementos comuns e outros de interesse das partes, constarão obrigatoriamente os seguintes itens[39]: a) condições e requisitos gerais da representação; b) indicação genérica ou específica dos produtos ou artigos objeto da representação; c) prazo certo ou indeterminado da representação; d) indicação da zona ou zonas em que será exercida a representação; e) garantia ou não, parcial ou total, ou por certo prazo, da exclusividade de zona ou setor de zona; f) retribuição e época do pagamento, pelo exercício da representação, dependente da efetiva realização dos negócios, e recebimento, ou não, pelo representado, dos valores respectivos; g) os casos em que se justifique a restrição de zona concedida com exclusividade; h) obrigações e responsabilidades das partes contratantes: i) exercício exclusivo ou não da representação a favor do representado; j) indenização devida ao representante pela rescisão do contrato fora dos casos de justa causa (previstos no artigo 35 da lei), cujo montante não poderá ser inferior a 1/12 (um doze avos) do total da retribuição auferida durante o tempo em que exerceu a representação.

Cabe destacar que a lei veda expressamente, na representação comercial, a inclusão de cláusula "del credere", pela qual o representante responderia solidariamente com as pessoas com que tratar.

O prazo do contrato: admite-se que o primeiro contrato de representação comercial seja celebrado por prazo determinado ou indeterminado. No entanto, a preferência da lei é pela contratação por prazo indeterminado. E por tal razão é que, uma vez findo o primeiro contrato por prazo determinado, sua eventual prorrogação o tornará por prazo indeterminado por força de lei. Ainda, será também considerado por prazo indeterminado todo contrato que suceder, dentro de seis meses, a outro

39. Relembre-se que, dada a possibilidade do contrato ser celebrado verbalmente, muitas das disposições legais serão impositivas a tais casos, e passíveis de prova por todos os meios admitidos pelo direito.

contrato, com ou sem determinação de prazo. Portanto, de tais disposições, verifica-se a preferência da legislação quanto à contratação por prazo indeterminado, no intuito de oferecer maior estabilidade à atuação do representante, bem como a constatação de que a lei somente admite que o primeiro contrato seja celebrado por prazo determinado.

A exclusividade de área/zona: aspecto de grande relevância na representação comercial é a definição se o representante possui exclusividade para atuar em uma determinada área ou zona[40]. Nos termos do artigo 31 da Lei n. 4.886/1965, a exclusividade decorre de previsão expressa no contrato, ou será considerada implícita, quando omisso o contrato a esse respeito, inexistindo esse direito somente em caso de expressa determinação contratual. Caso o representante detenha referida exclusividade, terá direito a receber comissão por todos os negócios realizados em sua área, inclusive aqueles realizados diretamente pelo representado ou através de terceiros.

A exclusividade de representação: corresponde ao dever do representante comercial em atuar exclusivamente em favor de um empresário representado. Essa exclusividade de representação pode ser total, em que o representante atuará unicamente em favor de um representado, ou parcial, em que a exclusividade se dará em relação a um tipo de produto, mas podendo atuar para outros empresários em relação a produtos diversos. Note-se que a exclusividade de representação não se presume em caso de omissão do contrato, e, portanto, somente será aplicável quando expressamente estipulada (conforme o parágrafo único do artigo 31).

A remuneração do representante: em contrapartida à sua atuação, o representante comercial tem direito ao recebimento de comissões, estipuladas no contrato, que devem ser pagas mensalmente, salvo previsão de prazo diversa. As comissões deverão ser calculadas pelo valor total das mercadorias, sendo que o pagamento deverá ser efetuado até o dia 15 do mês subsequente ao da liquidação da fatura, acompanhada das respectivas cópias das notas fiscais. A lei ainda faculta ao representante comercial emitir títulos de crédito para cobrança de comissões.

No entanto, para que tenha direito efetivo ao recebimento das comissões, é necessário que o empresário representado aceite as propostas[41], e que o comprador efetue o pagamento. Logo, caso o representado recuse tempestivamente as pro-

---

40. Rubens Edmundo Requião enfatiza que a zona deve ser dimensionada no contrato, e explica: "é o setor onde ele atuará, contatando a clientela, intermediando negócios. Pode ter caráter geográfico, aferrando-se em indicações geográficas as mais variadas, como pode ser fixada de modo subjetivo, designando setores econômicos, tipos de estabelecimentos, círculo de pessoas ou empresas comerciais ou espécie de empresário. Pode-se dar de modo negativo excluindo a atuação em setores ou círculos" (conforme REQUIÃO, Rubens Edmundo. O contrato de representação comercial. In: COELHO, Fábio Ulhoa (Coord.). *Tratado de direito comercial 5*: obrigações e contratos empresariais. São Paulo: Saraiva, 2015, p. 303).

41. Em regra, a decisão de aceitar a proposta é do representado, já que o representante não possui poderes para tanto. Excepcionalmente, pode a representação incluir também os poderes de mandato, para que o representante conclua negócios.

postas, ou o comprador não pague, não terá o representante comercial direito ao recebimento de comissões.

Quanto à recusa das propostas, o prazo para tal manifestação poderá ser previsto no contrato e, em caso de omissão, serão aplicáveis os prazos estipulados no artigo 33 da lei, ou seja, 15, 30, 60 ou 120 dias, conforme se trate de comprador domiciliado, respectivamente, na mesma praça, em outra do mesmo Estado, em outro Estado ou no estrangeiro. Se o representado não manifestar sua recusa, por escrito, nos prazos estipulados, ficará obrigado ao pagamento da comissão.

Ainda, o artigo 32 da lei é enfático ao determinar que o representante adquire o direito às comissões quando do pagamento dos pedidos ou propostas, bem como o § 1º do artigo 33 determina que nenhuma retribuição será devida ao representante comercial, se a falta de pagamento resultar de insolvência do comprador, ou se o negócio vier a ser por ele desfeito, ou ainda se for sustada a entrega de mercadorias devido à situação comercial do comprador, que seja capaz de comprometer ou tornar duvidosa a liquidação.

A rescisão do contrato: a lei também detalha as consequências da rescisão do contrato. Assim, em se tratando de contrato por prazo indeterminado, com mais de seis meses de vigência, a rescisão sem justa causa promovida por qualquer das partes ensejará a observância de aviso prévio, que, nos termos do artigo 34, salvo previsão diversa no contrato, determinará a comunicação com antecedência mínima de 30 dias, ou o pagamento de importância igual a um terço das comissões auferidas pelo representante, nos três meses anteriores. Contudo, se o prazo de vigência do contrato for inferior a seis meses, não haverá tal obrigação, por se considerar um período de experiência. No contrato por prazo determinado inexiste tal previsão de aviso prévio, dado que o termo final é de conhecimento das partes.

Além da definição do aviso prévio em contratos por prazo indeterminado, destinado a proteger as partes de uma interrupção abrupta dos negócios, a lei também estipula algumas hipóteses de indenização por rescisão sem justa causa, destinadas a resguardar o representante comercial.

Em se tratando de contrato por prazo determinado, em que ocorra a rescisão, a indenização devida corresponderá à importância equivalente à média mensal da retribuição auferida até a data da rescisão, multiplicada pela metade dos meses resultantes do prazo contratual (artigo 27, § 1º).

Em se tratando de contrato por prazo indeterminado, o montante de indenização, cabível ao representante comercial, será a fixada em contrato, que não poderá ser inferior a 1/12 (um doze avos) do total da retribuição auferida durante o tempo em que exerceu sua função (artigo 27, "j").

Não obstante tais hipóteses, cabe pontuar ainda que nada impede que as partes optem por distratar o contrato no decorrer de seu andamento.

Por outro lado, a lei também indica as hipóteses que autorizam a rescisão por justa causa.

Conforme o artigo 35, são hipóteses que permitem a rescisão por justa causa, pelo representado: a) a desídia do representante no cumprimento das obrigações decorrentes do contrato; b) a prática de atos que importem em descrédito comercial do representado; c) a falta de cumprimento de quaisquer obrigações inerentes ao contrato de representação comercial; d) a condenação definitiva por crime considerado infamante; e) força maior. Nesses casos, não haverá indenização devida ao representante comercial.

O artigo 36 elenca as hipóteses que permitem ao representante rescindir o contrato, por justa causa atribuível ao representado: a) redução de esfera de atividade do representante em desacordo com as cláusulas do contrato; b) a quebra, direta ou indireta, da exclusividade, se prevista no contrato; c) a fixação abusiva de preços em relação à zona do representante, com o exclusivo escopo de impossibilitar-lhe ação regular; d) o não pagamento de sua retribuição na época devida; e) força maior. Nessas hipóteses, o representante fará jus ao recebimento das indenizações estipuladas, equiparando-se a uma situação de rescisão pelo representado.

A situação do representante comercial na falência ou recuperação judicial do empresário representado: na hipótese de falência ou recuperação judicial do empresário representado, o representante, embora seja parceiro comercial, terá tratamento diferenciado, dado que as quantias devidas em relação à representação, inclusive comissões vencidas e vincendas, indenização e aviso prévio, bem como qualquer outra verba devida oriunda da representação, serão consideradas créditos da mesma natureza dos créditos trabalhistas, conforme o artigo 44 da Lei n. 4.886/1965.

21
CONCESSÃO COMERCIAL

21.1 CONCEITO

Pelo contrato de concessão comercial, um empresário, denominado concessionário, assume o compromisso de aquisição e posterior revenda de produtos fornecidos por outro empresário, o concedente, sendo que, conforme a legislação brasileira, tais produtos correspondem a veículos automotores terrestres, destinados à venda ao consumidor. Ainda, no exercício de sua atividade, o concessionário também realiza a comercialização de implementos e componentes, e presta serviços de assistência técnica autorizada em relação aos produtos do concedente.

21.2 FUNÇÃO

Representa a concessão comercial, na legislação brasileira, o contrato interempresarial que regula o relacionamento entre uma montadora de veículos e seus revendedores. Dentro desse contexto, os empresários concessionários, mais do que simples lojistas de automóveis, representam, perante o público consumidor, um canal oficial de vendas dos produtos da montadora concedente, dado que nesse concessionário serão adquiridos veículos do concedente, peças e outros equipamentos, além de ser também, o concessionário, entidade credenciada a prestar serviços especializados de manutenção e garantia, razão pela qual, inclusive, é autorizado ao concessionário o uso das marcas do concedente para sua identificação junto ao mercado consumidor.

21.3 LEGISLAÇÃO

A concessão comercial é contrato típico, disciplinado pela Lei n. 6.729, de 1979. Destaque-se, contudo, que tal legislação é aplicável especificamente a negócios que tenham por objeto veículos automotores terrestres e respectivas peças e acessórios. Caso o negócio envolva outros tipos de produtos, tratar-se á de situação contratual diversa, que será comentada no ponto a seguir, como "distribuição-revenda".

21.4 CARACTERÍSTICAS GERAIS

O contrato de concessão comercial tem como partes, de um lado, o empresário concedente (também chamado de produtor ou montador de veículos), e de outro lado o concessionário revendedor (também chamado pela lei de distribuidor). Podem se destacar, da legislação, as seguintes características:

Forma e conteúdo: nos termos do artigo 20 da Lei n. 6.729/1979, o contrato será celebrado de forma escrita e padronizada para cada marca, especificando produtos, área demarcada, distância mínima e quota de veículos, bem como as condições relativas a requisitos financeiros, organização administrativa e contábil, capacidade técnica, instalações, equipamentos e mão de obra especializada do concessionário.

Objeto do contrato: o contrato abrange a comercialização de veículos automotores terrestres, implementos e componentes fabricados ou fornecidos pelo concedente, e a prestação de assistência técnica a esses produtos, inclusive quanto ao seu atendimento ou revisão. Para tanto, ao concessionário é permitido o uso das marcas do concedente, para identificação pública. Por veículo automotor terrestre se compreende o automóvel, caminhão, ônibus, trator, motocicleta e similares.

O concessionário poderá se valer de modalidades auxiliares de venda que o concedente promover ou adotar, tais como consórcios, sorteios, arrendamentos mercantis e planos de financiamento, bem como é também assegurado ao concessionário a comercialização de implementos e componentes novos produzidos ou fornecidos por terceiros, mercadorias de qualquer natureza que se destinem a veículo automotor, bem como poderá comercializar outros bens e prestar outros serviços, compatíveis com a concessão.

Exclusividade de marca: o concedente poderá, como é bastante comum, vedar a comercialização de veículos automotores novos fabricados ou fornecidos por outra montadora, assegurando a exclusividade de revenda do concessionário em relação aos veículos do concedente. Em relação a veículos usados, contudo, existirá liberdade de comercialização de produtos de qualquer marca.

Obrigações das partes: de maneira geral, cabe à montadora concedente fornecer veículos destinados à revenda pelo concessionário; permitir o uso de sua imagem, composta por marcas, produtos e outros elementos necessários à atividade; observar a área de atuação do concessionário, bem como não vender diretamente seus produtos na referida área, salvo nas exceções previstas em lei (vide art. 15).

Ao concessionário cabe observar os padrões determinados pelo concedente para a atuação na comercialização dos veículos e prestação de assistência técnica autorizada, resguardando a marca e os interesses do concedente; adquirir continuadamente os produtos do concedente para revenda, observando a quota de fornecimento estipulada; respeitar a exclusividade de atuação quanto aos produtos do concedente, quando pactuado. Note-se que, em regra, conforme o artigo 12 da Lei n. 6.729, o concessionário só poderá realizar a venda de veículos novos diretamente a consumidor, sendo vedada a comercialização para fins de revenda.

Fixação dos preços de venda: é livre o preço de venda do concessionário ao consumidor, relativamente aos bens e serviços objeto da concessão, conforme o artigo 13 da lei. No entanto, em relação à venda do concedente aos concessionários, deve se preservar uniformidade de condições de pagamento para toda a rede de distribuição, cabendo ao concedente fixar o preço de venda aos concessionários.

Convenções: a lei disciplina também as convenções, que são acordos em que se definem questões relacionadas à atividade de concessão comercial, sendo elas subdivididas em (i) convenções das categorias econômicas, celebradas entre entidades representativas dos concedentes e dos concessionários de veículos, e (ii) convenções da marca, celebradas por cada concedente com sua rede de concessionários.

Prazo: como regra, o contrato deve ser celebrado por prazo indeterminado, como estipulado pelo artigo 21 da lei. No entanto, admite-se que poderá ser inicialmente ajustado por prazo determinado, não inferior a cinco anos, e se tornará automaticamente de prazo indeterminado se nenhuma das partes manifestar à outra a intenção de não prorrogá-lo, antes de 180 dias do seu termo final e mediante notificação por escrito devidamente comprovada. A definição do prazo será relevante também na apuração de eventuais indenizações decorrentes da extinção do contrato, constantes do artigo 23 e seguintes da lei.

22
DISTRIBUIÇÃO-REVENDA

22.1 CONCEITO

O contrato, aqui denominado como "distribuição-revenda", corresponde ao tipo negocial em que um empresário (fornecedor) celebra acordo de fornecimento continuado de seus produtos a outro empresário (distribuidor), para que este os revenda junto ao mercado, em uma determinada área de atuação.

22.2 FUNÇÃO

Trata-se de contrato que, à semelhança da concessão comercial anteriormente tratada, prevê um relacionamento contínuo entre um empresário, que fornece produtos de forma permanente, a outro empresário (o distribuidor), para que este os revenda em mercado, obtendo seu lucro da margem de diferença entre a aquisição e a revenda. Para o fornecedor, é instrumento contratual útil a permitir o escoamento de sua produção, com vistas a que seu produto chegue efetivamente ao consumidor final[42]. Entretanto, enquanto a concessão comercial típica é contrato que tem por objeto específico a venda final de veículos automotores terrestres aos consumidores, a distribuição-revenda pode envolver produtos em geral (à exceção de veículos), tais como alimentos, bebidas, combustíveis, eletroeletrônicos, brinquedos, instrumentos musicais, entre outras tantas possibilidades, e pode se destinar tanto à revenda a outros empresários, quanto ao consumidor final. Assinale-se ainda que o distribuidor não é mero adquirente de produtos do fornecedor, mas possui um relacionamento mais complexo, pois é um canal oficial de distribuição dos referidos produtos em determinada região, inserindo-se na cadeia produtiva dos produtos do fornecedor, razão pela qual o distribuidor, conforme os termos contratados, pode se valer da imagem do fornecedor, realizar esforços publicitários, além de possuir condições diferenciadas para aquisição dos produtos destinados à revenda.

---

42. Observe-se que nada impede que o fornecedor faça a distribuição direta de seus produtos no mercado. No entanto, nesse caso ele teria que criar uma solução logística para a entrega de seus produtos, atendendo a milhares de pontos de venda espalhados pelo país, ou mesmo lidar diretamente com um número enorme de consumidores finais. Assim, alternativamente, caso se valha da distribuição-revenda, terá que lidar com uma gama mais reduzida de parceiros comerciais, que são os distribuidores, a quem se atribui a função de levar os produtos até os pontos de venda ou aos consumidores.

22.3 LEGISLAÇÃO

O contrato de distribuição-revenda não possui disciplina em lei no Brasil, sendo, portanto, um contrato atípico/inominado, não obstante a grande importância econômica que possui. Por ser inominado, inclusive, ele é referido, na doutrina e na jurisprudência, por diferentes nomes. Se, neste trabalho, o denominamos preferencialmente como distribuição-revenda, é certo também que ele é costumeiramente chamado por outros nomes, tais como "concessão comercial atípica", "concessão comercial *lato sensu*", "distribuição por conta própria", "distribuição-intermediação", "distribuição propriamente dita", entre outros. Portanto, para identificá-lo, mais relevante que a nomenclatura empregada, é avaliar o conteúdo contratual, que deve corresponder a um acordo de fornecimento continuado de produtos para posterior revenda (à exceção de veículos, pois nesse caso caracterizaria o contrato de concessão comercial, que por consequência seria contrato típico/nominado e sujeito à Lei n. 6.729/1979).

Note-se ainda que o contrato de distribuição-revenda não se confunde com o contrato também chamado de "distribuição", previsto no Código Civil, nos artigos 710 e seguintes. Isso, pois, a distribuição prevista no Código Civil é modalidade do contrato de agência, em que o agente-distribuidor atua à conta de outra parte (o proponente), buscando aproximá-la a potenciais clientes, enquanto na distribuição-revenda o distribuidor adquire produtos do fornecedor para posterior revenda em mercado, caracterizando, assim, situações negociais distintas. Tal diferença, inclusive, foi bem enfatizada no enunciado n. 31, da 1ª Jornada de Direito Comercial do CJF – Conselho da Justiça Federal: "Enunciado 31. O contrato de distribuição previsto no art. 710 do Código Civil é uma modalidade de agência em que o agente atua como mediador ou mandatário do proponente e faz jus à remuneração devida por este, correspondente aos negócios concluídos em sua zona. No contrato de distribuição autêntico, o distribuidor comercializa diretamente o produto recebido do fabricante ou fornecedor, e seu lucro resulta das vendas que faz por sua conta e risco".

22.4 CARACTERÍSTICAS GERAIS

Apesar da inexistência de legislação específica que discipline tal contrato, é possível apontar suas características gerais, constatadas a partir da utilização prática de tal figura:

Vínculo entre as partes: tratam-se as partes de empresários independentes, que se vinculam por força de parceria comercial. O fornecedor é o fabricante ou importador de determinado produto, e que por força dessa parceria fornece tais bens continuamente e em condições especiais, para que o distribuidor revenda em sua área de atuação. Tal estratégia permite que o fornecedor concentre maior foco em seus negócios, bem como lhe permite diminuir riscos, eis que vende sua produção ao distribuidor, e por consequência este assume o risco subsequente junto a seus clientes finais.

Atuação do distribuidor: note-se que o distribuidor não é mero cliente, mas parceiro comercial do fornecedor. Ou seja, o distribuidor integrará a cadeia econômica dos produtos do fornecedor, sendo um elo entre o fornecedor e os pontos de venda ou mesmo junto ao consumidor final. Logo, o contrato de distribuição-revenda se distingue de um contrato de fornecimento, pois envolve uma maior relação entre as partes contratantes. Ao mesmo tempo, em consequência de tal situação, é certo que o fornecedor exerce considerável ingerência na organização da atividade do distribuidor, de modo a atender adequadamente à função designada.

Remuneração do distribuidor: o ganho do distribuidor decorre diretamente do êxito em conseguir revender os produtos com uma margem de lucro em relação ao preço de aquisição junto ao fornecedor. Logo, o distribuidor não é remunerado pelo fornecedor, dado que, na verdade, é ele quem efetua pagamentos em favor do fornecedor, pela aquisição de produtos. E, posteriormente, por sua conta e risco, deve revender tais produtos, obtendo seu lucro a partir da diferença entre o custo de aquisição e a receita de revenda. Para tanto, inclusive, o distribuidor deverá possuir condições mais vantajosas de aquisição junto ao fornecedor, envolvendo preço, formas e prazos de pagamento, que viabilizem a revenda do produto com margem de lucro, até para assegurar que a operação tenha lógica econômica.

Conteúdo do contrato: tratando-se de contrato atípico, os direitos e obrigações das partes devem ser estipulados no instrumento contratual por elas celebrado[43], observadas as normas gerais fixadas no Código Civil. Portanto, o relacionamento das partes será disciplinado pelas cláusulas efetivamente negociadas entre elas. Inclusive, dada a ausência de lei específica, mostra-se ainda mais relevante a autorregulação pelas partes, de modo a assegurar os respectivos interesses, dando um conteúdo próprio ao vínculo contratual.

Dentre as cláusulas específicas mais comuns que figuram em tal contrato se podem listar: a cláusula que determina a área de atuação do distribuidor; a cláusula que estipula a existência ou não de exclusividade territorial do distribuidor; cláusula que determina se existe exclusividade de atuação do distribuidor em favor do fornecedor; cláusula fixando quotas de fornecimento e estoque; cláusula estipulando formas e condições de pagamento a ser realizado pelo distribuidor ao fornecedor; política de preços a ser praticada pelo distribuidor; cláusula prevendo autorização do uso de imagem do fornecedor pelo distribuidor; política de publicidade que pode ser desenvolvida pelo distribuidor; autorização para contratação de subdistribuidores; hipóteses de extinção do contrato (abrangendo prazos e procedimentos, aviso prévio, eventuais indenizações pela ruptura contratual etc.).

---

43. Apesar da importância prática do instrumento contratual escrito no caso, é reconhecida pela jurisprudência a possibilidade de o contrato de distribuição ser celebrado verbalmente, vide o REsp 1.255.315/SP.

23
CONTRATOS BANCÁRIOS

23.1 CONSIDERAÇÕES REGULATÓRIAS

Algumas atividades empresariais apresentam um grau elevado de risco que pode acarretar em consideráveis impactos em uma sociedade. Exemplo dessa situação é a atividade bancária. Considerando que a função principal dos bancos é a de realizar intermediação financeira, estão tais instituições constantemente trabalhando com grande volume de recursos alheios, através de inúmeras e reiteradas operações de captação de recursos, e em sequência de repasse de recursos, além de diversos outros tipos de prestação de serviços complementares. Portanto, a quebra de uma instituição bancária pode acarretar em consequências drásticas para um país, para seus clientes e demais entidades envolvidas com referida instituição.

Ao mesmo tempo, o setor bancário é nicho estratégico e de extrema importância econômica, do qual não se pode prescindir, por ser ele o meio mais tradicional de assegurar disponibilização de crédito e viabilizar inúmeras operações econômicas por parte dos mais diversos agentes, tal como empresários, entes públicos, consumidores, entre outros.

Assim, face à importância desse setor, a solução encontrada para buscar seu adequado funcionamento é a adoção de uma política regulatória prudencial e sistêmica, que visa resguardar a operação do mercado, assegurar sua solidez e credibilidade, garantir a estabilidade de preços e proteger depositantes. Para tanto, a legislação se vale de diversos instrumentos, tal como a criação de órgãos reguladores para o setor, imposição de autorização prévia para funcionamento de instituições financeiras, definição de patamares de capital mínimo para operar, instituição de parâmetros de adequação de capital e de negociação para as instituições, adoção de mecanismos de seguro contra risco sistêmico (tal como, no Brasil, o FGC – Fundo Garantidor de Créditos), previsão de regimes especiais para instituições em crise (como previstos na Lei n. 6.024/1974), entre outros aspectos que visam organizar e proteger o funcionamento do mercado bancário.

Portanto, a atividade empresarial bancária se envolve em um sistema bastante complexo, destinado a assegurar o funcionamento adequado desse setor, de forma estável e eficiente, e por tal razão a legislação aplicável ao referido segmento apresenta toda essa preocupação regulatória.

Na atualidade, a regra maior referente ao tema consta do artigo 192 da Constituição Federal, que dispõe que "o sistema financeiro nacional, estruturado de forma a promover o desenvolvimento equilibrado do País e a servir aos interesses da coletividade, em todas as partes que o compõem, abrangendo as cooperativas de crédito, será regulado por leis complementares que disporão, inclusive, sobre a participação do capital estrangeiro nas instituições que o integram". A previsão constitucional permite constatar que o setor bancário, integrante do sistema financeiro, possui uma função direta de promover a transferência de recursos entre agentes econômicos, e consequentemente colaborar no desenvolvimento do país.

No entanto, nota-se que o referido artigo determina que o tema seja regulado por leis complementares. Dado que, de forma geral tais leis ainda não foram criadas em sua totalidade, continua como regra principal do setor bancário a Lei n. 4.595/1964, que foi recepcionada pela Constituição Federal.

Referida lei é a regra básica do mercado bancário brasileiro pois, dentre outros temas, definiu a figura da instituição financeira (vide seu artigo 17), e criou os órgãos reguladores do setor, quais sejam, o Conselho Monetário Nacional – CMN e o Banco Central do Brasil – BCB.

Nesse contexto, as instituições bancárias deverão observar a referida legislação, bem como os normativos publicados pelos mencionados órgãos. O Conselho Monetário Nacional – CMN é o órgão hierarquicamente superior no mercado bancário, mas possuindo apenas função normativa, formalizando suas decisões através de atos normativos, enquanto o Banco Central do Brasil – BCB possui funções executivas, e para tanto detém poder regulamentar (que formaliza através da publicação de atos normativos), poder de autorização (tal como em relação a autorizar o funcionamento de instituições financeiras no país), e poder fiscalizador (pelo qual se permite fiscalizar as instituições bancárias e aplicar penalidades nos casos cabíveis).

Ainda, além da regulação estatal, é comum no setor bancário a presença de autorregulação, que corresponde à estipulação de regras por agentes e entidades do próprio mercado bancário, destinadas a aumentar o nível de segurança e credibilidade do setor.

Assim, a instituição que desejar atuar no mercado realizando intermediação financeira, deverá observar e se submeter a todo esse contexto regulatório, de modo a atuar regularmente. Inclusive, destaque-se que a intermediação profissional de recursos é atividade privativa das instituições financeiras, sendo que sua prática por pessoa não autorizada sujeitará o infrator a possíveis punições administrativas e mesmo criminais[44].

44. Veja-se, neste sentido, o tipo previsto no artigo 16 da Lei n. 7.492/1986, que define os crimes contra o Sistema Financeiro Nacional: "Art. 16. Fazer operar, sem a devida autorização, ou com autorização obtida mediante declaração (Vetado) falsa, instituição financeira, inclusive de distribuição de valores mobiliários ou de câmbio: Pena: Reclusão, de 1 (um) a 4 (quatro) anos, e multa".

Para viabilizar suas operações, a instituição bancária se valerá, em grande medida, de contratos, que serão tratados no tópico a seguir.

23.2 AS OPERAÇÕES BANCÁRIAS

23.2.1 Aspectos gerais

Como mencionado, a atividade principal realizada pelas instituições bancárias é a intermediação financeira, realizada no âmbito do chamado mercado bancário (ou também mercado de crédito). Esse setor é o segmento, integrante do mercado financeiro[45], que se caracteriza por ter, em suas operações, a interferência de um banco, que é parte integrante dos negócios realizados. Isso porque, de um lado, ele é parte passiva de uma relação, pela qual capta dinheiro de investidores. E, com os recursos obtidos, ele assume posição ativa em outra operação, pela qual fornece crédito para seus clientes[46]. Da diferença obtida entre as operações passivas e ativas é que a instituição financeira obtém seu ganho central, denominado "*spread* bancário"[47], que corresponde a uma margem entre o custo da operação passiva e a arrecadação da operação ativa. E, para possibilitar tais operações, e consequentemente o referido fluxo financeiro, os bancos se valem de diversos contratos, denominados genericamente como "contratos bancários principais".

Assim, podemos identificar como características dos contratos bancários principais: (i) que uma das partes será um banco; (ii) que o objeto do contrato será relacionado a crédito; (iii) que, via de regra, é um contrato por adesão (mediante formulários padronizados), em razão do grande volume de negócios necessários a viabilizar o funcionamento profissional da atividade bancária (embora, excepcionalmente, negócios complexos e de valores elevados podem ser objeto de negociação personalizada); (iv) que serão chamados de "contratos bancários ativos" ou "contratos bancários passivos", conforme a posição que o banco assuma na relação contratual; e (v) que o ganho do banco, em relação aos contratos principais, decorre do "*spread* bancário", que é a diferença entre o custo de captação e a receita do repasse.

---

45. Mercado financeiro, de uma maneira ampla, é um termo abrangente, que corresponde ao conjunto de instituições e instrumentos destinados a viabilizar a transferência de recursos entre agentes econômicos, sendo composto por diversos segmentos, dentre os quais o mercado bancário, o mercado de capitais, o mercado de câmbio, entre outros.

46. Conforme observaram Lauro Muniz Barreto e Sérgio Carlos Covello, ao realizarem tais operações ativas e passivas, os bancos caracterizam o denominado "binômio bancário" (conforme BARRETO, Lauro Muniz. *Direito bancário*. São Paulo: LEUD, 1975, p. 31; COVELLO, Sérgio Carlos. *Contratos bancários*. 4. ed. São Paulo: LEUD, 2001, p. 15).

47. O *spread* bancário, como margem de diferença entre as operações de captação (passivas) e de repasse (ativas), corresponde à principal fonte de receita bancária. Conforme metodologia divulgada pelo Banco Central, a arrecadação bruta do *spread* se destina a custear despesas bancárias administrativas, tributos, inadimplência e lucro. No entanto, cabe ressaltar que o banco possui outras fontes de receita, que se agregam ao resultado total, tal como as receitas provenientes de serviços bancários (contratos bancários acessórios).

Quanto à legislação, note-se que não existe uma lei que discipline especificamente os contratos bancários, ressalvadas previsões pontuais. Na prática, as modalidades adotadas nos negócios bancários são criadas a partir de figuras gerais previstas na legislação privada, tal como o mútuo e o depósito, e observam também regras infralegais decorrentes de regulação, além da possibilidade de criação de contratos atípicos.

Dessa forma, trataremos no tópico a seguir das modalidades mais destacadas de contratos bancários principais, assim considerados os passivos (que correspondem àqueles utilizados para captação de recursos, em que o banco assume posição devedora), e os ativos (assim considerados os que se destinam ao repasse de recursos, em que o banco assume posição credora).

23.2.2 Contratos bancários principais

23.2.2.1 Contratos bancários passivos

São chamados de contratos bancários passivos os diferentes tipos contratuais que guardam, em comum, o fato de se destinarem a propiciar a obtenção de recursos pelos bancos, ou seja, captação de recursos que serão utilizados para posteriormente viabilizar operações ativas. Eles permitem a obtenção do chamado "*funding*", expressão que representa a ideia de um canal ou fonte de recursos, que serão utilizados em uma posterior operação de crédito.

23.2.2.1.1 Depósito bancário

23.2.2.1.1.1 Conceito

Pelo contrato de depósito bancário, uma parte (depositante) confia recursos monetários de sua titularidade à outra parte (o banco depositário), o qual se compromete a posteriormente restituí-los, nos termos constantes do contrato.

23.2.2.1.1.2 Função

Corresponde, o depósito bancário, à mais tradicional operação bancária passiva, destinada a angariar fundos ao banco, com os quais poderá realizar suas operações de crédito. Portanto, é o principal canal de *funding* bancário.

23.2.2.1.1.3 Características gerais

Podem ser destacadas, do contrato de depósito bancário, as seguintes características:

<u>Contrato real</u>: trata-se o depósito bancário de contrato real, visto que a disponibilização dos recursos (entrega da coisa) é elemento da celebração e aperfeiço-

amento do contrato. Após a celebração, restam obrigações ao banco depositário, no sentido de restituir o valor principal e, caso estipulado, realizar o pagamento de juros e outros encargos ao depositante.

Modalidades: o depósito pode ser contratado à vista ou a prazo. No depósito à vista, ao depositante é assegurada a possibilidade de solicitar a restituição dos valores a qualquer momento. Já no depósito a prazo, a restituição envolve a observância de período de tempo, podendo ser um depósito a prazo fixo (com data previamente estipulada de devolução, tal como ocorre com o CDB – Certificado de Depósito Bancário), ou depósito a pré-aviso, em que a solicitação de resgate deve observar procedimento de notificação prévia, frente ao qual o banco possui prazo para proceder à devolução.

23.2.2.1.2 Redesconto bancário

23.2.2.1.2.1 Conceito

Pela operação de redesconto, um banco, possuidor de créditos a vencer, obtidos a partir de contratos de desconto bancário junto a seus clientes, pode redescontá-los junto ao Banco Central do Brasil, de modo a obter recursos imediatos, mediante a antecipação de seu recebimento.

23.2.2.1.2.2 Função

O redesconto possui a mesma lógica econômica do contrato de desconto bancário, ou seja, um agente econômico (no caso, especificamente, um banco), titularizando um recebível futuro, adquirido por força de anterior operação de desconto, o redesconta, transferindo-o com vistas a antecipar o recebimento, obtendo, assim, novos recursos disponíveis. No entanto, diferentemente do desconto, o redesconto é uma operação entre bancos (interbancária), sendo que o descontador será necessariamente o Banco Central do Brasil.

23.2.2.1.2.3 Características gerais

Quanto ao contrato de redesconto, podem ser indicadas as seguintes características:

Operação interbancária: trata-se de contrato em que, necessariamente, todas as partes envolvidas são bancos. Como observa Arnaldo Rizzardo, "trata-se o redesconto de um desconto que se superpõe a outro precedente – o banco que fora cessionário de um crédito de seu cliente torna-se cedente do mesmo crédito em benefício de outro banco"[48].

---

48. RIZZARDO, Arnaldo. *Contratos de crédito bancário*. 6. ed. São Paulo: Ed. RT, 2003, p. 85.

Atuação exclusiva do Banco Central: nos termos do artigo 10, V, da Lei n. 4.595/1964, compete privativamente ao Banco Central do Brasil realizar, na condição de descontador, operações de redesconto com instituições financeiras públicas e privadas, conforme remuneração, limites, prazos, garantias, formas de negociação e outras condições estabelecidos em regulamentação por ele editada.

Redesconto como instrumento de política monetária governamental: para o Banco Central, referida operação corresponde a instrumento de política monetária, que lhe permite intervir na economia, dado que através do redesconto pode aumentar ou restringir a oferta de recursos aos bancos, e interferir na liquidez em mercado, ou seja, no aumento ou redução de recursos em circulação.

23.2.2.1.3 Conta-corrente bancária

23.2.2.1.3.1 Conceito

Através do contrato de conta-corrente bancária, o banco disponibiliza ao cliente um sistema de conta em que centraliza diversas operações de crédito e débito, possibilitando o recebimento de depósitos (realizados pelo cliente ou por terceiros), emissão de ordens de pagamento, concessão de crédito, disponibilização de limites, além de realizar um serviço de administração de caixa, ao controlar entradas e saídas de recursos e prestar contas, mediante fornecimento de extratos.

23.2.2.1.3.2 Função

Corresponde o contrato de conta-corrente, possivelmente, ao mais complexo dos contratos bancários aqui apresentados, pois representa uma relação contínua entre as partes, com operações diversas envolvidas, que são centralizadas através da conta. Ainda, embora inserida por questões didáticas dentre as operações passivas, a conta-corrente possui uma característica mista, pois se presta à captação de recursos, mas abrange também serviços de administração de caixa prestados pelo banco, razão pela qual é corriqueira a cobrança de tarifas de manutenção da conta.

23.2.2.1.3.3 Características gerais

Destacam-se as seguintes características do contrato de conta-corrente bancária:

Contrato consensual: a celebração do contrato de conta-corrente decorre do acordo de vontade entre as partes, independentemente de entrega de recursos pelo correntista, pelo qual se enfatiza o aspecto da consensualidade. Logo, a celebração do contrato, e a consequente abertura da conta, não dependem de depósitos realizados pelo cliente.

Distinção para o contrato de depósito bancário: não se confundem os contratos de depósito bancário e de conta-corrente, embora evidentemente se relacionem. A distinção se justifica, pois, o depósito se limita à entrega de um valor pelo depositante, daí surgindo a obrigação de restituição posterior pelo banco. A conta-corrente, por sua vez, abrange uma ampla gama de operações, inclusive depósitos (realizados pelo próprio correntista ou mesmo por terceiros), mas também diversas outras funções, envolvendo pagamentos, cobranças, linhas de crédito, entre outras possibilidades. Portanto, não se limita a conta-corrente a um simples contrato de depósito.

Serviços de administração de caixa: no contexto da conta-corrente, o banco registra uma série de operações de interesse do cliente correntista, correspondendo a um serviço de controle de caixa. Em razão de tal atuação, afirma Sérgio Carlos Covello que "o banco regula contabilmente as entradas e saídas de dinheiro, de tal sorte que propicia ao correntista um controle exato de seu numerário"[49].

Conta-corrente individual e conjunta: em termos de titularidade, quanto à pessoa do correntista, as contas são tradicionalmente divididas em contas individuais e contas conjuntas. As individuais possuem um único titular, que detém a prerrogativa exclusiva de movimentação. Nas contas conjuntas, a titularidade consta em nome de mais de uma pessoa, sendo que a autorização de movimentação dependerá do que foi determinado no contrato. Assim, pode-se permitir que cada um dos titulares possa movimentar integralmente a conta, como também condicionar as movimentações a atuação conjunta dos titulares.

23.2.2.2 Contratos bancários ativos

São considerados contratos bancários ativos os diferentes tipos contratuais que guardam, em comum, o fato de se destinarem ao repasse de recursos pelos bancos, ou seja, operações pelas quais os bancos concedem crédito, e assumem a condição de credores. Nesses casos, os bancos cobrarão dos devedores o principal e o acréscimo de juros e outras remunerações estipuladas.

Às operações bancárias ativas são inaplicáveis as regras do Código Civil quanto a limitação de taxa de juros. Dada a existência de regra especial, constante do artigo 4°, IX, da Lei n. 4.595/1964, cabe ao Conselho Monetário Nacional – CMN a definição de taxas de juros para as instituições financeiras[50].

Ainda, observe-se que as operações ativas poderão envolver, conforme o caso, a estipulação de garantias, de diversas ordens (tais como fiança, aval, hipoteca, alienação fiduciária, entre outras), destinadas a aumentar o respaldo patrimonial do credor, e que impactam, por consequência, na taxa de juros aplicável à operação.

---

49. COVELLO, Sérgio Carlos. *Contratos bancários*. 4. ed. São Paulo: LEUD, 2001, p. 98.
50. A esse respeito, observa Nelson Abrão: "é, pois, fora de dúvida que as restrições impostas pelas leis comuns às taxas de juros não se aplicam aos bancos, que estão sujeitos às fixações pelo Conselho Monetário Nacional", conforme ABRÃO, Nelson. *Direito bancário*. 5. ed. São Paulo: Saraiva, 1999, p. 71.

23.2.2.2.1 Mútuo bancário

23.2.2.2.1.1 Conceito

Corresponde o mútuo bancário ao contrato pelo qual o banco, na condição de mutuante e credor, empresta uma quantia em dinheiro ao cliente, mutuário, que deverá restituí-la, no prazo avençado e acrescida dos juros pactuados e eventuais outros encargos.

23.2.2.2.1.2 Função

Trata-se o mútuo bancário da mais típica e tradicional operação bancária ativa, pela qual o banco concede um empréstimo em dinheiro ao mutuário, repassando os recursos captados através de suas operações passivas. De certo modo, as demais operações ativas serão desdobramentos do contrato de mútuo. Embora popularmente conhecido por empréstimo, a nomenclatura "mútuo" se mostra mais técnica, dado que o termo "empréstimo" identifica gênero, que se subdivide em mútuo (quanto a bens fungíveis, tal como o dinheiro) e comodato (quanto a bens infungíveis).

23.2.2.2.1.3 Características gerais

O contrato de mútuo bancário apresenta as seguintes características:

Contrato real: trata-se o mútuo bancário de contrato real, na medida em que a disponibilização da quantia emprestada é elemento da celebração e aperfeiçoamento do contrato. Após a celebração, restam obrigações ao mutuário, no sentido de restituir o valor principal e juros, além de eventuais outros encargos.

Modalidades: na prática, o contrato de mútuo costuma ser apresentado ao público por diferentes nomenclaturas, decorrentes de características negociais das operações. Como exemplo, é comum se chamar o mútuo de "empréstimo pessoal", quando empregado em operações de valores baixos e sem estipulação de garantias; de "crédito direto ao consumidor", quando direcionado ao financiamento de veículos, cumulado com a contratação de alienação fiduciária em garantia; de "financiamento imobiliário", quando direcionado a crédito para aquisição de imóveis, com o bem atrelado como garantia da operação; entre outras possibilidades decorrentes da prática bancária. Juridicamente, entretanto, todas essas operações são contratos de mútuo bancário, dado que correspondem a empréstimo de dinheiro com a obrigação de posterior devolução acrescida de juros.

Prazo contratual e liquidação antecipada: havendo estipulação de prazo[51], em regra a liquidação do contrato deverá respeitar o período avençado, como forma de

51. Não havendo estipulação expressa de prazo, determina o Código Civil, no artigo 592, II, o prazo de 30 dias, pelo menos, para o mútuo de dinheiro.

assegurar as expectativas das partes. No entanto, em se tratando de relação de consumo, permite o Código de Defesa do Consumidor, em seu artigo 52, § 2º, o direito do consumidor à liquidação antecipada do débito, total ou parcialmente, mediante redução proporcional dos juros e demais acréscimos.

Operações sindicalizadas: em operações complexas de mútuo, envolvendo somas muito elevadas, é possível a associação de dois ou mais bancos para a concessão conjunta do crédito, em que dividem riscos, responsabilidades e ganhos. Tais operações são chamadas de "empréstimos sindicalizados" (*syndicated loans* em operações internacionais).[52]

23.2.2.2.2 Abertura de crédito

23.2.2.2.2.1 Conceito

Pela operação de abertura de crédito, o banco disponibiliza um limite de crédito, ficando a critério do cliente a opção por utilizar ou não a quantia ao longo do prazo contratual. Em havendo a utilização efetiva dos recursos disponibilizados, de forma total ou parcial, serão devidos juros proporcionais à quantia sacada e respectivo tempo de utilização.

23.2.2.2.2.2 Função

Os contratos de abertura de crédito desempenham função de assegurar ao cliente bancário uma linha de crédito, previamente estabelecida, que pode ser acessada a qualquer momento, e sem burocracias, durante o prazo do contrato. Muitas vezes tais créditos são utilizados em situações emergenciais, para suprir faltas pontuais de recursos do cliente, ou cobrir gastos não planejados. No entanto, por esse perfil, tal operação costuma apresentar taxas de juros mais elevadas. Como exemplo, podem ser citadas as figuras do "cheque especial" e do "crédito rotativo" dos cartões de crédito.

23.2.2.2.2.3 Características gerais

O contrato de abertura de crédito apresenta as seguintes características:

Contrato consensual: a celebração do referido tipo contratual decorre do consenso das partes, a partir do qual se estabelece o limite de crédito, que poderá ser utilizado ao longo do prazo estipulado. Em havendo a efetiva utilização, surge para o cliente a obrigação de restituição do principal e pagamento de juros e encargos.

---

52. Ainda no campo dos empréstimos, uma operação um tanto distinta, apontada na doutrina (vide COVELLO, Sérgio Carlos. *Contratos bancários*. 4. ed. São Paulo: LEUD, 2001, p. 166), é a operação em que o banco "empresta" sua firma, ou seja, seu nome e sua credibilidade, mediante remuneração. Pode fazê-lo ao atuar como garantidor de obrigações do cliente, tal como quando a instituição bancária é fiadora, avalista, concede carta de crédito, enfim, atua como garantidor de uma operação perante terceiros.

Elementos do contrato: a abertura de crédito foi objeto de disciplina pela Lei n. 13.476/2017, que em seu artigo 4°, parágrafo único, listou os elementos essenciais do instrumento, os quais sejam: I – o valor total do limite de crédito aberto; II – o prazo de vigência; III – a forma de celebração das operações financeiras derivadas (assim consideradas cada utilização de recursos no prazo do contrato, observados os limite fixados); IV – as taxas mínima e máxima de juros que incidirão nas operações financeiras derivadas, cobradas de forma capitalizada ou não, e os demais encargos passíveis de cobrança por ocasião da realização das referidas operações financeiras derivadas; V– a descrição das garantias, reais e pessoais, com a previsão expressa de que as garantias constituídas abrangerão todas as operações financeiras derivadas nos termos da abertura de limite de crédito, inclusive as dívidas futuras; VI – a previsão de que o inadimplemento de qualquer uma das operações faculta ao credor, independentemente de aviso ou interpelação judicial, considerar vencida antecipadamente as demais operações derivadas, tornando-se exigível a totalidade da dívida para todos os efeitos legais.

Modalidades: a abertura de crédito costuma ser dividida em duas modalidades: simples ou em conta. Na modalidade simples, o saque, uma vez realizado, não pode ser compensado, mantendo-se o débito até a data final do contrato. Já na modalidade em conta, admite-se que, ao longo do prazo contratual, sejam realizados saques e créditos, permitindo a compensação de valores.

A questão da executividade: dado que, por ocasião da celebração do contrato não se sabe previamente se os recursos serão efetivamente utilizados, em qual percentual e por quanto tempo, a executividade da dívida se mostrou questão problemática referente a essa modalidade contratual. Por tal razão, inclusive, o STJ definiu a súmula 233, estipulando que "o contrato de abertura de crédito, ainda que acompanhado de extrato da conta-corrente, não é título executivo". Como forma de contornar essa dificuldade, a legislação possibilitou vincular tal modalidade contratual à emissão de Cédula de Crédito Bancário – CCB, que corresponde a título de crédito emitido por pessoa física ou jurídica, em favor de instituição financeira ou de entidade a esta equiparada, decorrente de operação de crédito de qualquer modalidade, e que representa título executivo extrajudicial, decorrente de dívida em dinheiro, certa, líquida e exigível, seja pela soma nela indicada, seja pelo saldo devedor demonstrado em planilha de cálculo, ou nos extratos da conta-corrente, elaborados em conformidade às disposições da Lei n. 10.931/2004 (artigos 26 a 45-A).

23.2.2.2.3 Desconto bancário

23.2.2.2.3.1 Conceito

O contrato de desconto bancário corresponde ao negócio pelo qual o banco descontador procede a um adiantamento, a seu cliente, da quantia correspondente a um título de crédito, ainda não vencido e que o cliente possui face a terceiros, mediante dedução do valor dos juros e encargos. Em contrapartida, o cliente transfere o título ao banco, que, no vencimento, irá se ressarcir através do pagamento a ser realizado pelo terceiro devedor. Em caso de inadimplência, possui o banco a prerrogativa de cobrar o devedor do título ou seu próprio cliente.

23.2.2.2.3.2 Função

A operação de desconto busca propiciar financiamento ao cliente bancário, através de fornecimento de liquidez a partir da antecipação de seus recebíveis, assumindo o cliente, contudo, a responsabilidade pela solvência do crédito antecipado.

23.2.2.2.3.3 Características gerais

No contrato de desconto bancário, o banco figura como descontador, sendo o cliente o descontário. O emprego do termo "desconto" faz referência à dedução aplicada no valor dos créditos transferidos, correspondente à remuneração do descontador. É contrato de uso corriqueiro no comércio e indústria, em especial no contexto de vendas a crédito. Ainda, podem ser mencionadas as seguintes características:

Contrato real: considera-se o desconto um contrato real, dado que se aperfeiçoa com a entrega dos créditos descontados ao banco, de modo que o descontário deve promover a respectiva transferência ao descontador. Ausente da operação a transferência de créditos, descaracteriza-se o contrato de desconto.

Responsabilidade do descontário: na hipótese de insolvência por parte do devedor principal, quanto ao título transferido, é facultado ao banco cobrar o próprio devedor principal do título de crédito, bem como poderá optar por cobrar o descontário, que, portanto, é obrigado a assegurar o pagamento do crédito transferido. Como observa Arnaldo Rizzardo, "o descontário, para receber a quantidade de numerário pretendida, transmite o título representativo do crédito de que é credor, mas não fica definitivamente desvinculado da operação. Obriga-se a reembolsar o valor nominal do título, mais despesas decorrentes, na hipótese de mostrar-se inadimplente o devedor originário no pagamento da dívida, quando de seu vencimento"[53].

23.2.3 Contratos bancários acessórios (serviços bancários)

Embora a razão principal da atividade bancária seja a intermediação financeira, realizada através dos contratos principais, os bancos também prestam serviços complementares aos clientes. Nesse caso, se tratam de contratos bancários acessórios, dado que complementam a tarefa bancária principal.

53. RIZZARDO, Arnaldo. *Contratos de crédito bancário*. 6. ed. São Paulo: Ed. RT, 2003, p. 83.

Nos contratos bancários acessórios, o banco não realiza intermediação de crédito propriamente, e, portanto, não ganha sua remuneração através de *spread*, mas executa uma atividade e cobra uma remuneração específica pelo serviço executado. Trata-se de um gênero abrangente, que engloba diversos tipos de serviços praticados em favor dos clientes. Como exemplo, podem ser citados os serviços de cobrança, cofres de aluguel, administração de fundos de investimento, custódia de títulos e valores, entre outros.

24
ALIENAÇÃO FIDUCIÁRIA EM GARANTIA

24.1 CONCEITO

O contrato de alienação fiduciária em garantia representa espécie negocial em que uma parte, denominada fiduciante, transfere à outra parte, o credor fiduciário, a propriedade resolúvel de um bem, como forma de garantir o pagamento de uma dívida.

24.2 FUNÇÃO

O contrato representa instrumento de garantia, destinado a aumentar o respaldo patrimonial do credor em razão de uma operação principal, tal como um contrato de mútuo, e consequentemente estimular o financiamento de bens. Por meio de tal operação se transfere a propriedade de um bem como forma de garantia, oferecendo ao credor procedimento diferenciado para proteção de seu crédito em caso de inadimplência.

24.3 LEGISLAÇÃO

O contrato de alienação fiduciária em garantia foi originalmente introduzido no Brasil objetivando bens móveis, sendo disciplinado inicialmente pelo artigo 66 da Lei n. 4.728, de 1965. No entanto, suas características e procedimentos sofreram consideráveis modificações ao longo dos anos. Nesse sentido, o texto original do artigo 66 da Lei n. 4.728/1965 viria a sofrer grandes mudanças pelo Decreto-Lei n. 911, de 1969. O texto desse Decreto-Lei, por sua vez, sofreu mudanças pela Lei n. 10.931/2004, Lei n. 13.043/2014 e mais recentemente pela Lei n. 14.711/2023. Ainda, a Lei n. 10.931/2004 inseriu o novo artigo 66-B na Lei n. 4.728/1965. Dessa forma, podemos reconhecer, em síntese, que na atualidade, a disciplina legal específica em relação a bens móveis (no âmbito do mercado financeiro e de capitais), é a Lei n. 4.728/1965, em seu artigo 66-B, com a observância do procedimento estipulado no Decreto-Lei n. 911/1969.

Embora originalmente concebido para bens móveis, o contrato foi aproveitado também para bens imóveis, através da Lei n. 9.514/1997, que trata do tema entre seus artigos (também modificados recentemente pela Lei n. 14.711/2023).

O Código Civil de 2002, por sua vez, tratou de forma geral do tema da propriedade fiduciária, entre os artigos 1.361 a 1.368-B (sendo que, conforme dispõe o artigo art. 1.368-A, "as demais espécies de propriedade fiduciária ou de titularidade fiduciária submetem-se à disciplina específica das respectivas leis especiais, somente se aplicando as disposições deste Código naquilo que não for incompatível com a legislação especial").

24.4 CARACTERÍSTICAS GERAIS

De uma forma geral, o contrato busca a transmissão, do fiduciante ao credor-fiduciário, da propriedade resolúvel de um bem. Com tal transmissão, confere-se ao credor propriedade transitória, para fins de garantia[54], e sujeita a condição resolutiva, no sentido de que, paga a dívida, a propriedade se restabelece no fiduciante. Entretanto, caso não paga a dívida, o contrato oferecerá ao credor-fiduciário procedimentos diferenciados para satisfação de suas pretensões, os quais se distinguem em razão do tipo de bem objeto do contrato. Vejamos:

<u>Procedimento em relação a bens móveis</u>: com a alienação fiduciária, o credor adquire propriedade resolúvel, condicionada à existência da dívida, e destinada a assegurar procedimento diferenciado de proteção ao crédito, que se extingue mediante a quitação. Portanto, havendo o pagamento integral da dívida, a propriedade plena retorna ao fiduciante.

Contudo, caso ocorra inadimplência, em qualquer número de parcelas[55], aplica-se a sistemática do Decreto-Lei n. 911/1969[56], que pode ser resumida da seguinte forma: com a inadimplência, ocorre o vencimento antecipado da dívida, o que autoriza ao credor, na condição de proprietário fiduciário, vender o bem a terceiros, para aplicar o preço da venda no pagamento de seu crédito e despesas decorrentes.

Para tanto, desde que comprovada a mora (decorrente do simples vencimento e comprovada por carta registrada com aviso de recebimento – não se exigindo que a assinatura constante do referido aviso seja a do próprio destinatário), poderá o credor-fiduciário propor contra o devedor ou terceiro a busca e apreensão do bem, a qual será concedida liminarmente.

Cinco dias após executada a liminar, consolidar-se-ão a propriedade e a posse plena e exclusiva do bem no patrimônio do credor fiduciário. Para evitar tal ocorrência, e reaver o bem, poderá o devedor, durante o prazo de cinco dias após a execução da liminar (e, portanto, antes da consolidação da propriedade), pagar a integralidade

54. Como destaca Marlon Tomazette, trata-se de "uma propriedade fiduciária em garantia e não de uma propriedade plena tradicional", conforme TOMAZETTE, Marlon. *Contratos empresariais*. São Paulo: JusPodivm, 2022, p. 797.
55. Nesse sentido, o REsp 1.622.555/MG.
56. Note-se que o procedimento de busca e apreensão constitui processo autônomo e independente de qualquer procedimento posterior, e a jurisprudência entende que em seu trâmite não há obrigatoriedade de prévia audiência de conciliação ou mediação (vide REsp 2.167.264/PI).

da dívida pendente, segundo os valores apresentados pelo credor fiduciário na inicial, hipótese na qual o bem lhe será restituído livre do ônus.

Com a obtenção do bem e a consolidação da propriedade, poderá o credor proceder à venda, cujo resultado será destinado à satisfação de seu crédito. Em havendo saldo, deverá ser restituído ao devedor. Por outro lado, se o valor obtido com a venda não for suficiente, poderá o credor buscar receber o restante judicialmente[57].

Em termos de andamento processual, o devedor poderá também apresentar contestação no prazo de 15 dias da execução da liminar (sendo admissível tal possibilidade mesmo que o devedor tenha se valido do direito de pagamento da dívida para retomada do bem, em hipótese que entender ter ocorrido pagamento a maior, que justifique restituição).

Ao final da ação, em havendo procedência, ficará confirmado o direito do credor, bem como a consolidação da propriedade ou o pagamento realizado pelo devedor. Contudo, caso ocorra improcedência, o juiz condenará o credor fiduciário ao pagamento de multa, em favor do devedor fiduciante, equivalente a 50 por cento do valor originalmente financiado, devidamente atualizado, caso o bem já tenha sido alienado, sem prejuízo da responsabilidade do credor fiduciário por perdas e danos.

Entretanto, se o bem alienado fiduciariamente não for encontrado ou não se achar na posse do devedor, fica facultado ao credor requerer, nos mesmos autos, a conversão do pedido de busca e apreensão em ação de execução, na forma da legislação processual, para que sejam penhorados bens do devedor destinados a assegurar a execução.

Cabe observar que é também facultado ao credor, ao invés de propor a busca e apreensão, se valer diretamente de ação de execução.

Ainda no contexto da busca e apreensão, cabe comentar, a título de curiosidade, que no passado, frente à não localização do bem, era permitida a conversão da busca e apreensão em ação de depósito, que poderia caracterizar o devedor como depositário infiel, levando, em situação extrema, à prisão civil do devedor. Tal possibilidade foi admitida por várias décadas, mas mudança de entendimento do STF, na década de 2000, posicionou-se pela impossibilidade de tal figura, conforme a Súmula Vinculante 25, cujo conteúdo dispõe: "É ilícita a prisão civil de depositário infiel, qualquer que seja a modalidade de depósito". E, além do posicionamento jurisprudencial, em 2014 o texto legal (artigo 4º do Decreto-Lei n. 911/1969) foi alterado, eliminando de forma definitiva qualquer referência quanto à conversão da busca e apreensão em depósito.

Mais recentemente, os artigos 8º-B e seguintes (inseridos no Decreto-Lei n. 911 pela Lei n. 14.711/2023) passaram a definir procedimento alternativo ao mencionado,

57. Nesse sentido, a Súmula 384, do STJ: "Cabe ação monitória para haver saldo remanescente oriundo de venda extrajudicial de bem alienado fiduciariamente em garantia".

passível de utilização desde que previsto em contrato (em cláusula com destaque) e após a comprovação da mora, pela qual é facultado ao credor promover a consolidação da propriedade perante o cartório de registro de títulos e documentos[58], ao invés de propor os procedimentos judiciais anteriormente indicados.

Nesta hipótese, vencida e não paga a dívida, o oficial de registro de títulos e documentos, mediante requerimento do credor fiduciário, notificará o devedor fiduciário para pagar voluntariamente a dívida no prazo de 20 dias, sob pena de consolidação da propriedade, podendo o devedor apresentar, se for o caso, documentos comprobatórios de que a cobrança é total ou parcialmente indevida (hipótese em que o oficial avaliará os documentos e, constatando o direito do devedor, deverá abster-se de prosseguir o trâmite; caso o devedor alegue que a cobrança é parcialmente indevida, deverá declarar o valor que entender correto e pagá-lo dentro do prazo indicado).

Paga a dívida, ficará convalescido o contrato de alienação fiduciária em garantia. No entanto, acaso frustrado o êxito, pelo não pagamento voluntário da dívida, ocorrerá a consolidação da propriedade, e deverá o devedor entregar ou disponibilizar voluntariamente a coisa ao credor para a venda extrajudicial, sob pena de multa de 5% do valor da dívida.

Caso o bem não seja entregue ou disponibilizado voluntariamente no prazo legal, o credor poderá requerer ao oficial de registro de títulos e documentos a busca e apreensão extrajudicial, nos termos dos referidos artigos.[59]

Procedimento em relação a bens imóveis: quanto aos bens imóveis, a lei adotou trâmite bem distinto, embora parta-se da mesma lógica negocial, em que o contrato viabiliza ao fiduciante, com o escopo de garantia (de obrigação própria ou de terceiro), celebrar a transferência, ao credor fiduciário, da propriedade resolúvel de coisa imóvel.[60] Com o pagamento da dívida e seus encargos, resolve-se a propriedade fiduciária do imóvel, e o credor fornecerá termo de quitação, frente ao qual o oficial do Registro de Imóveis efetuará o cancelamento do registro da propriedade fiduciária.

No entanto, em caso de inadimplência, a legislação estabelece procedimento diferenciado para a satisfação do crédito. Neste sentido, prevê a Lei n. 9.514/1997,

58. Em se tratando de veículos automotores, o artigo 8º-E faculta ao credor, alternativamente, promover os procedimentos de execução extrajudicial perante os órgãos executivos de trânsito dos Estados.

59. Note-se que a previsão de busca e apreensão extrajudicial, conforme relatada aqui e inserida pela Lei n. 14.711/2023, é ponto de grande discussão e questionamentos. De início, cabe consignar que diversos dispositivos que preveem tal procedimento foram objetos de veto por parte da Presidência da República. No entanto, tais vetos foram derrubados pelo Congresso Nacional, de modo que tal trâmite passou a ser previsto expressamente em lei. Não obstante, existem discussões quanto à constitucionalidade de referido procedimento, em aspecto a ser futuramente apreciado pelo Poder Judiciário.

60. A Lei n. 14.711/2023 admitiu também a possibilidade de alienações fiduciárias supervenientes, de modo que um imóvel possa garantir mais de uma dívida, em que as anteriores terão prioridade em relação às posteriores na excussão da garantia, conforme se verifica do artigo 22, parágrafos 3º e 4º, da Lei n. 9.514/1997.

em síntese, como regra geral[61], que: ocorrendo a inadimplência, o devedor (e, se for o caso, o terceiro fiduciante) será intimado, a requerimento do credor fiduciário, pelo oficial do competente Registro de Imóveis, a satisfazer, no prazo de 15 dias, a prestação vencida e as que se vencerem até a data do pagamento, os juros convencionais, as penalidades e os demais encargos contratuais, os encargos legais, inclusive tributos, as contribuições condominiais imputáveis ao imóvel, além das despesas de cobrança e de intimação.

Efetuado o pagamento, convalescerá o contrato, e o Registro de Imóveis, em três dias, entregará ao credor fiduciário as importâncias recebidas, deduzidas as despesas de cobrança e de intimação.

Contudo, caso não ocorra o pagamento no prazo estipulado, o oficial do Registro de Imóveis, certificando esse fato, promoverá a averbação, na matrícula do imóvel, da consolidação da propriedade em nome do credor fiduciário, mediante prova do pagamento do imposto de transmissão *inter vivos* e, se for o caso, do laudêmio. E, uma vez consolidada a propriedade em seu nome, o credor fiduciário, no prazo de 60 dias, promoverá leilão público para a alienação do imóvel, conforme as regras estipuladas na referida legislação.

Bens móveis fungíveis, cessão fiduciária de direitos sobre coisas móveis e títulos de crédito: além dos bens imóveis e dos bens móveis infungíveis, desde o ano de 2004 passou a ser admitida também a alienação fiduciária em garantia de bens móveis fungíveis, e a cessão fiduciária de direitos sobre coisas móveis e títulos de crédito, conforme previsão do § 3º do artigo 66-B, da Lei n. 4.728/1965: " É admitida a alienação fiduciária de coisa fungível e a cessão fiduciária de direitos sobre coisas móveis, bem como de títulos de crédito, hipóteses em que, salvo disposição em contrário, a posse direta e indireta do bem objeto da propriedade fiduciária ou do título representativo do direito ou do crédito é atribuída ao credor, que, em caso de inadimplemento ou mora da obrigação garantida, poderá vender a terceiros o bem objeto da propriedade fiduciária independente de leilão, hasta pública ou qualquer outra medida judicial ou extrajudicial, devendo aplicar o preço da venda no pagamento do seu crédito e das despesas decorrentes da realização da garantia, entregando ao devedor o saldo, se houver, acompanhado do demonstrativo da operação realizada".

Bem pertencente ao próprio devedor: é admitido que seja celebrada alienação fiduciária em garantia com base em bem já pertencente ao devedor, em operação que, na prática negocial, costuma ser referida como "refinanciamento", dado se tratar de um mútuo garantido por alienação fiduciária de bem que já pertencia ao devedor. Tal possibilidade é reconhecida expressamente na Súmula 28 do STJ: "O contrato de alienação fiduciária em garantia pode ter por objeto bem que já integrava o patrimônio do devedor".

61. A Lei n. 14.711/2023 criou regras especiais a determinados casos de financiamento, conforme disposto no artigo 26-A da Lei n. 9.514/1997.

25
LEASING (ARRENDAMENTO MERCANTIL)

25.1 CONCEITO

Consiste o contrato de *leasing*, nomeado na legislação como "arrendamento mercantil", em operação negocial pela qual uma parte, pessoa jurídica denominada arrendadora, na condição de proprietária de um bem, adquirido conforme especificações, o concede em arrendamento à outra parte, pessoa física ou jurídica, denominada arrendatária, por um prazo convencionado e em contrapartida a pagamentos periódicos que remunerem o uso do bem. Ao final do contrato, a parte arrendatária possui uma tríplice opção, podendo escolher por devolver o bem e extinguir o contrato, renovar o arrendamento por um novo período, ou optar pela aquisição do bem, mediante o pagamento de um preço residual.

25.2 FUNÇÃO

Trata-se de operação que permite ao arrendatário utilizar um determinado bem, adquirido pela arrendadora conforme suas indicações, sem a necessidade de proceder à sua compra imediata e, portanto, evitando um desembolso pela aquisição do ativo e consequente imobilização de capital, mas se assegurando quanto à possibilidade de compra futura. Permite ainda ao arrendatário, em algumas situações (tal como no *lease-back*), obter liquidez financeira mediante desimobilização de seu ativo, mas sem deixar de utilizar o bem objeto do contrato. Ainda, grande parte da lógica dessa operação, no âmbito empresarial, decorre do tratamento tributário diferenciado que a legislação dispensa a tais contratos, frente ao que, por vezes, os empresários arrendatários optam por manter continuamente o arrendamento, ao invés de proceder à aquisição do bem.

25.3 LEGISLAÇÃO

O contrato de *leasing* é disciplinado pela Lei n. 6.099, de 1974. Embora o foco principal da norma seja a disciplina tributária da operação, ela acabou estipulando regras para o contrato. Ainda, é preciso mencionar que as operações de *leasing*, conforme determinado pela referida legislação, se encontram integradas ao Sistema

Financeiro Nacional, e consequentemente à regulação do CMN – Conselho Monetário Nacional e do BCB – Banco Central do Brasil[62].

25.4 CARACTERÍSTICAS GERAIS

Trata-se o *leasing* de contrato principal, destinado a viabilizar a utilização, pelo arrendatário, de um bem cuja propriedade plena pertence à sociedade arrendadora, assegurada a opção, ao final do prazo, de aquisição do bem, renovação do contrato ou extinção da avença. Nesse contexto, podem ser destacadas as seguintes características:

A situação da arrendadora: a arrendadora, também chamada de arrendante, é pessoa jurídica equiparada a instituição financeira, sendo, em regra, uma "sociedade de arrendamento mercantil", conforme disciplinada na Resolução n. 4.976/2021, do Conselho Monetário Nacional. A constituição e funcionamento de referidas entidades demanda autorização do Banco Central do Brasil[63].

Lógica tributária da operação: o *leasing* se distingue de um contrato de locação com opção de compra por estar submetido a tratamento tributário distinto, conforme previsto na Lei n. 6.099/1974. Nesse contexto, referida legislação, em seu artigo 11, determina que serão consideradas como custo ou despesa operacional da pessoa jurídica arrendatária as contraprestações pagas em decorrência do contrato de arrendamento mercantil.

Bens: pode o contrato de *leasing* ter por objeto bens móveis e imóveis, adquiridos pela sociedade arrendadora para uso da arrendatária, conforme as especificações desta.

Modalidades: o contrato de *leasing* apresenta as seguintes modalidades:

(i) *Leasing* financeiro: também chamado de *leasing* tradicional ou puro, o arrendamento mercantil financeiro corresponde à forma principal do *leasing*, pela qual a sociedade arrendadora é encarregada de adquirir, junto a terceiro, bem indicado por seu cliente, para em sequência celebrar com ele contrato de *leasing*, de modo que o arrendatário utilizará do referido bem desejado, mas a título de arrendamento, pagando pelo uso provisório do bem. Ao final do contrato, contudo, é assegurada a possibilidade de renovação do contrato, ou mesmo de aquisição definitiva do bem, hipótese em que aos pagamentos já efetuados a título de arrendamento se acrescerá uma parcela adicional (preço de compra/valor residual). Caso o arrendatário não

---

62. Conforme a Lei n. 6.099/1974: "Art. 7º Todas as operações de arrendamento mercantil subordinam-se ao controle e fiscalização do Banco Central do Brasil, segundo normas estabelecidas pelo Conselho Monetário Nacional, a elas se aplicando, no que couber, as disposições da Lei número 4.595, de 31 de dezembro de 1964, e legislação posterior relativa ao Sistema Financeiro Nacional".

63. Note-se que operações de arrendamento mercantil podem ser também realizadas por outras entidades, tal como bancos múltiplos com carteira de arrendamento mercantil e, em casos pontuais, por outras instituições financeiras elencadas na Resolução n. 4.977/2021, do Conselho Monetário Nacional.

opte por nenhuma das alternativas anteriores, o contrato será extinto, com a consequente devolução do bem.

(ii) *Lease back*: também chamado de *leasing* de retorno (e referido na legislação como "operações de arrendamento mercantil contratadas com o próprio vendedor do bem"), consiste em subespécie do *leasing* financeiro, que se difere em razão de que o bem objeto do contrato tem origem no patrimônio do arrendatário pessoa jurídica. Assim, o arrendatário procede de início à venda do bem para a arrendadora (obtendo desta forma recursos imediatos pela venda), e contrata em sequência o *leasing*, de modo a assegurar a continuidade de uso do bem, mas agora na condição de arrendatário, e pagando parcelas periódicas por sua utilização, assegurada a tríplice opção ao final. Portanto, representa modalidade negocial que permite a desimobilização de ativos, sem a perda de sua utilização[64].

(iii) *Leasing* operacional: o arrendamento mercantil operacional é outro desdobramento da operação, em que o foco principal é o caráter locatício, ou seja, nesses casos a intenção principal do arrendatário é de utilização do bem, muitas vezes sem objetivo de posterior aquisição. Conforme as disposições regulamentares, destacamos as seguintes características principais dessa operação: que o prazo seja inferior a 75 por cento do período de vida útil econômica do bem; que o preço para a opção de compra seja o valor de mercado do bem; que os pagamentos contemplem o custo do bem e dos serviços, não podendo o valor presente dos pagamentos ultrapassar 90 por cento do custo do bem; que o bem seja genérico e passível de ser arrendado novamente sem modificações significativas; e ainda, o contrato pode fixar se os custos de manutenção e assistência técnica[65] serão de responsabilidade da arrendadora ou da arrendatária.

Note-se que grande parte da doutrina menciona que, na origem, o *leasing* operacional era o contrato celebrado entre o fabricante do bem e o arrendatário, sem interferência de outra instituição intermediária. Portanto, o fabricante arrendava um bem diretamente ao arrendatário, e se responsabilizava também pela manutenção, recebendo em troca prestações periódicas como remuneração. Contudo, tal operação, também chamada de *renting*, não corresponde na atualidade ao *leasing* operacional previsto na legislação brasileira. Inclusive, tal tipo contratual, celebrado diretamente entre fabricante e arrendatário, não pode se valer do tratamento tributário da Lei n.

---

64. Como observado por Fran Martins, acerca da utilidade econômica da operação: "Destina-se essa operação às empresas que, tendo grande parte de seu ativo imobilizado, desejam desafogar, desfazendo-se de uma parcela desse ativo para utilizar o produto como capital de giro. A empresa não fica desfalcada em sua estrutura, pois continua a usufruir o bem para suas atividades. Apenas muda sua condição de proprietária para arrendatária, submetendo-se, como tal, às mesmas condições do arrendatário no *leasing* financeiro", conforme MARTINS, Fran. *Contratos e obrigações comerciais*. 17. ed. Rio de Janeiro: Forense, 2017, p. 370.

65. Note-se que existem entendimentos que enfatizam, nesse tipo de operação, a prestação de serviços de assistência técnica pela arrendadora como a característica principal da modalidade, como se vê em MARIANI, Irineu. *Contratos empresariais*. Porto Alegre: Livraria do Advogado Editora, 2007, p. 190. Orlando Gomes dá a mesma ênfase, quando afirma ser contrato "a que se liga indissoluvelmente o pacto de assistência técnica", conforme GOMES, Orlando. *Contratos*. 26. ed. Rio de Janeiro: Forense, 2008, p. 575.

6.099/1974, conforme consta expressamente do artigo 2º, que veda tal tratamento ao arrendamento de bens contratado com o próprio fabricante[66].

Elementos do contrato: conforme o artigo 5º da Lei n. 6.099/1974, são elementos do contrato: a) indicação do prazo; b) valor de cada contraprestação por períodos determinados, não superiores a um semestre; c) opção de compra ou renovação do contrato, como faculdade do arrendatário e d) preço para opção de compra ou critério para sua fixação, quando for estipulada esta cláusula.

No âmbito regulamentar (Resolução n. 4.977/2021, art. 6º), o Conselho Monetário Nacional fixou diretrizes adicionais, estabelecendo que os contratos devem ser formalizados por instrumento público ou particular, e conter, no mínimo: a) a descrição dos bens que são objeto do contrato; b) o prazo do arrendamento; c) o valor das contraprestações ou a respectiva forma de cálculo (bem como o critério para reajuste); d) forma de pagamento das contraprestações por períodos determinados, não superiores a um semestre (à exceção de operações que beneficiem atividades rurais, quando o pagamento pode ser fixado por períodos não superiores a um ano); e) condições para o exercício da tríplice opção, podendo a arrendatária optar pela renovação do contrato, devolução dos bens ou aquisição dos bens; f) concessão de opção de compra, com a definição de preço de exercício ou critério de fixação; g) despesas e encargos adicionais; h) condições para eventual substituição dos bens arrendados (hipótese que, se ocorrer, deverá ser formalizada por aditamento contratual); i) estipulação de outras responsabilidades decorrentes de uso indevido ou impróprio dos bens arrendados, seguro previsto para cobertura de risco dos bens arrendados, danos causados a terceiros pelo uso dos bens e ônus advindos de vícios dos bens arrendados; j) possibilidade da sociedade arrendadora vistoriar os bens objeto de arrendamento e de exigir providências indispensáveis à preservação da integridade dos referidos bens; k) as obrigações da arrendatária, nas hipóteses de inadimplemento, destruição, perecimento ou desaparecimento dos bens arrendados; l) a faculdade de a arrendatária transferir a terceiros no País, com anuência expressa da sociedade arrendadora, os seus direitos e obrigações decorrentes do contrato; m) a taxa equivalente aos encargos financeiros da operação.

---

66. Como observa Ricardo Negrão: "O *renting* é, na realidade, o verdadeiro *leasing* operacional, que, entretanto, ao ser disciplinado pela Resolução n. 2.309/96, não foi recepcionado em sua estrutura original. No *renting* não há intermediários, o arrendamento é feito diretamente do fabricante que se compromete a prestar assistência técnica ao bem arrendado. A Lei n. 6.099/74, embora não proíba sua contratação, a afastou de se beneficiar do tratamento tributário diferenciado instituído a favor das outras modalidades" (NEGRÃO, Ricardo. *Manual de direito comercial e de empresa*. São Paulo: Saraiva, 2010, v. 2: títulos de crédito e contratos empresariais, p. 399, cabendo destacar que a mencionada Resolução n. 2.309/1996 foi revogada pela atual Resolução CMN 4.977/2021). Marlon Tomazette também evidencia a distinção entre a concepção doutrinária de *leasing* operacional e a prevista na Resolução n. 4.977/2021, ao afirmar: "A nosso ver, existem duas figuras distintas: o *leasing* operacional reconhecido pela doutrina e o *leasing* operacional regido pela Resolução CMN 4.977/2021" conforme TOMAZETTE, Marlon. *Contratos empresariais*. São Paulo: JusPodivm, 2022, p. 542.

26
FACTORING (FATURIZAÇÃO)

26.1 CONCEITO

O *factoring*, também denominado em língua portuguesa como faturização, fomento mercantil ou fomento comercial, corresponde a um contrato pelo qual um empresário (faturizador) adquire créditos integrantes do faturamento de seu cliente (o faturizado), bem como lhe presta serviços de assessoria financeira.

26.2 FUNÇÃO

Trata-se o *factoring* de operação que representa fonte alternativa de crédito[67] no mercado. Nessa operação, o faturizado encontra no faturizador um empresário a quem pode transferir seu faturamento, através da negociação de seus créditos, mediante deságio. Com essa sistemática, o faturizado consegue antecipar seus recebíveis futuros, por meio da venda ao faturizador, além de poder contar com os serviços de assessoria na área de crédito.

26.3 LEGISLAÇÃO

Inexiste, na atualidade, legislação que discipline o contrato de *factoring*, tratando-se, portanto, de contrato atípico. Não obstante, a prática reiterada de tal operação levou ao surgimento de costumes negociais, bem como existem diversos precedentes jurisprudenciais aplicáveis ao contrato[68].

---

67. Conforme observamos em obra anterior: "Tem lugar o *factoring* na vida empresarial quando um empresário, na maioria das vezes de pequeno ou médio porte, necessitando de crédito, não o consegue através das fontes bancárias. Frente a tal situação, surgem diversos obstáculos, na medida em que o crédito é elemento necessário à continuidade da empresa, dificultando o financiamento de suas atividades e de suas vendas. Aparece, então, como alternativa, o *factoring* (...)", conforme GAGGINI, Fernando Schwarz. *Securitização de recebíveis*. São Paulo: LEUD, 2003, p. 74. Sobre tal aspecto, explica também Ivo Waisberg: "alguns empresários têm dificuldade de obter crédito junto às instituições financeiras, que analisam, na sua concessão, as características do tomador. Para o factoring, tais características são irrelevantes, sendo importante a qualidade dos créditos que o faturizador vai adquirir desse empresário" (vide WAISBERG, Ivo. Factoring. In: CARVALHOSA, Modesto. (Coord.). *Tratado de direito empresarial 4*: contratos mercantis. 3. ed. São Paulo: Ed. RT, 2022, p. 186).
68. Logo, apesar de atípico, é operação vastamente utilizada na prática empresarial, razão pela qual pode-se afirmar ser negócio socialmente típico, em que suas características, embora não estipuladas em lei, são pautadas pelos costumes negociais e pela jurisprudência. A definição do contrato, entretanto, pode ser

26.4 CARACTERÍSTICAS GERAIS

O *factoring* representa negócio, em regra, de execução continuada, que disciplina o relacionamento entre o faturizador e o faturizado. Nesse contexto, o faturizado conta com os serviços do faturizador na sua gestão de crédito, e disponibiliza seu faturamento, dentre o qual o faturizador pode escolher os títulos que desejar e proceder à respectiva aquisição, proporcionando financiamento ao faturizado. Ainda, podem ser destacados os seguintes aspectos:

A natureza do faturizador: embora a dinâmica do negócio lembre bastante uma operação bancária, deve se destacar que o empresário faturizador não é banco e não integra o Sistema Financeiro Nacional, frente ao que não se submete à regulação do Banco Central do Brasil, bem como sua atividade não demanda autorização do referido órgão. Mas, em contrapartida, não pode o faturizador realizar atividades privativas de instituição financeira. Assim, deve ser ressaltado que o faturizador, atuando regularmente, em sua função mais tradicional, não realiza empréstimo de dinheiro a juros, mas procede à compra, mediante deságio, de créditos integrantes do faturamento de seu cliente, além de poder oferecer serviços de assessoria financeira[69].

Modalidades: costumam ser apontadas duas modalidades de *factoring*, quais sejam, o "*factoring* convencional" (*conventional factoring*) e o "*factoring* de vencimento" (*maturity factoring*). O *factoring* convencional corresponde à modalidade mais comum, em que o faturizador pode prestar serviços de assessoria, e compra créditos, pagando o faturizado com antecedência em relação ao vencimento, de modo que o faturizador antecipa o recebimento, propiciando financiamento ao faturizado. Já no *factoring* de vencimento, o pagamento dos créditos adquiridos é feito na respectiva data de vencimento.

Responsabilidade do faturizado pelos créditos negociados e a questão do regresso: aspecto muito relevante referente à operação de *factoring* diz respeito à responsabilidade do faturizado quanto aos créditos negociados. Dado que o faturizado vende ao faturizador créditos que detém contra terceiros, ele é responsável pela existência dos referidos créditos. Contudo, ao adquirir os créditos, o faturizador

localizada na legislação tributária, que especifica tal negócio como a "prestação cumulativa e contínua de serviços de assessoria creditícia, mercadológica, gestão de crédito, seleção de riscos, administração de contas a pagar e a receber, compra de direitos creditórios resultantes de vendas mercantis a prazo ou de prestação de serviços" (vide a Lei n. 9.249/1995, em seu artigo 15, § 1º, III, *d*).

69. Note-se que, embora o empréstimo de dinheiro não seja função típica das entidades de fomento mercantil, a jurisprudência reconhece que é possível, de forma excepcional, a celebração de contratos de mútuo. No entanto, se o fizer, atuará como qualquer particular (entidade não financeira), se sujeitando às regras do contrato de mútuo do Código Civil, inclusive limites de juros. Nesse sentido, o REsp 1.987.016/RS. Frente a tal julgado, foi publicado o Informativo de Jurisprudência 750 do STJ, do qual constou a seguinte passagem: "em que pese não seja usual, não é vedado à sociedade empresária de *factoring* celebrar contrato de mútuo feneratício com outro particular, devendo apenas serem observadas as regras dessa espécie contratual aplicáveis a particulares não integrantes do Sistema Financeiro Nacional, especialmente quanto aos juros devidos e à capitalização".

assumirá o risco de inadimplência, não tendo direito de regresso contra o faturizado caso o devedor principal não realize o pagamento no vencimento. Note-se que tal característica, decorrente das práticas negociais, é considerada da essência do negócio, e bastante enfatizada no contexto do *factoring*, sendo reconhecida por grande parte da doutrina[70] e da jurisprudência[71], mesmo diante da inexistência de lei a respeito. Assim, por assumir o risco de inadimplência dos títulos, tal custo deverá ser calculado pelo faturizador na realização do negócio.

70. Nesse sentido, entre outros autores, podemos apontar: MARTINS, Fran. *Contratos e obrigações comerciais*. 17. ed. Rio de Janeiro: Forense, 2017, p. 389; FRANCO, Vera Helena de Mello. *Contratos* – direito civil e empresarial. São Paulo: Ed. RT, 2009, p. 159; GOMES, Orlando. *Contratos*. 26. ed. Rio de Janeiro: Forense, 2008, p. 580; NEGRÃO, Ricardo. *Manual de direito comercial e de empresa*. São Paulo: Saraiva, 2010, v. 2: títulos de crédito e contratos empresariais, p. 394; COELHO, Fábio Ulhoa. *Manual de direito comercial*. 33. ed. São Paulo; Ed. RT, 2022, p. 421; TOMAZETTE, Marlon. *Contratos empresariais*. São Paulo: JusPodivm, 2022, p. 748. Em obra anterior também nos posicionamos neste sentido, da impossibilidade de regresso pelo faturizador, vide GAGGINI, Fernando Schwarz. *Securitização de recebíveis*. São Paulo: LEUD, 2003, p. 74.

71. Vide o REsp 949.360/RN, do qual constou que a inexistência do direito de regresso contra o faturizado, em face à inadimplência dos títulos adquiridos, é risco inerente aos contratos de *factoring*, embora tal característica não afaste a responsabilidade do faturizado pela existência do crédito (como se vê, também, no REsp 1.163.201/PE, REsp 1.711.412/MG e REsp 2.106.765/CE, entre outros). Ressalte-se, contudo, que a ausência de previsão legal expressa acarreta na existência de entendimentos em sentido oposto, como visto, por exemplo, no REsp 820.672/DF.

27
SEGURO

27.1 CONCEITO

Pela operação de seguro, uma parte (segurado) transfere contratualmente as consequências econômicas da ocorrência de um risco predeterminado, futuro e incerto, a que está exposto, para a outra parte (seguradora), que se compromete a indenizá-lo no caso de ocorrência efetiva do dano, em contrapartida ao recebimento de um pagamento, denominado prêmio.

27.2 FUNÇÃO

O contrato de seguro tem por função imediata assegurar uma garantia de reposição de danos, estipulada entre o segurado e a seguradora. Consequentemente, a seguradora promove uma distribuição, do montante estimado de ressarcimentos, entre os diversos segurados que com ela contratam paralelamente, integrantes de uma mesma carteira de risco. Mediante essas contratações, junto a um grande número de segurados, a seguradora viabiliza uma pulverização e desconcentração dos efeitos adversos decorrentes dos riscos garantidos. Verifica-se, nessa hipótese, a figura da mutualidade[72], pela qual, através da conjugação dos prêmios recebidos de diversos segurados, a seguradora obtém montante financeiro, que se integra a seu patrimônio, e cuja administração é de sua responsabilidade, com o qual poderá indenizar aqueles que efetivamente venham a sofrer danos, além de obter seu retorno econômico.

Para calcular o valor de prêmio a ser cobrado de cada segurado, a seguradora se utiliza de cálculos atuariais, buscando, a partir das informações prestadas pelo segurado, avaliar a probabilidade de ocorrência do evento segurado.

---

72. A mutualidade, nas palavras de Vera Helena de Mello Franco, corresponde a uma "comunidade de risco", envolvendo um agrupamento de interesses submetidos ao mesmo tipo de risco; é "o substrato técnico econômico de toda operação de seguros". Ainda nas palavras da referida autora, "toda operação de seguros exige, como estrutura subjacente, a existência de um grupo de pessoas que contribuem reciprocamente para reparar as consequências do sinistro que possa atingir a qualquer uma delas" (conforme FRANCO, Vera Helena de Mello. *Contratos* – direito civil e empresarial. São Paulo: Ed. RT, 2009, p. 269 e p. 271). Assim, em síntese, nessa sistemática da mutualidade, cada segurado integra indiretamente um grupamento (carteira), pagando um valor individual (prêmio), sendo que a somatória de tal arrecadação proporcionada pelos segurados de uma carteira forma um fundo comum, gerido pela seguradora, que se destinará a arcar com o pagamento dos danos individuais que efetivamente venham a ocorrer naquele grupo, bem como ao resultado econômico para a seguradora.

O contrato de seguro desempenha papel de enorme relevância na economia em geral, pois permite aos segurados, empresários ou não, prevenirem-se contra um risco por valor substancialmente inferior ao que teriam que arcar caso tivessem que suportar individualmente o dano.

27.3 LEGISLAÇÃO (E QUESTÕES REGULATÓRIAS)

27.3.1 A situação atual

Em matéria de legislação, o seguro privado é tratado, na atualidade, sob duas óticas distintas. Quanto à figura das regras gerais do contrato, propriamente, a disciplina aplicável está prevista no Código Civil, entre os artigos 757 e 802. No entanto, dada a relevância de tal setor para a economia, e do risco sistêmico que apresenta, existe grande preocupação regulatória, o que repercute em legislação específica destinada a disciplinar sistemas de regulação aplicáveis à referida área.

Nesse contexto, o Decreto-Lei n. 73/1966 disciplina o SNSP – Sistema Nacional de Seguros Privados, aplicável a seguros patrimoniais e de pessoas, como um todo. Referida norma criou, como órgãos reguladores, o Conselho Nacional de Seguros Privados – CNSP, órgão superior de função normativa, e a Superintendência de Seguros Privados – SUSEP, órgão executivo do setor, a quem compete regulamentar, autorizar atividades e fiscalizar o setor de seguros privados em geral.

Para o setor de seguros relacionados à saúde, o cenário regulatório é distinto e específico. Referido setor está disciplinado na Lei n. 9.656/1998, e os órgãos reguladores são o Conselho de Saúde Suplementar – CONSU e a Agência Nacional de Saúde Suplementar – ANS.

27.3.2 Os impactos da Lei n. 15.040/2024

A Lei n. 15.040, de 09 de dezembro de 2024, tem por objetivo impor substancial modificação na legislação aplicável ao contrato de seguro, na medida em que revoga os artigos referentes ao tema no Código Civil (artigos 757 a 802, e ainda o inciso II do parágrafo 1º do artigo 206), bem como alguns artigos (9º a 14) do Decreto-Lei n. 73/1966, passando a tratar da matéria em lei especial.

No entanto, considerando que a Lei n. 15.040/2024 entrará em vigor somente após decorrido um ano de sua publicação oficial, é certo que ao longo de quase todo o ano de 2025 ainda serão aplicáveis as regras atuais, vindo as novas regras a entrar em vigor já nos últimos dias do ano. Assim, optou-se, para esta edição, por manter-se o texto referente às normas atuais, ainda em vigor, com comentários acerca das novas regras ainda não vigentes.

27.4 CARACTERÍSTICAS GERAIS

Dado o objetivo de permitir a garantia contratual contra danos decorrentes de riscos, e a consequente distribuição e pulverização dos referidos riscos, tal contrato é objeto de diversas regras disciplinadoras.

São partes no contrato a seguradora (necessariamente pessoa jurídica) e o segurado (pessoa natural ou jurídica), podendo a indenização reverter ao segurado ou eventualmente a outros beneficiários, a depender do caso (tal como no evento de morte do segurado, em se tratando de seguro de vida). Ainda, podem ser destacadas as seguintes características:

Situação da seguradora: determina o parágrafo único do artigo 757 do Código Civil que somente poderá atuar como seguradora entidade legalmente autorizada[73]. Tal aspecto denota a preocupação regulatória, frente ao que a legislação especial demanda que a seguradora seja necessariamente uma pessoa jurídica de atuação exclusiva no setor, sujeita a autorização de funcionamento, e ficando subordinada à fiscalização de órgãos reguladores e a regimes especiais de intervenção e liquidação.

Risco e aleatoriedade: o contrato de seguro envolve necessariamente um risco, cuja probabilidade é calculável pela seguradora, mas de ocorrência que não se pode afirmar com antecedência, razão pela qual existe uma álea natural presente no negócio. Desse modo, em não se verificando a ocorrência do evento segurado, a seguradora recebe o prêmio sem obrigação de efetivar pagamento ao segurado (vide o artigo 764 do Código Civil); mas, verificada a ocorrência do evento segurado, a seguradora pagará valor muito superior ao prêmio recebido. Existe, portanto, uma álea intrínseca, frente a um estado de indefinição quanto ao resultado para os contratantes, visto ser impossível definir, no início, os ganhos ou perdas que afetarão diretamente a eles[74].

Negociação em massa: vislumbrando a distribuição e pulverização do risco, como regra os contratos de seguro serão negociados por adesão, em modelo padronizado, para permitir grande volume de negócios paralelos e semelhantes, que viabilizem à seguradora promover a socialização de riscos e a mutualidade. De uma forma conjuntural, a inexistência de negociação em massa de contratos inviabilizaria economicamente o funcionamento do sistema de seguros, pois não seria possível a mutualidade.

---

73. A Lei n. 15.040/2024 mantém semelhante disposição, vide seu artigo 2º: "Art. 2º Somente podem pactuar contratos de seguro entidades que se encontrem devidamente autorizadas na forma da lei".
74. Nesse sentido: ANTUNES, José A. Engrácia. *Direito dos contratos comerciais*. Coimbra: Almedina, 2009, p. 686.

Forma: prova-se o contrato de seguro, nos termos do artigo 758 do Código Civil, com a exibição da apólice ou do bilhete do seguro, e, na falta deles, por qualquer documento que comprove o pagamento do prêmio.[75]

Prêmio: o prêmio corresponde ao nome técnico do pagamento efetuado pelo segurado à seguradora em contrapartida à garantia obtida. O valor do prêmio é calculado pela seguradora, por meio de cálculos atuariais, a partir das informações prestadas pelo segurado.

Indenização: é a prestação da seguradora, quando da ocorrência do evento segurado. Em regra, é paga em dinheiro, embora permita o artigo 776 do Código Civil a reposição da coisa em espécie, se assim convencionado.[76]

Obrigações das partes: cabe à seguradora (i) assumir, de forma direta perante o segurado, a garantia em face do risco estabelecido em contrato. Por tal razão, determina o artigo 757 do Código Civil que o segurador se obriga, mediante o pagamento do prêmio, a garantir interesse legítimo do segurado contra riscos predeterminados[77]. Ainda, (ii) cabe à seguradora organizar-se profissionalmente[78] de modo a proceder adequadamente à análise de riscos e gerir os recursos adquiridos pelo recebimento dos prêmios, de forma a possibilitar o pagamento das indenizações e sua própria subsistência.

Quanto ao segurado, podem se destacar as seguintes obrigações: (i) pagar o prêmio; (ii) prestar informações corretas sobre o risco envolvido, para viabilizar os cálculos atuariais e a consequente análise de probabilidades. Para assegurar a observância de tal obrigação, o Código Civil prevê regra bastante rígida, constante do artigo 766, que determina que "se o segurado, por si ou por seu representante, fizer declarações inexatas ou omitir circunstâncias que possam influir na aceitação da proposta ou na taxa do prêmio, perderá o direito à garantia, além de ficar obrigado ao prêmio vencido"[79]. Ainda é possível apontar (iii) a obrigação de manter conduta de

---

75. A respeito da prova do contrato, a Lei n. 15.040/2024 estipula: "Art. 54. O contrato de seguro prova-se por todos os meios admitidos em direito, vedada a prova exclusivamente testemunhal".

76. A Lei n. 15.040/2024, ao tratar de seguros de dano, admite no artigo 92, parágrafo primeiro, que se convencione reposição ou reconstrução.

77. O teor constante do artigo 757 encontra correspondente no artigo 1º da Lei n. 15.040/2024, que dispõe: "Art. 1º Pelo contrato de seguro, a seguradora obriga-se, mediante o pagamento do prêmio equivalente, a garantir interesse legítimo do segurado ou do beneficiário contra riscos predeterminados".

78. Como observado por Orlando Gomes: "Para cobrir os inúmeros riscos que podem ser objeto de seguro, mister se faz uma organização econômica que, utilizando técnica especial, possa atender ao pagamento das indenizações prováveis com o produto da arrecadação das contribuições por grande número de segurados. Esta exigência desloca o contrato para o Direito Empresarial, tornando-o um contrato empresarial" (GOMES, Orlando. *Contratos*. 26. ed. Rio de Janeiro: Forense, 2008, p. 504).

79. Nesse contexto, determina a Lei n. 15.040/2024: "Art. 44. O potencial segurado ou estipulante é obrigado a fornecer as informações necessárias à aceitação da proposta e à fixação da taxa para cálculo do valor do prêmio, de acordo com o questionário que lhe submeta a seguradora"; "Art. 45. As partes e os terceiros intervenientes no contrato, ao responderem ao questionário, devem informar tudo de relevante que souberem ou que deveriam saber a respeito do interesse e do risco a serem garantidos, de acordo com as regras ordinárias de conhecimento"; "Art. 46. A seguradora deverá alertar o potencial segurado ou estipulante

boa-fé ao longo de todo o relacionamento contratual, no sentido de não aumentar o risco, e prontamente comunicar a seguradora de eventuais ocorrências que afetem as bases do contrato. Nesse sentido, veja-se a disposição do artigo 765, que determina que "o segurado e o segurador são obrigados a guardar na conclusão e na execução do contrato, a mais estrita boa-fé e veracidade, tanto a respeito do objeto como das circunstâncias e declarações a ele concernentes"[80]. Ainda, o artigo 768 dispõe que "o segurado perderá o direito à garantia se agravar intencionalmente o risco objeto do contrato"[81], o *caput* do artigo 769 determina que "o segurado é obrigado a comunicar ao segurador, logo que saiba, todo incidente suscetível de agravar consideravelmente o risco coberto, sob pena de perder o direito à garantia, se provar que silenciou de má-fé"[82], e o *caput* do artigo 771 dispõe que "sob pena de perder o direito à indenização, o segurado participará o sinistro ao segurador, logo que o saiba, e tomará as providências imediatas para minorar-lhe as consequências"[83].

Tais regras impostas ao segurado, evidentemente rigorosas, se destinam a assegurar o adequado funcionamento do sistema de seguros, e evitar comportamentos oportunistas[84], que acabem por gerar externalidades negativas a terceiros. Tal aspecto é reconhecido na jurisprudência, como visto no Recurso Especial 1.340.100/GO, em que, constatada a prestação de informações inverídicas pelo segurado, foi negado o pagamento da indenização, reconhecendo o Tribunal que "a má-fé ou a fraude são penalizadas severamente no contrato de seguro. Com efeito, a fraude, cujo princípio é contrário à boa-fé, inviabiliza o seguro justamente porque altera a relação de proporcionalidade que deve existir entre o risco e a mutualidade, rompendo, assim, o equilíbrio econômico do contrato, em prejuízo dos demais segurados".

<u>Espécies</u>: podem se apontar as seguintes espécies de seguro:

---

sobre quais são as informações relevantes a serem prestadas na formação do contrato de seguro e esclarecer, em suas comunicações e questionários, as consequências do descumprimento do dever de informar".

80. A esse respeito, a Lei n. 15.040/2024 estipula: "Art. 56. O contrato de seguro deve ser interpretado e executado segundo a boa-fé".
81. A Lei n. 15.040/2024 apresenta semelhante disposição: "Art. 13. Sob pena de perder a garantia, o segurado não deve agravar intencionalmente e de forma relevante o risco objeto do contrato de seguro".
82. A Lei n. 15.040/2024 apresenta semelhante disposição: "Art. 14. O segurado deve comunicar à seguradora relevante agravamento do risco tão logo dele tome conhecimento".
83. Em sentido equivalente, dispõe a Lei n. 15.040/2024: "Art. 66. Ao tomar ciência do sinistro ou da iminência de seu acontecimento, com o objetivo de evitar prejuízos à seguradora, o segurado é obrigado a: I – tomar as providências necessárias e úteis para evitar ou minorar seus efeitos; II – avisar prontamente a seguradora, por qualquer meio idôneo, e seguir suas instruções para a contenção ou o salvamento; III – prestar todas as informações de que disponha sobre o sinistro, suas causas e consequências, sempre que questionado a respeito pela seguradora".
84. Busca-se também evitar o chamado risco moral (moral *hazard*). Conforme conceitua Rachel Sztajn, o moral *hazard* corresponde à "possibilidade de que a pessoa, uma vez celebrado o contrato de seguro, se comporte de forma diferente do que faria se estivesse exposta ao risco sem qualquer proteção. Ao não ter de suportar as consequências de suas ações, as pessoas tendem a agir de forma mais negligente, menos cuidadosa" (In: VERÇOSA, Haroldo Malheiros Duclerc. *Direito comercial 5:* contratos empresariais em espécie. São Paulo: Ed. RT, 2014, p. 298). É, em síntese, uma modificação do comportamento pós-celebração do contrato.

(i) o seguro de dano (previsto no Código Civil, entre os artigos 778 a 788)[85], que tem por objeto interesses vinculados a patrimônio, de modo que, em ocorrendo o dano, a seguradora irá pagar uma indenização destinada a recompor o patrimônio perdido. O aspecto da recomposição patrimonial fica evidente nas disposições do Código Civil que limitam o seguro de dano ao valor do bem segurado, para evitar enriquecimento ilícito, como consta do artigo 778, ao determinar que a garantia prometida não pode ultrapassar o valor do interesse segurado no momento da conclusão do contrato, bem como o artigo 781, ao determinar que a indenização não pode ultrapassar o valor do interesse segurado no momento do sinistro[86]. Cabe observar ainda que, em contratos dessa espécie, a seguradora se sub-roga nos direitos do segurado contra o autor do dano, conforme determinado no artigo 786[87]. O seguro de dano abrange tanto o dano direto a coisas que integrem o patrimônio do segurado, quanto o seguro de danos advindos de responsabilidade civil, em que a seguradora garante o pagamento de perdas e danos devidos pelo segurado a terceiro.

(ii) o seguro de pessoa (previsto no Código Civil, entre os artigos 789 a 802)[88], que tem por objeto eventos como morte, acidentes pessoais, incapacidade e saúde. Note-se que neste caso inexiste caráter de recomposição, dado que o bem segurado não é passível de reposição, e nem envolve aspectos que podem ser estimados em valor, tal como a vida ou atributos pessoais. Trata-se, portanto, de um capital livremente estipulado[89], destinado a diminuir os ônus decorrentes da ocorrência do evento segurado (tal como a morte). No seguro de pessoa, a seguradora não pode se sub-rogar nos direitos e ações do segurado ou do beneficiário contra o causador do dano[90].

Sobresseguro: consiste o sobresseguro na prática de realizar mais de um contrato de seguro integral, com seguradoras diversas, e tendo por base o mesmo risco. Note-se que tal prática é vedada em se tratando de seguros de dano[91], mas permitida

85. A Lei n. 15.040/2024 mantém a nomenclatura "seguro de dano", tratando do tema entre os artigos 89 e 111, subdividindo em disposições gerais, seguro de responsabilidade civil e transferência do interesse.
86. Disposições correspondentes podem ser localizadas nos artigos 89 e 90 da Lei n. 15.040/2024: "Art. 89. Os valores da garantia e da indenização não poderão superar o valor do interesse, ressalvadas as exceções previstas nesta Lei"; "Art. 90. A indenização não poderá exceder o valor da garantia, ainda que o valor do interesse lhe seja superior".
87. De forma equivalente, a Lei n. 15.040/2024 estipula que: "Art. 94. A seguradora sub-roga-se nos direitos do segurado pelas indenizações pagas nos seguros de dano".
88. A Lei n. 15.040/2024 adota a terminologia "seguros sobre a vida e a integridade física", tratando do tema entre os artigos 112 a 124.
89. Semelhante previsão consta da Lei n. 15.040/2024: "Art. 112. Nos seguros sobre a vida e a integridade física, o capital segurado é livremente estipulado pelo proponente, que pode contratar mais de um seguro sobre o mesmo interesse, com a mesma ou com diversas seguradoras".
90. Nos termos da Lei n. 15.040/2024: "Art. 122. Os capitais segurados devidos em razão de morte ou de perda da integridade física não implicam sub-rogação, quando pagos, e são impenhoráveis".
91. Tal vedação, quanto aos seguros de dano, decorre da proibição, constante do artigo 778 do Código Civil, de que a garantia prometida não pode ultrapassar o valor do interesse segurado. Por tal razão, inclusive, o artigo 782, do Código Civil, determina que: "O segurado que, na vigência do contrato, pretender obter novo seguro sobre o mesmo interesse, e contra o mesmo risco junto a outro segurador, deve previamente

em se tratando de seguro de pessoas (conforme expressamente previsto no artigo 789 do Código Civil).[92]

Cosseguro: consiste o cosseguro na prática de, em um mesmo contrato, diferentes seguradoras dividirem a responsabilidade por eventual indenização, assumindo uma cota do risco total e recebendo parte do prêmio. Tal medida, que deve contar com a concordância do segurado, se justifica quando, em se tratando de um risco de grandes proporções (tal como, por exemplo, em relação a uma planta industrial), as seguradoras optarem por fracionar a responsabilidade entre si perante o segurado, como forma de pulverizar a distribuição de risco e diminuir a exposição individual. Uma das seguradoras será a líder, que administrará o contrato e representará as demais.[93]

Resseguro: diante do objetivo de pulverização e distribuição de risco, é possível às seguradoras repassar parcelas de risco a outras entidades, designadas como resseguradoras. O resseguro busca evitar que uma concentração de riscos em uma seguradora inviabilize o pagamento de indenizações, especialmente em casos de grandes catástrofes, em que um grande número de sinistros ocorre ao mesmo tempo. O resseguro também possibilita à seguradora transferir riscos que não deseja manter em sua carteira[94-95].

---

comunicar sua intenção por escrito ao primeiro, indicando a soma por que pretende segurar-se, a fim de se comprovar a obediência ao disposto no art. 778". Semelhante situação ocorre na Lei n. 15.040/2024, conforme os anteriormente citados artigos 89 e 90.

92. A Lei n. 15.040/2024 utiliza a nomenclatura "seguro cumulativo", definindo-o da seguinte maneira: "Art. 36. Ocorre seguro cumulativo quando a distribuição entre várias seguradoras for feita pelo segurado ou pelo estipulante por força de contratações independentes, sem limitação a uma cota de garantia".

93. A figura do cosseguro é definida no artigo 33 da Lei n. 15.040/2024: "Art. 33. Ocorre cosseguro quando 2 (duas) ou mais seguradoras, por acordo expresso entre si e o segurado ou o estipulante, garantem o mesmo interesse contra o mesmo risco, ao mesmo tempo, cada uma delas assumindo uma cota de garantia".

94. O resseguro é definido no artigo 60 da Lei n. 15.040/2024: "Art. 60. Pelo contrato de resseguro, a resseguradora, mediante o pagamento do prêmio equivalente, garante o interesse da seguradora contra os riscos próprios de sua atividade, decorrentes da celebração e da execução de contratos de seguro".

95. Note-se que o cosseguro e o resseguro são tratados atualmente na Lei Complementar n. 126, de 2007, e passarão também a ter disposições na Lei n. 15.040/2024.

28
CONTRATOS SOCIETÁRIOS

28.1 ASPECTOS GERAIS DE DIREITO SOCIETÁRIO

As sociedades representam figura de extrema importância para o exercício de atividades empresariais. Por tal razão, o direito disponibiliza diferentes tipos societários, destinados a atender a necessidades diversas dos empreendedores.

Na atualidade, as sociedades encontram-se disciplinadas no Código Civil. Em específico, interessa a este trabalho o rol de sociedades de natureza empresária (que serão chamadas simplesmente de "sociedades empresárias"), dotadas de personalidade jurídica, e ainda a sociedade em conta de participação – SCP que, embora seja qualificada como sociedade pelo Código Civil, é entidade não personificada, mas que, não obstante tal característica, se presta a viabilizar importantes negócios em razão de sua estrutura peculiar. A SCP, de características distintas, será foco de explicação mais adiante, em tópico próprio, sendo as considerações gerais adiante apresentadas destinadas, especificamente, às sociedades empresárias personificadas.

O rol de sociedades empresárias, dotadas de personalidade jurídica, se encontra no Código Civil, entre os artigos 1.039 até 1.092, correspondendo a cinco espécies de sociedades: (i) a sociedade em nome coletivo (disciplinada nos artigos 1.039 a 1.044), (ii) a sociedade em comandita simples (disciplinada nos artigos 1.045 a 1.051), (iii) a sociedade limitada (disciplinada nos artigos 1.052 a 1.087), (iv) a sociedade anônima (prevista nos artigos 1.088 e 1.089 do Código, sendo que o último determina sua regência por lei especial, no caso a Lei n. 6.404/1976) e (v) a sociedade em comandita por ações (prevista nos artigos 1.090 a 1.092 do Código, além das regras da Lei n. 6.404/1976).

Tais tipos societários têm, em comum, o fato de serem pessoas jurídicas, aspecto que apresenta grande relevância no meio empresarial. Isso porque, elas possuem a característica da autonomia patrimonial da sociedade em relação a seus sócios, elemento que desempenha relevante função econômica, conforme destacado no artigo 49-A do Código Civil, bem como em seu respectivo parágrafo único:

> Art. 49-A. A pessoa jurídica não se confunde com os seus sócios, associados, instituidores ou administradores.

Parágrafo único. A autonomia patrimonial das pessoas jurídicas é um instrumento lícito de alocação e segregação de riscos, estabelecido pela lei com a finalidade de estimular empreendimentos, para a geração de empregos, tributo, renda e inovação em benefício de todos.

Logo, a pessoa jurídica empresária permite a criação de uma unidade negocial independente, que possui distinção patrimonial em relação aos sócios (e seus respectivos patrimônios), possibilitando a segregação de riscos, divisão de linhas de negócios, e consequentemente facilitando a organização da atividade empresarial. Portanto, a pessoa jurídica é um dos instrumentos mais relevantes para se viabilizar a estruturação de um negócio, ao permitir concentrar, nela (sociedade personificada), um centro de interesses distinto, com seus respectivos direitos e obrigações próprios. Note-se que essa característica, da autonomia patrimonial, está presente nas cinco sociedades personificadas anteriormente mencionadas.

Mas, à característica da autonomia patrimonial, é possível agregar um outro instituto, que é o da limitação da responsabilidade patrimonial subsidiária dos sócios, e que tem por função estabelecer um limite de perdas a serem suportadas pelos sócios na hipótese de insucesso do negócio, limite esse que se modifica a depender do tipo societário em análise.

De fato, essa diferença entre os graus de responsabilidade subsidiária dos sócios, por dívidas sociais, representa uma das grandes distinções entre os tipos societários, e é o que justifica a ampla utilização de sociedades limitadas e sociedades anônimas, em detrimento das outras três espécies.

Isso porque, enquanto a sociedade em nome coletivo impõe responsabilidade patrimonial ilimitada a todos os seus sócios[96], e as sociedades em comandita (tanto simples quanto por ações) dividem o patamar de responsabilidade entre duas classes de sócios (parcela com responsabilidade ilimitada, e outra com responsabilidade limitada[97]), a sociedade anônima e a sociedade limitada representam os únicos tipos societários empresariais que permitem conjugar a autonomia patrimonial com a limitação da responsabilidade subsidiária para todos os sócios, o que as torna muito mais interessante aos empreendedores[98].

---

96. Vide o *caput* do artigo 1.039 do Código Civil: "Art. 1.039. Somente pessoas físicas podem tomar parte na sociedade em nome coletivo, respondendo todos os sócios, solidária e ilimitadamente, pelas obrigações sociais".

97. Vide o *caput* dos artigos 1.045 (referente à sociedade em comandita simples) e 1.091 (referente à sociedade em comandita por ações): "Art. 1.045. Na sociedade em comandita simples tomam parte sócios de duas categorias: os comanditados, pessoas físicas, responsáveis solidária e ilimitadamente pelas obrigações sociais; e os comanditários, obrigados somente pelo valor de sua quota."; "Art. 1.091. Somente o acionista tem qualidade para administrar a sociedade e, como diretor, responde subsidiária e ilimitadamente pelas obrigações da sociedade".

98. Constata-se que a conjugação dos institutos da autonomia patrimonial, com a limitação da responsabilidade subsidiária, tal como ocorre nas S/A e nas LTDA, é um benefício concedido propositalmente pela legislação para incentivar o empreendedorismo e a atividade econômica. Entretanto, tal incentivo não é dado sem ressalvas. Ele exige, por parte dos sócios, uma atuação regular, no sentido de observarem habitualmente a separação patrimonial, bem como não utilizar a estrutura da pessoa jurídica de forma desvirtuada, para

Nesse sentido, para a sociedade limitada vale a regra de responsabilidade dos sócios disposta no *caput* do artigo 1.052 do Código Civil:

> Art. 1.052. Na sociedade limitada, a responsabilidade de cada sócio é restrita ao valor de suas quotas, mas todos respondem solidariamente pela integralização do capital social.

Para a sociedades anônima (também denominada de "companhia"), é aplicável a regra de responsabilidade prevista no artigo 1.088 do Código Civil, bem como replicada no artigo 1° da Lei n. 6.404/1976:

> Art. 1.088. Na sociedade anônima ou companhia, o capital divide-se em ações, obrigando-se cada sócio ou acionista somente pelo preço de emissão das ações que subscrever ou adquirir.
>
> Art. 1° A companhia ou sociedade anônima terá o capital dividido em ações, e a responsabilidade dos sócios ou acionistas será limitada ao preço de emissão das ações subscritas ou adquiridas.

Assim, se constata que, na prática, a escolha dos empreendedores, no campo do direito societário, recai tradicionalmente sobre essas duas sociedades[99], sendo que, consequentemente, uma ampla gama de contratos podem ser celebrados envolvendo tais figuras.

28.1.1 Utilizações estratégicas das sociedades empresárias personificadas: *holding*, sociedade de propósito específico (SPE) e *joint venture*

Como visto acima, os tipos societários empresariais dotados de personalidade jurídica possuem relevante função no universo negocial, permitindo uma melhor organização das atividades econômicas, bem como a adoção de mecanismos mais eficientes de segregação de riscos e atividades, em especial através do uso de sociedades limitadas e sociedades anônimas.

Tal expediente, portanto, é vastamente utilizado por empreendedores, que buscam assim desvincular seu risco ao da sociedade, que será, como pessoa jurídica, a exercente direta da atividade empresarial.

Contudo, a característica da autonomia patrimonial, bem como a respectiva segregação de linhas de negócios e riscos, propiciada pela pessoa jurídica, permite também o uso de tal figura para algumas estratégias negociais mais peculiares, como é o caso das sociedades "*holdings*", das "sociedades de propósito específico – SPE" e das "*joint ventures*". Veja-se que, nestas situações, não se tratam tais figuras de

---

prejudicar a terceiros. Assim, o sócio que observa tais ressalvas, tem direito, em caso do insucesso do negócio, a ver suas perdas limitadas em razão de tal benefício. Mas, por outro lado, o sócio que faz mau uso de tal estrutura, poderá vir a ter sua responsabilidade ampliada, em razão do instituto da desconsideração da personalidade jurídica, na forma do artigo 50 do Código Civil, ou de previsão de lei especial, se aplicável ao caso.

99. Ressalvada também a utilização de sociedades em conta de participação – SCP, que se destinam a finalidade diversa, em razão de sua estrutura não personificada, que será explicada adiante.

tipos distintos de sociedades, mas apenas funções que são atribuídas às sociedades tradicionais em razão de diferentes necessidades empresariais.

Portanto, nesse contexto, os usos estratégicos são adaptados aos cinco tipos societários empresariais disponibilizados pela legislação, embora, na prática, a escolha recaia normalmente sobre sociedades limitadas e sociedades anônimas.

Assim, nesses três casos mencionados (*holding*, SPE e *joint venture*), não existirá um novo tipo de sociedade, mas sim uma sociedade empresária normal, escolhida entre os tipos disponíveis no Código Civil, mas que contará com características individuais específicas em razão da situação peculiar para a qual foi estruturada no caso em concreto. Diante disso, façamos alguns comentários referentes a cada um desses usos estratégicos:

Sociedade *holding*: é considerada como *holding* uma sociedade que tenha por objeto social a participação em outras sociedades, possuindo percentual de quotas ou ações que lhe confira o controle das sociedades que lhe são subordinadas. Desta forma, a sociedade utilizada como *holding* desempenha uma função de sociedade de controle, no contexto de um grupo de sociedades. Note-se, inclusive, que a expressão "*holding*" deriva do termo em inglês "*hold*", no sentido de possuir, manter, sendo assim a referida sociedade uma pessoa jurídica dedicada a possuir participação societária controladora em outras sociedades.

No entanto, reitere-se não ser, a *holding*, um tipo societário, mas sim uma função estratégica atribuída a uma sociedade, definida pelo objeto social. Logo, poderá servir a tal função qualquer dos tipos de sociedade empresária personificada, embora, na prática, o costume é a utilização de sociedades limitadas e sociedades anônimas.

Mediante tal estratégia negocial, é possível integrar o comando de um grupo societário em uma única sociedade controladora, de modo que o sócio controlador da *holding* será, por consequência, controlador indireto de todas as demais sociedades subordinadas integrantes do grupo.

Costuma-se dividir as sociedades de controle em (i) *holding* pura e (ii) *holding* mista. A *holding* pura seria destinada exclusivamente a exercer o controle de outras sociedades, através de participação societária, sem exercer diretamente nenhuma outra atividade operacional de índole industrial, comercial ou de serviços. Por outro lado, a *holding* mista exerce simultaneamente tanto o controle (em relação a outras sociedades) como atividades operacionais diretas[100].

Além das *holdings* existentes no universo dos grupos societários, deve-se destacar também uma variação de tal estratégia, que seria a figura denominada como

100. Note-se que, além das sociedades *holdings*, dedicadas a possuir o controle sobre outras sociedades, existem também sociedades empresárias que têm por função a participação societária em outras sociedades, mas sem a finalidade de exercer o controle, sendo consideradas sociedades de participação, visto que seu objeto envolve a participação (sem controlar), na condição de investidora.

"*holding* patrimonial". Ela indica a ideia de usar da autonomia patrimonial da sociedade para separar os bens dos sócios em entidade distinta. No entanto, difere-se que nesse caso o objeto social envolve a administração de bens, normalmente em um contexto de planejamento tributário ou sucessório de membros de uma família.

Sociedade de propósito específico – SPE: corresponde, tal figura, à utilização de um tipo normal de sociedade (em regra sociedade limitada ou sociedade anônima), que tem por distinção estratégica a delimitação do objeto social a uma finalidade determinada (daí decorrendo o seu "propósito específico"). Portanto, o que caracteriza tal estratégia é a utilização da autonomia patrimonial de uma sociedade para isolar um determinado negócio, tendo a referida sociedade destinação específica a uma única função ou empreendimento, delimitando o respectivo risco de outros negócios exercidos por sociedades distintas.

Deste modo, atribuindo uma atividade a uma sociedade de destinação específica, isola-se referida atividade dentro da sociedade, e evita-se o risco de contágio quanto a seus riscos em relação a outros negócios. É o caso, amplamente utilizado no setor imobiliário, em que construtoras constituem sociedades "SPE" diversas destinadas, cada uma, a um empreendimento imobiliário determinado, obtendo assim segregação de riscos entre diversos empreendimentos realizados simultaneamente. Com o uso da estratégia da SPE, que será titular da obra e centralizará recebimentos e pagamentos, obtém-se um isolamento patrimonial, buscando evitar a contaminação, quanto a possíveis riscos, em relação à sociedade construtora, bem como por seus outros empreendimentos.

Além do setor imobiliário, a estratégia com SPE é útil em diversos outros contextos negociais, tal como para operações de financiamento, operações de securitização de recebíveis, parcerias público-privadas (vide a Lei n. 11.079/2004, em seu artigo 9º), no contexto de recuperação judicial (vide a Lei n. 11.101/2005, que elenca tal figura no artigo 50, XVI, como meio de recuperação), entre outras possibilidades.

Joint venture: tal como nas estratégias anteriores, a "*joint venture*" igualmente não representa um tipo societário, mas uma estratégia negocial visando formalizar uma associação empresarial. Em se tratando de *joint venture* societária[101], teremos a utilização de uma nova sociedade empresária (em regra sociedade limitada ou anônima) que formaliza a associação entre pessoas (normalmente duas sociedades empresárias, que costumam dividir o capital da nova sociedade em partes iguais), visando o exercício de um negócio em comum, mediante integração de esforços de

101. É reconhecida, também, na literatura jurídica, a possibilidade de se viabilizar uma *joint venture* de base contratual, não societária, para formalizar a associação. Nesse sentido, explica Maristela Basso: "a *non corporate joint venture* ou *joint venture* contratual, como é chamada no Brasil, caracteriza-se por ser uma associação de interesses em que os riscos são compartilhados, porém não se forma uma pessoa jurídica e, em geral, não existe uma contribuição de capitais". No entanto, como ressalva a autora, "não resta dúvida de que as *joint ventures* societárias (*corporate*) possuem uma estrutura mais rígida e, por conseguinte, implicam um grau de compromisso maior entre as partes envolvidas" (conforme BASSO, Maristela. *Joint ventures*: manual prático das associações empresariais. 3. ed. Porto Alegre: Livraria do Advogado, 2002, p. 43-44 e 46).

todas as partes envolvidas. Assim, nessa lógica conceitual, a nova sociedade acolhe os sócios envolvidos, sendo que nenhum deles costuma ser mero investidor, dado que todos desempenham participação ativa no negócio.

Nesses moldes, a ideia da *joint venture* é associar diferentes pessoas, que manterão sua individualidade, e que tenham características complementares, de modo a permitir uma atuação conjunta em um determinado nicho de mercado. Seria o caso, por exemplo, da associação entre uma sociedade brasileira e outra estrangeira, em que a brasileira contribuísse com capital, seu conhecimento de mercado, sua rede de representantes, ao passo que a sócia estrangeira contribuiria com capital, transferência de tecnologia, licenciamento de marcas, entre outros aspectos, de modo que a junção de atributos das sócias permite uma atuação mais eficiente, viabilizando explorar novos ramos, mediante atuação efetiva de ambas as sócias na administração do negócio. Daí decorre, inclusive, a própria nomenclatura *joint venture*, que em tradução livre significaria uma "aventura conjunta".

Mas reitere-se que a nova sociedade, dedicada a viabilizar a estratégia de associação, apenas une os sócios para exploração daquele negócio específico ao qual se destina, não se confundindo, portanto, com operações de fusão, incorporação ou outras equivalentes. Fora de tal contexto, portanto, cada um dos sócios mantém sua autonomia, bem como sua atuação no exercício de outras atividades individuais.

28.1.2 Os contratos societários no contexto da atividade empresarial

A quantidade de possíveis contratos envolvidos no âmbito do direito societário é bem extensa, em razão das diversas demandas negociais. São contratos utilizados para viabilizar a própria constituição da sociedade, o relacionamento dos sócios, operações de fusões e aquisições, parcerias entre sociedades, entre tantos elementos. Ademais, novos tipos contratuais podem ser criados, a partir da liberdade contratual e da possibilidade de celebração de contratos atípicos, o que permite uma constante ampliação do rol. Por isso, nos tópicos adiante, centraremos nossa atenção em alguns desses contratos societários, que consideramos os mais tradicionais e relevantes, quais sejam, os relacionados aos atos constitutivos dos tipos societários mais utilizados, os acordos de sócios e os consórcios societários.

28.2 CONTRATO SOCIAL DE SOCIEDADE LIMITADA

28.2.1 Conceito

O contrato social corresponde ao tipo contratual pelo qual os sócios[102] de uma sociedade limitada constituem a referida pessoa jurídica, acarretando no surgimento

102. Cabe relembrar que, desde o ano de 2019, passou-se a admitir também a constituição de sociedades limitadas em situação de unipessoalidade permanente. Tal aspecto será explorado mais adiante, em tópico integrante das características gerais.

de um novo sujeito de direito, criado com o objetivo de exploração de atividade econômica e finalidade lucrativa, sendo ainda que por meio do referido contrato os sócios se obrigam a contribuir para o exercício da referida atividade[103].

28.2.2 Função

Trata-se de contrato plurilateral, em que o interesse dos sócios é convergente, e busca a colaboração comum para viabilizar o exercício de determinada atividade econômica, a ser realizada através da pessoa jurídica constituída pelo próprio contrato. Representa tal figura importantíssima ferramenta para o empreendedorismo, visto que hoje a sociedade limitada é utilizada para uma ampla diversidade de negócios, que abrangem desde os mais simples, até empreendimentos de grande envergadura. Ademais, ela permite também o empreendedorismo coletivo (através de uma pluralidade de sócios), como também o empreendedorismo individual, quando possuir sócio único, detentor da integralidade do capital social. Não à toa, representa o principal tipo societário em uso no Brasil[104].

28.2.3 Legislação

A sociedade limitada está disciplinada no Código Civil, entre os artigos 1.052 e 1.087, sendo que a figura do contrato social é tratada exclusivamente pelo artigo 1.054. No entanto, em se tratando de sociedade limitada de natureza empresária[105], devem ser consideradas também as normas da legislação que disciplina o registro empresarial (Lei n. 8.934/1994), bem como o Decreto n. 1.800/1996, que regulamenta referida lei, por apresentarem alguns requisitos para arquivamento de contratos sociais nas Juntas Comerciais. E ainda, devem ser observadas as disposições normativas do DREI – Departamento Nacional de Registro Empresarial e Integração, quanto às regras de registro da referida sociedade (sendo, na atualidade, a Instrução Normativa n. 81, de 2020, da qual consta, como anexo, o "Manual de registro de sociedade limitada", que define regras detalhadas para orientar o registro de sociedades limitadas nas Juntas Comerciais).

Nesse sentido, portanto, dado o objetivo da presente obra, todas as referências deste tópico serão em relação às sociedades limitadas de natureza empresária (e

---

103. Relembre-se que o contrato social também é ato constitutivo de outros tipos societários, tal como da sociedade em nome coletivo, da sociedade em comandita simples e da sociedade simples. Mas, pelo enfoque do presente capítulo, o tema será tratado somente no que envolve a sociedade limitada empresária.

104. Conforme dados do DREI, em meados do ano de 2023 existiam mais de seis milhões de sociedades limitadas ativas no Brasil.

105. Cabe ressalva de que a sociedade limitada pode ter também a natureza de sociedade simples, conforme possibilidade constante do artigo 983 do Código Civil, hipótese em que se destinará ao exercício de atividade não empresária, e por consequência terá seu registro perante o Registro Civil das Pessoas Jurídicas (vide artigo 1.150 do Código Civil).

que se destinam, portanto, ao exercício de atividade econômica organizada para a produção ou circulação de bens ou de serviços, visando lucro para seus sócios).

28.2.4 Características gerais

Representa o contrato social o documento principal que envolve a sociedade limitada, por se tratar de acordo que cria a própria sociedade, bem como estabelece direitos e obrigações para os sócios. A seu respeito, podem ser elencadas diversas características:

Forma do contrato: em se tratando de sociedade limitada empresária, o contrato social deve ter necessariamente a forma escrita, que permita seu respectivo arquivamento perante a Junta Comercial. Por tal razão, inexiste possibilidade de contrato verbal, pois nessa hipótese seria considerada uma sociedade em comum (vide artigo 986 do Código Civil), na medida em que o surgimento da sociedade limitada, bem como sua respectiva personalidade jurídica, decorre do registro do contrato social no órgão competente, nos exatos termos dos artigos 985 e 1.150 do Código Civil.

Ainda quanto à forma, cabe observar que o instrumento escrito pode ser particular ou público, sendo que independente de sua forma originária, eventuais alterações futuras não precisam seguir o mesmo formato.

Registro do contrato: uma vez celebrado pelos sócios, o contrato social deverá ser levado a registro nos trinta dias contados de sua assinatura (vide o artigo 36 da Lei n. 8.934/1994), o que permitirá a personificação da sociedade (vide artigo 985 do Código Civil), bem como o exercício de suas atividades de forma regular.

Quantidade de sócios: a sociedade limitada comporta, na atualidade, um ou mais sócios, que deverão figurar do contrato social. Tal situação é bastante recente no Brasil, dado que, quando da criação do referido tipo societário, em 1919, através do Decreto n. 3.708, tomou-se por pressuposto a existência de pluralidade de sócios, ou seja, impunha-se um mínimo de dois sócios para sua constituição, embora sem prever limite máximo. Tal situação se manteve mesmo com o advento do Código Civil de 2002, que, embora tenha imposto grande modificação ao regime deste tipo societário, manteve a característica da pluralidade de sócios. E somente após um século de sua existência, em 2019, é que o Código foi alterado, no sentido de admitir que a sociedade limitada possa ser constituída ou mantida com apenas um sócio, abandonando a exigência da pluralidade. Note-se que que tal medida, instituída para incentivar o empreendedorismo individual, não criou novo tipo societário, mas apenas modificou as regras da tradicional sociedade limitada, para alterar a quantidade mínima de sócios, o que foi previsto no parágrafo 1º do artigo 1.052, ao dispor que a sociedade limitada pode ser constituída por uma ou mais pessoas. Nesse caso, de constituição em situação unipessoal, o sócio único celebrará individualmente o ato constitutivo, o que cria um cenário diverso em relação a um quadro em que figurem mais de um sócio. Por tal razão, o parágrafo 2º do artigo 1.052 estipula que, em caso de situação de unipessoalidade, "aplicar-se-ão ao documento de constituição do sócio único, no que couber, as disposições sobre o contrato social".

Observe-se, ainda, que por ser a unipessoalidade uma situação da sociedade, nada impede que, constituída de forma unipessoal, posteriormente sejam admitidos novos sócios, passando a uma situação pluripessoal, bem como é igualmente possível o inverso, em que, estando pluripessoal, a sociedade venha a adotar a situação de unipessoalidade. Essa flexibilidade, inclusive, representa hoje mais um dos atrativos deste tipo societário aos empreendedores.

Conteúdo do contrato social: tomando por base as regras aplicáveis à sociedade limitada de natureza empresária, é possível constatar que o contrato social deverá possuir um rol mínimo de cláusulas obrigatórias (necessárias para permitir o registro do contrato perante a Junta Comercial), além da possibilidade de adoção de outras cláusulas facultativas, a critério dos sócios.

Assim, conforme tais referências, são consideradas cláusulas obrigatórias, na atualidade: a identificação do nome empresarial da sociedade (firma ou denominação, podendo ainda a sociedade optar por utilizar o número de inscrição no Cadastro Nacional da Pessoa Jurídica – CNPJ como nome empresarial, seguido da partícula identificadora do tipo societário); cláusula indicativa do tipo societário; cláusula indicando o endereço da sede, bem como o das filiais, se existentes; cláusula descritiva do objeto social; cláusula indicando o prazo de duração da sociedade; cláusula que informe o capital social, bem como a quota de cada sócio, a forma e o prazo de integralização (cabendo destacar que, neste tipo societário, todos os sócios devem contribuir para o capital, sendo vedada a participação em troca de serviços); cláusula que indique o(s) administrador(es), bem como seus poderes e atribuições; cláusula que informe a data de encerramento do exercício social (quando não coincidente com o ano civil); cláusula que indique a participação dos sócios nos resultados; e cláusula de solução de conflitos (indicação de foro ou cláusula compromissória de arbitragem).

Além do rol mínimo de cláusulas necessárias, poderão os sócios estabelecer ainda diversas outras convenções, facultativas, dentre as quais podemos exemplificar: cláusula que discipline a forma de deliberação de sócios (optando por assembleia ou reunião de sócios); cláusula que indique a regência supletiva, da sociedade, pelas normas da sociedade anônima; cláusula que autorize exclusão extrajudicial de sócio; cláusula disciplinadora de cessão de quotas; entre outras possibilidades disponíveis aos sócios.

Alteração do contrato social: o contrato social, por prever um trato que se perpetua no tempo, é acordo passível de ser alterado, conforme as necessidades negociais e o interesse dos sócios. Nesse caso, as modificações deverão ser feitas por escrito, com a providência do respectivo arquivamento perante a Junta Comercial.

28.3 ESTATUTO SOCIAL DE SOCIEDADE ANÔNIMA

28.3.1 Conceito

Em se tratando de sociedades por ações[106], como é o caso da sociedade anônima, o ato constitutivo é um estatuto social, que corresponde à norma interna[107] da sociedade, dispondo sobre as regras gerais relevantes ao seu funcionamento. Não se trata, assim, de um contrato social, documento esse inexistente para a sociedade anônima.

28.3.2 Função

A sociedade anônima é tipo societário que pode comportar número muito grande de acionistas, o que se nota especialmente nos casos em que a companhia possui capital aberto, e tem seus valores mobiliários negociados publicamente no mercado de capitais. Logo, nesse contexto, grandes companhias possuem um perfil bastante impessoal, e o estatuto social se apresenta como instrumento adequado a permitir a disciplina de interesses gerais e abstratos relacionados à sociedade, bem como a balizar regras que afetam a acionistas em geral, mesmo diante de frenéticas negociações no mercado acionário, o que leva a uma constante modificação do quadro social, decorrente de ingressos e saídas de sócios, sem que o estatuto tenha necessidade de sofrer alterações reiteradas. Portanto, é documento compatível a essa sistemática da sociedade, em que novos acionistas aderem a seus termos preestabelecidos, e eventuais modificações ao estatuto decorrerão de deliberações em assembleias gerais.

28.3.3 Legislação

A sociedade anônima está prevista no Código Civil, entre os artigos 1.088 e 1.089, sendo que o artigo 1.088 destaca sua característica principal (a responsabilidade dos acionistas), enquanto o 1.089 remete o tema a lei especial, no caso a Lei n. 6.404/1976. O tema do estatuto social, especificamente, é tratado de forma ampla no artigo 83 desta lei especial (que determina que referido documento, que conterá as normas pelas quais se regerá a companhia, deverá atender aos requisitos

106. Destaque-se que os termos "sociedades por ações" e "sociedade anônima" não são equivalentes, mas representam, respectivamente, gênero e espécie. O gênero "sociedade por ações" abrange as diversas espécies societárias que têm o capital social fracionado em ações, o que corresponde, na legislação, à sociedade anônima e à sociedade em comandita por ações. Logo, a sociedade anônima (ou também chamada companhia) é um tipo societário específico que, por ter seu capital fracionado em ações, integra o gênero das sociedades por ações.

107. José Edwaldo Tavares Borba destaca que "constitui o estatuto a lei interna da sociedade, funcionando como corpo normativo da atuação social e como instrumento de polarização dos acionistas, através da definição de seus direitos e obrigações" (vide BORBA, José Edwaldo Tavares. *Direito societário*. 18. ed. São Paulo: Atlas, 2021, p. 227).

exigidos para os contratos das sociedades empresárias em geral, além de aspectos peculiares às companhias).

Ainda sobre o estatuto, devem ser consideradas também as normas da legislação que disciplina o registro empresarial (Lei n. 8.934/1994), bem como o Decreto n. 1.800/1996, que regulamenta referida lei, e também as disposições normativas do DREI – Departamento Nacional de Registro Empresarial e Integração, quanto às regras de registro da referida sociedade (sendo, na atualidade, a Instrução Normativa n. 81, de 2020, da qual consta, como anexo, o "Manual de registro de sociedade anônima", que define regras detalhadas para orientar o registro de tais sociedades nas Juntas Comerciais).

28.3.4 Características gerais

O estatuto social, como regra maior da sociedade anônima, apresentará as normas internas da companhia, reguladoras de seu funcionamento, e que devem estar de acordo com a legislação, a ordem pública e os bons costumes.

Conteúdo do estatuto: conforme a legislação anteriormente indicada, o estatuto social deverá apresentar os seguintes elementos mínimos, em grande parte comuns aos dos contratos sociais, acrescidos de peculiaridades das sociedades anônimas: o nome empresarial (denominação da sociedade, podendo também tal nomenclatura ser substituída pelo número de inscrição no CNPJ – Cadastro Nacional da Pessoa Jurídica, seguido da partícula identificadora do tipo societário); o prazo de duração da sociedade; a sede (admitindo-se, também, que o estatuto apenas indique o munícipio da sede, hipótese em que o endereço completo deverá constar da ata de constituição da sociedade); o objeto social (que pode ser qualquer empresa de fim lucrativo, destacando-se ainda que, qualquer que seja o objeto, a sociedade terá natureza empresária); o capital social, expresso em moeda nacional, mencionando também o número de ações em que se divide o capital, suas respectivas espécies[108], classes de ações, se terão valor nominal ou não, forma nominativa e, se houver, atribuição de voto plural (com as respectivas regras); a previsão de regras da diretoria, indicando a composição (observado o mínimo de um), ou os limites mínimos e máximos permitidos para o órgão, além de indicar o modo de sua substituição, o prazo de gestão (não superior a três anos, permitida a reeleição) e as atribuições e poderes de cada diretor; em havendo conselho de administração[109], deverá ser indicado o número de conselheiros (mínimo de três), ou os limites (mínimo e máximo) de composição do órgão, além do processo de escolha e substituição do presidente, o modo de substituição dos conselheiros, o prazo de gestão (não superior a três

108. Em existindo ações preferenciais, que são facultativas, o estatuto deverá indicar as vantagens e restrições a que estarão sujeitas.

109. O conselho de administração, como regra, é órgão facultativo na sociedade anônima, sendo exigido por lei somente em casos de sociedades de economia mista, companhias de capital aberto e companhias que adotem capital autorizado.

anos) e normas sobre convocação, instalação e funcionamento do órgão; previsão do conselho fiscal, indicando se o funcionamento será ou não permanente, bem como o número de membros; e o término do exercício social[110].

Reforma do estatuto: o estatuto social é um instrumento mais estável, no sentido de que o ingresso e saída de sócios não impactam em modificação do documento. De fato, novos sócios que venham a integrar a sociedade deverão aderir às disposições constantes do estatuto. No entanto, é certo que existe a possibilidade de reforma estatutária, sendo tal poder atribuído privativamente à assembleia geral.

28.4 ACORDO DE SÓCIOS

28.4.1 Conceito

Tratam-se os acordos de sócios de contratos celebrados entre alguns ou todos os sócios de uma determinada sociedade, e pelo qual os signatários estipulam, entre si, direitos e obrigações relacionados à convivência social, para além daqueles aspectos já definidos no ato constitutivo da sociedade. Note-se ainda tratar-se de contrato societário opcional, cuja celebração depende do interesse e conveniência dos sócios, mas que pode ser de grande valia estratégica na condução dos negócios sociais.

28.4.2 Função

Os acordos de sócios correspondem a contratos parassociais, dado que dependem da existência de uma sociedade a que se referem. Nesse contexto, podem ser destinados a diversas finalidades, tal como regular exercício de direito de voto em uma sociedade (gerando influência nas deliberações sociais), assegurar preferência na negociação de quotas ou ações dos signatários, estipular direitos de saída conjunta do negócio, entre várias outras possibilidades.

Logo, dadas tais características, possuem grande relevância, por exemplo, em companhias abertas, para organizar as relações entre os acionistas que formam o grupo controlador, de modo que alguns sócios, que individualmente não teriam condições de controlar a sociedade, vinculam-se a um acordo que lhes permite interagir em bloco, de forma estável, passando a controlar a sociedade; é também cabível a alguns sócios minoritários, que desejam formar grupo para reforço de suas posições; bem como em *joint ventures*, em que, frente à equivalência no capital, dois sócios disciplinam minuciosamente o relacionamento através de tais acordos parassociais, estipulando poderes, divisão de cargos, distribuição de resultados; sendo ainda tal modalidade contratual aplicável a outras situações em que tal vínculo se mostra estrategicamente conveniente no contexto de uma relação societária.

---

110. Havendo, no estatuto, disposição que preveja aumento de quórum para deliberações, deverá ser indicado o percentual e as matérias sujeitas.

Por fim, destaque-se que o termo acordo de sócios é uma expressão representativa de um gênero, que comporta como espécies os acordos de acionistas (aplicáveis a sociedades que tenham o capital fracionado em ações, tal como a sociedade anônima), e os acordos de quotistas (aplicáveis a sociedades cujo capital é fracionado em quotas, como é o caso da sociedade limitada).

28.4.3 Legislação

Os acordos de sócios pautam-se, primeiramente, na liberdade de contratar, não podendo contrariar a lei e os atos constitutivos da sociedade.

No entanto, para as sociedades por ações, eles possuem disciplina específica, constante do artigo 118 da Lei n. 6.404/1976. Para as sociedades contratuais, inexiste previsão própria em lei, mas são admitidos, no âmbito da autonomia privada dos sócios. Inclusive, veja-se, nesse sentido, entendimento expressado na IV Jornada de Direito Civil do CJF – Conselho da Justiça Federal, que, no enunciado 384, estipulou que "nas sociedades personificadas previstas no Código Civil, exceto a cooperativa, é admissível o acordo de sócios, por aplicação analógica das normas relativas às sociedades por ações pertinentes ao acordo de acionistas".

28.4.4 Características gerais

Os acordos de sócios são contratos plurilaterais, que podem comportar um grande número de sócios, condicionados a um mínimo de dois (não sendo obrigatório, por evidente, a participação da totalidade dos sócios). São igualmente pactos parassociais, dado que dependem da existência da sociedade a que se referem, sendo, portanto, um pacto em paralelo, podendo adotar prazo determinado ou indeterminado.

Quanto a seus objetivos, podem abranger uma amplitude de temas, vide os comentários de Rachel Sztajn: "A variedade das matérias objeto de acordos de sócios é, efetivamente, larga, podendo abranger desde voto – de forma ampla ou limitada – distribuição de resultados, preferência para aquisição de quota de qualquer sócio que desejar retirar-se, indicação de, ou veto a, administradores, ou o que mais possa compor interesses de grupos de membros da sociedade"[111]. Na prática, costumam envolver principalmente sócios que, detentores de posições societárias estratégicas, desejam organizar o exercício conjunto do controle, além de estabelecer outras disposições correlatas (como acordos de bloqueio e preferência quanto à negociação das respectivas participações societárias, além de cláusulas diversas, como as de saída conjunta, de arraste, de manutenção de posição societária, de outorga de opções etc.)[112]. Mas é tipo contratual que pode ser igualmente utilizado por sócios

111. Conforme SZTAJN, Rachel. Acordo de acionistas. in SADDI, Jairo (Org.). *Fusões e aquisições*: aspectos jurídicos e econômicos. São Paulo: IOB, 2002, p. 275.

112. É o caso das seguintes cláusulas, bastante comuns no universo societário, e frequentemente referidas por expressões em inglês: "*tag along*", "*drag along*", "*lock up*", "*put*" e "*call*". A cláusula conhecida como "*tag*

minoritários, com vistas a organizar movimentos de defesa de seus interesses e reforço de suas posições.

Embora possíveis em quaisquer das sociedades empresárias, nosso foco é sua aplicação nas sociedades anônimas e limitadas.

O acordo de sócios na sociedade anônima (acordo de acionistas): no contexto das sociedades anônimas, os acordos de acionistas possuem substancial relevância na composição de blocos de controle societário, frente ao que a lei reconhece grande força a tal pacto. Nesse sentido, o *caput* do artigo 118 da Lei n. 6.404/1976 dispõe que os acordos de acionistas que tratem sobre a compra e venda de ações da sociedade, preferência para adquiri-las, exercício de direito de voto ou do poder de controle societário deverão ser observados pela companhia quando arquivados na sua sede. Ou seja, impõe-se uma observância obrigatória da sociedade a tais contratos, desde que devidamente conhecidos (mediante o mencionado arquivamento[113]), além de serem oponíveis a terceiros quanto a obrigações ou ônus decorrentes de tais contratos, desde que averbados nos livros de registro e, se existentes, nos certificados das ações. Como consequência de tais previsões, a sociedade deve respeitar o conteúdo do acordo, inclusive, a lei estipula que o presidente da assembleia geral ou do órgão colegiado de deliberação não computará votos proferidos em infração a acordo de acionistas devidamente arquivado[114]. A força vinculante de tal pacto é tamanha, que a legislação igualmente possibilita a execução específica das obrigações assumidas entre seus signatários.

Note-se que o contrato pode tratar também de outros temas, além dos listados no *caput* do artigo 118, ainda que despidos de eficácia externa[115]. Por fim, cabe apontar que, embora seja contrato celebrado por sócios, são evidentes os impactos no funcionamento da sociedade, que poderá solicitar esclarecimentos sobre as cláusulas do acordo.

---

along", quando estipulada em acordo de sócios, assegura um direito de saída conjunta, em que sócios minoritários têm o direito de acompanhar o controlador na venda de sua posição societária. A cláusula de "*drag along*", por sua vez, gera um direito de arraste, pelo qual o sócio controlador, desejando alienar sua posição societária, pode obrigar os minoritários a vender juntamente também. Assim, enquanto o "*tag along*" é um direito dos minoritários, o "*drag along*" lhes impõe uma obrigação de venda, caso exercido pelo controlador. A cláusula "*lock up*", por seu turno, estipula um período de tempo em que as participações societárias dos signatários ficarão "travadas", ou seja, os contratantes se obrigam a manter sua participação em um determinado período, não as vendendo ou transferindo. As cláusulas "*put*" e "*call*" representam opções de uma parte frente a outra(s). A "*put*" permite ao titular o direito de obrigar a outra parte a comprar sua participação societária. Já a cláusula "*call*" permite ao titular obrigar o outro a lhe vender sua participação societária.

113. Na prática, é comum também que a sociedade figure no acordo como interveniente anuente, atestando ciência de seus termos.

114. Como observa Haroldo Malheiros Duclerc Verçosa, "tais acordos, quando referentes ao direito de voto, podem ser exercidos nas deliberações da assembleia geral, do conselho de administração e da diretoria, quando esta deva manifestar-se de forma coletiva, segundo os termos do contrato social ou do estatuto" (vide VERÇOSA, Haroldo Malheiros Duclerc. *Direito Comercial 2*: sociedades – teoria geral do direito societário. 4. ed. São Paulo: Dialética, 2022, p. 232).

115. Nesse sentido, VERÇOSA, Haroldo Malheiros Duclerc. *Direito Comercial 2*: sociedades – teoria geral do direito societário. 4. ed. São Paulo: Dialética, 2022, p. 231.

O acordo de sócios na sociedade limitada (acordo de quotistas): embora o contrato social possibilite diversos acordos entre os sócios, tal instrumento não esgota as possibilidades negociais, que podem envolver todos ou alguns dos sócios, os quais podem desejar compor-se acerca de outros temas, em instrumento apartado ao ato constitutivo. Assim, na sociedade limitada, o acordo de sócios, mais propriamente denominado como acordo de quotistas, é figura que, embora não prevista expressamente na legislação, é admissível e de corriqueira utilização, para tratar de temas diversos, à semelhança aos mencionados para as sociedades anônimas, tal como exercício de voto e de poder de controle, transferência de quotas, administração, entre outros aspectos de interesse dos signatários.

Apesar da possibilidade de utilização do referido contrato em quaisquer sociedades limitadas, decorrente da liberdade de contratar das partes, para maior segurança, dada a omissão legal quanto ao tema, podem os sócios estipular, no contrato social, previsão de aplicação supletiva das regras das sociedades anônimas (conforme constante do parágrafo único do artigo 1.053 do Código Civil). Ainda, o acordo poderá ser levado a registro perante a Junta Comercial, por se tratar de ato de interesse da sociedade empresária (vide artigo 32, II, "e", da Lei n. 8.934/1994), aspecto igualmente previsto na Instrução Normativa DREI n. 81/2020, Anexo IV.

28.5 CONSÓRCIO SOCIETÁRIO

28.5.1 Conceito

O consórcio societário representa modalidade contratual pela qual sociedades independentes, de tipos iguais ou diferentes, e que estejam ou não sob mesmo controle, se associam formalmente para o exercício conjunto de uma atividade ou empreendimento, conjugando recursos e esforços, mas mantendo cada consorciada sua individualidade.[116]

28.5.2 Função

No universo empresarial, é comum empreendimentos de grande porte ou elevada complexidade, que por vezes exigem recursos ou características que extrapolam as possibilidades individuais de muitas sociedades, tal como se verifica em grandes obras de engenharia (como hidrelétricas e rodovias), ou operações no setor financeiro (que envolvem montantes elevados de recursos e grandes riscos). Como solução para tais situações, é possível adotar uma associação específica para

116. Destaque-se que o consórcio societário, que formaliza a união entre sociedades para exercício de empreendimento conjunto, não se confunde com a figura do sistema de consórcio (consórcio "bancário"), disciplinado pela Lei n. 11.795/08, e que se destina a propiciar o acesso ao consumo de bens e serviços, através da reunião de pessoas naturais e jurídicas em grupo, promovido por administradora de consórcio, e sob regulação do Banco Central do Brasil.

tal demanda negocial, o que pode ser formalizado através do contrato de consórcio societário, pelo qual as sociedades consorciadas somam experiências, especialidades e recursos (financeiros, equipamentos, pessoal etc.)[117].

28.5.3 Legislação

O contrato de consórcio é contrato típico, disciplinado na Lei n. 6.404/1976, nos artigos 278 e 279, sendo aplicáveis também previsões regulamentares quanto ao registro empresarial (atualmente a Instrução Normativa DREI n. 81/2020), frente à determinação de que tal contrato será objeto de arquivamento perante a Junta Comercial. Note-se que, embora esteja disciplinado na legislação das sociedades por ações, é contrato passível de celebração por qualquer tipo societário.

28.5.4 Características gerais

O consórcio societário é contrato que demanda forma escrita para regularização, bem como é também contrato plurilateral, que admite duas ou mais partes. Ele representa um acordo de cooperação, pois permite uma associação estratégica temporária para um certo empreendimento, sem, contudo, envolver a criação de uma nova pessoa jurídica[118]. Dada a sua relevância econômica, é objeto de disciplina no contexto da legislação societária, podendo ser destacados os seguintes aspectos:

Inexistência de personalidade jurídica: o consórcio não possui personalidade jurídica, de modo que as sociedades consorciadas se vinculam nos termos previstos no contrato, em que cada uma responde por suas obrigações individuais, sem presunção de solidariedade entre elas[119]. Inclusive, dada a individualidade de cada consorciada, a falência de uma delas não se estende às demais, e o próprio consórcio subsiste com as demais contratantes. É por tal razão que destaca José Edwaldo Tavares Borba que "o consórcio não corresponde a uma pessoa jurídica, e, por essa razão, não dispõe de patrimônio próprio, de obrigações próprias, de direitos próprios"[120].

---

117. Como observa Marlon Tomazette, "as reuniões de sociedades podem ter diversos motivos e, eventualmente, podem se destinar a um empreendimento específico, como a construção de uma obra, a participação em um leilão ou a participação em uma licitação. Nesses casos, há a formação de consórcios, isto é, de reunião de sociedades". Tomazette enfatiza ainda interessante distinção entre os grupos societários e os consórcios, ao mencionar que os grupos possuem, como característica, uma permanência inerente, diversamente aos consórcios, que objetivam empreendimentos determinados (conforme TOMAZETTE, Marlon. *Curso de direito empresarial*: teoria geral e direito societário. 6. ed. São Paulo: Atlas, 2014, p. 633).

118. Note-se que, caso seja o desejo das partes, nada impede que a associação possa ser estruturada através de nova pessoa jurídica, hipótese em que passa a ser uma solução societária, descaracterizando a figura do consórcio.

119. Ressalte-se que, embora o parágrafo 1º do artigo 278 da Lei n. 6.404/1976 mencione a inexistência de presunção de solidariedade entre as consorciadas, pode existir previsão excepcional de responsabilidade solidária em legislações específicas, tal como, dentre outras, se verifica no Código de Defesa do Consumidor, que em seu artigo 28, parágrafo 3º, estipula que "As sociedades consorciadas são solidariamente responsáveis pelas obrigações decorrentes deste código".

120. BORBA, José Edwaldo Tavares. *Direito societário*. 18. ed. São Paulo: Atlas, 2021, p. 577.

No entanto, cabe uma ressalva: apesar da inexistência de personalidade jurídica (prevista expressamente na legislação societária), no plano tributário é exigida para o consórcio a inscrição no CNPJ – Cadastro Nacional da Pessoa Jurídica, em situação similar ao que se verifica a outros entes (tal como, dentre outros, o empresário individual, os fundos de investimento e as sociedades em conta de participação, os quais igualmente não são pessoas jurídicas, mas devem possuir CNPJ). Contudo, reitere-se que não tem, a mera inscrição no referido cadastro, o condão de criar pessoa jurídica, apesar da nomenclatura empregada ao documento.

Aprovação: determina a legislação, no *caput* do artigo 279, que o consórcio será constituído através de contrato aprovado pelo órgão da sociedade competente para autorizar a alienação de bens do ativo não circulante.

Sociedade líder: embora o consórcio não possua órgãos próprios, é comum a designação, no contrato, de uma sociedade que exerça a função de líder, ou seja, que coordene a atuação e represente as demais, na condição de mandatária.

Conteúdo do contrato: o rol de cláusulas integrantes do contrato de consórcio é estipulado pelo artigo 279 da Lei n. 6.404/1976. Nesse contexto, deverão constar, no mínimo, as seguintes disposições: a) a designação do consórcio, se houver; b) o empreendimento que será objeto do consórcio; c) a duração do consórcio, seu endereço e foro; d) a definição de obrigações e responsabilidade atribuídas a cada sociedade consorciada, bem como as prestações específicas; e) definição de normas sobre recebimento de receitas e a partilha de resultados entre as consorciadas; f) normas sobre a administração do consórcio, contabilização, e taxa de administração, se existente; g) forma de deliberação sobre assuntos de interesse comum das sociedades consorciadas, com o número de votos que cabe a cada um; h) definição da contribuição de cada consorciada para as despesas comuns, se houver.

Registro: a legislação, no parágrafo único do artigo 279, determina a necessidade de registro (na modalidade "arquivamento") do instrumento escrito do contrato, e suas eventuais alterações, na Junta Comercial do local indicado como endereço do consórcio. O registro regulariza e dá publicidade ao consórcio, e evita o risco de caracterização de uma sociedade de fato entre as consorciadas. Ainda, a legislação exige que a certidão do arquivamento deve ser objeto de publicação.

28.6 CONTRATO SOCIAL DE SOCIEDADE EM CONTA DE PARTICIPAÇÃO

28.6.1 Conceito

O contrato social de uma sociedade em conta de participação é o documento que prova a constituição do referido tipo societário, que se caracteriza por ser uma sociedade não personificada, integrada por duas espécies de sócios, quais sejam, o sócio ostensivo (que aparece perante terceiros, realizando negócios em nome próprio, ainda que no interesse social), e o sócio participante (que se envolve no empreendimento social, participando dos resultados, mas não aparece ou se envolve com terceiros).

28.6.2 Função

A sociedade em conta de participação é um tipo societário *sui generis*[121], de características diferenciadas em relação às demais sociedades, por se tratar de figura que tem por essência ser não personificada, embora, ainda assim, seja lícita e regular. Nesse sentido, a inexistência de personalidade jurídica não é falha ou irregularidade, mas característica própria desse instituto, que envolve somente relações internas entre os sócios, não tendo projeções externas, sendo ela uma sociedade oculta, no sentido de não se submeter a regras de publicidade, sendo sua existência de conhecimento restrito dos sócios. De fato, essa estrutura permite à sociedade cumprir uma função específica, ao viabilizar a um dos sócios (o ostensivo), diante de determinados empreendimentos, obter parceiros, que se mantém desconhecidos de terceiros, e consequentemente conseguem obter uma limitação de seus riscos.

28.6.3 Legislação

A disciplina do tipo societário da sociedade em conta de participação consta do Código Civil, entre os artigos 991 a 996, havendo, nesse contexto, algumas referências ao contrato social, embora a referida legislação não discipline o seu conteúdo de forma específica. Ainda, existe determinação, constante do *caput* do artigo 996, de que será aplicável à sociedade em conta de participação, subsidiariamente e no que com ela for compatível, as regras das sociedades simples.

28.6.4 Características gerais

O contrato social da sociedade em conta de participação corresponde à modalidade contratual que vincula os sócios (tanto ostensivo quanto participante) a um determinado empreendimento. Trata-se de contrato que produz efeitos somente entre os sócios, sendo que a sociedade em conta de participação não pode fazer negócios em nome próprio (aliás, nem sequer possui nome), e tampouco assumir direitos e obrigações em nome próprio[122]. Inclusive, caso eventualmente assim ocorra na prática, se descaracterizará a conta de participação, configurando uma sociedade

---

121. Dada suas peculiaridades, em outras legislações a conta de participação, embora existente, não é considerada tipo de sociedade, mas um modelo de contrato. É o caso, por exemplo, do que se vê em Portugal e na Itália (nesse sentido: ANTUNES, José A. Engrácia. *Direito dos contratos comerciais*. Coimbra: Almedina, 2009, p. 406-408).

122. Nesse sentido, como bem enfatiza Marlon Tomazette: "A sociedade em conta de participação não firmará contratos. Quem firmará os contratos necessários para o exercício da atividade é o sócio ostensivo, usando tão somente seu próprio crédito, seu próprio nome" (conforme TOMAZETTE, Marlon. *Curso de direito empresarial:* teoria geral e direito societário. 6. ed. São Paulo: Atlas, 2014, p. 301-302).

em comum (nos termos dos artigos 986 a 990 do Código Civil, o que acarretará aos sócios responsabilidade ilimitada, vide artigo 990). Igualmente, em decorrência de tais características, não pode a conta de participação ser parte em processos, pois em todas as atividades a atuação se dará pelo sócio ostensivo, atuando em nome próprio.

Forma da contratação: dada a característica de não personificação da sociedade, e consequentemente a inexistência de registro obrigatório de seu contrato social, admite-se que tal contrato possa ser celebrado independentemente de qualquer formalidade, inclusive verbalmente ou tacitamente. Tal aspecto decorre de previsão do artigo 992 do Código Civil, que reconhece que a referida constituição pode ser provada por todos os meios de direito. Não obstante tal possibilidade, ainda assim é sempre recomendável sua celebração por escrito, como forma de resguardar interesses dos sócios quanto à adequada comprovação da natureza do negócio, bem como a delimitação dos direitos e obrigações. Ressalte-se que, embora não seja obrigatório qualquer registro do documento escrito, o Código Civil, no parágrafo único do artigo 993, admite a possibilidade de que os sócios façam registro (para efeito de resguardo de direitos), sendo que de nenhuma forma qualquer registro terá o condão de personificar a sociedade ou alterar suas características essenciais. Ainda, cabe destacar que, embora seja sociedade não personificada por natureza, exige a legislação tributária que referido tipo possua inscrição no CNPJ – Cadastro Nacional da Pessoa Jurídica, à semelhança do que ocorre também com empresários individuais, consórcios societários, fundos de investimento etc. Mas, também aqui se deve destacar que não acarreta, a mera inscrição no referido cadastro, no surgimento de pessoa jurídica, apesar da nomenclatura empregada ao documento.

A relação entre os sócios: a sociedade em conta de participação é tipo societário que envolve somente relações internas entre os sócios. Para o plano externo, compete ao sócio ostensivo a atribuição exclusiva de exercer, em seu nome e sob sua responsabilidade direta perante terceiros, a atividade objeto da sociedade, sendo que o sócio participante fica em posição de desconhecimento em relação a terceiros. Deste modo, a existência da sociedade é de conhecimento exclusivo dos sócios, visto que, para terceiros, a relação se dá apenas com a pessoa do sócio ostensivo. O sócio participante, por sua vez terá responsabilidade exclusivamente em relação ao sócio ostensivo, em conformidade ao contratado entre eles, bem como possui direito de fiscalização da gestão dos negócios sociais, mas sem poder se envolver nas relações com terceiros, sob pena de responder solidariamente com o ostensivo pelas obrigações em que intervier. Note-se, por fim, que a sociedade pode envolver mais de um sócio ostensivo ou participante.

Conteúdo do contrato social: reitere-se aqui que, em relação a esse tipo de sociedade, a constituição ocorre independentemente de qualquer formalidade, e seus sócios podem prová-la por qualquer meio lícito. No entanto, sob uma ótica preventiva, a celebração de instrumento escrito representa fator de grande interesse aos sócios.

Não estipula, o Código Civil, um rol de cláusulas. Assim, possuem os sócios a liberdade de convencionar as cláusulas desejadas, desde que em conformidade com os respectivos artigos da lei, bem como às regras gerais dos contratos. Portanto, no geral, os sócios estarão vinculados ao que tenham convencionado livremente, desde que lícito.

Não obstante a falta de previsão legal, é possível destacar algumas das cláusulas que são mais comuns em contratos dessa natureza.

De início, destaque-se a cláusula de objeto, descritiva das atividades a serem desempenhadas pela sociedade. Igualmente relevante é a cláusula que define o capital, bem como a quota de cada sócio, informando ainda a forma de atuação e o respectivo investimento envolvido (podendo abranger a contribuição em bens, dinheiro ou trabalho[123]), englobando na atuação, também, a própria administração dos negócios, que estará diretamente ligada à figura do sócio ostensivo. Também é relevante estipular as responsabilidades e riscos assumidos pelos sócios participantes (vide artigo 991, parágrafo único), e a respectiva participação nos resultados. Cabe também ao contrato determinar se é permitido ao sócio ostensivo admitir novos sócios sem consentimento expresso dos demais, dado que, na ausência de tal previsão permissiva, é vedado por lei tal admissão (vide artigo 995 do Código Civil).

O contrato ainda pode definir o prazo da sociedade, sendo este determinado ou indeterminado; regras de eventual cessão de participação social; obrigações gerais das partes (com especial destaque às obrigações, do sócio ostensivo, em realizar os controles contábeis e fiscais da sociedade); regras definindo trâmites decisórios (quanto às deliberações sociais); procedimentos de prestação de contas pelo sócio ostensivo ao participante, e forma de fiscalização pelos participantes; eventual confidencialidade aplicável às partes, bem como é comum também a previsão de cláusula estipulando a forma de solução de conflitos.

Por outro lado, é importante reiterar que, pelas características próprias do tipo societário, não terá a sociedade nome próprio, até porque nem sequer pode atuar dessa forma. Por tal razão é que o Código Civil determina, no artigo 1.162, que a sociedade em conta de participação não pode ter nome empresarial, seja firma ou denominação, sendo assim a cláusula de nome inexistente nesse tipo de contrato.

Além das cláusulas acima mencionadas, podem os sócios convencionar outros elementos, desde que lícitos, cabendo apontar ainda ser aplicável subsidiariamente, e no que for compatível à sociedade, as regras da sociedade simples.

123. Nesse sentido: MAMEDE, Gladston. *Direito societário*: sociedades simples e empresárias. 12. ed. São Paulo: Atlas, 2020, p. 16.

29
UNDERWRITING (DISTRIBUIÇÃO DE VALORES MOBILIÁRIOS)

29.1 CONCEITO

O *underwriting*, denominado em língua portuguesa como contrato de distribuição de valores mobiliários, corresponde ao acordo pelo qual uma instituição financeira (*underwriter*[124]), no contexto de uma oferta pública de valores mobiliários, assume, perante a parte ofertante, a obrigação de distribuir tais ativos junto ao público investidor.

29.2 FUNÇÃO

No contexto do mercado de capitais, em que um ofertante busca emitir valores mobiliários visando a captação de recursos, a figura do *underwriter*, como instituição financeira que é, atua de modo a facilitar a aproximação entre o ofertante e os investidores, em razão de sua especialidade em acessar investidores, sua rede de contatos, agências, relacionamentos comerciais etc.

No entanto, a função do *underwriter* não se esgota com a distribuição dos ativos. Em razão da política regulatória adotada no mercado brasileiro, a atuação do *underwriter* líder vai além da tarefa de distribuição, uma vez que cabe a ele uma série de obrigações adicionais, decorrentes do assessoramento que presta ao ofertante ao longo do processo de distribuição pública dos valores mobiliários.

29.3 LEGISLAÇÃO

A exigência de participação de uma instituição *underwriter* em uma oferta pública de valores mobiliários decorre de estipulação constante no artigo 82 da Lei n. 6.404/1976, bem como do artigo 19, parágrafo 4º, da Lei n. 6.385/1976, sendo

124. Sobre o termo "*underwriter*", trata-se de expressão que, em tradução literal, corresponde a subscritor, ou seja, o agente que procede à subscrição de valores mobiliários. Na prática, contudo, a função do *underwriter* é mais ampla, atuando em diversas questões dentro de um trâmite de distribuição de valores mobiliários. No entanto, a expressão inglesa é termo tradicional, assimilado nas práticas de mercado, tanto para se referir ao agente (*underwriter*) quanto ao próprio contrato (*underwriting*).

que a partir de tais regramentos existe normativo da CVM – Comissão de Valores Mobiliários disciplinando a referida atuação (sendo, atualmente, a Resolução CVM n. 160/2022[125]). Embora inexista disciplina por lei do conteúdo do contrato de *underwriting*, no plano regulamentar ele é minuciosamente tratado, constando de anexo da Resolução CVM n. 160 o rol de cláusulas obrigatórias que deve integrar o referido contrato.

29.4 CARACTERÍSTICAS GERAIS

A obrigatoriedade da participação do *underwriter* em uma emissão pública de valores mobiliários decorre de duas principais razões. A primeira delas tem justificativa econômica, ou seja, o fato de que a instituição *underwriter* tem melhores condições de atingir o público investidor, o que facilita o sucesso da operação, viabilizando o resultado econômico pretendido pelo ofertante. Já a segunda razão, sob a ótica regulatória, é que a atuação obrigatória do *underwriter* tem também por função fortalecer o funcionamento do mercado, ao se vincular ao trâmite a participação de uma instituição, distinta do ofertante, o que colabora para maior confiança e credibilidade das operações e do mercado, como se verá nos tópicos seguintes:

O papel do coordenador líder (*underwriter* líder) no contexto regulatório do mercado de valores mobiliários: ao *underwriter* líder (ou coordenador líder) são imputadas uma séria de funções, decorrentes da assessoria que presta ao ofertante, no decorrer das etapas da oferta pública.

Desta forma, cabe ao *underwriter* líder colaborar na análise da viabilidade da operação, participar da elaboração de documentos (tal como o prospecto e a lâmina da oferta), solicitar juntamente com a ofertante o registro na CVM, proceder a avisos e anúncios ao mercado, encaminhar relatórios à CVM, bem como participar, com o ofertante, em todas as etapas da distribuição, incluída nessa atuação a colocação efetiva dos valores mobiliários junto aos investidores, nos termos previstos no contrato celebrado entre o *underwriter* e a entidade ofertante.

Ainda, em que pese o fato de que as informações fornecidas ao mercado, relativas à oferta, sejam de responsabilidade da parte ofertante, a regulamentação atribui ao *underwriter* líder o dever de tomar todas as cautelas, e agir com diligência, para assegurar que as informações prestadas pelo ofertante são suficientes, verdadeiras, precisas, consistentes e atuais, de modo a permitir aos investidores uma tomada de decisão fundamentada a respeito da oferta. Logo, possui o *underwriter* líder res-

125. A disciplina do *underwriting* consta da Resolução CVM n. 160 que é a norma que regulamenta as ofertas públicas de valores mobiliários, tanto primárias quanto secundárias, bem como a negociação de valores mobiliários ofertados nos mercados regulamentados, e nesse contexto, acaba por tratar também sobre o contrato de *underwriting* e a atuação da instituição *underwriter*.

ponsabilidade pelas informações prestadas[126], e em decorrência de tal dever, cabe à instituição proceder à verificação das informações, procedimento esse ao qual a prática atribuiu a nomenclatura de "*due diligence*".

Modalidades: existem três diferentes modalidades de *underwriting*, as quais costumam ser denominadas *underwriting* (i) com garantia firme, (ii) com melhores esforços e (iii) com garantia de sobras.

Na modalidade "garantia firme" o *underwriter* se obriga junto ao ofertante em subscrever a totalidade dos valores mobiliários para posteriormente revendê-los para o público investidor. Por consequência, essa modalidade assegura a plena colocação dos valores mobiliários ofertados.

Na modalidade "melhores esforços", o *underwriter*, diferentemente do caso anterior, não assume obrigação de garantir a colocação dos valores mobiliários objeto da oferta. Nesse caso, o *underwriter* se obriga apenas na função de prestador de serviço, prometendo que ensejará seus melhores esforços para conseguir a venda dos valores mobiliários. Por consequência, nesta modalidade o ofertante assume os riscos da colocação, enquanto o *underwriter* tem apenas a função de realizar esforços de venda.

Por fim, a modalidade "com garantia de sobras" representa uma mescla das duas anteriores. Ou seja, neste caso o *underwriter* realizará os melhores esforços de venda dos valores mobiliários, mas se obriga a subscrever eventuais sobras, assegurando o êxito da distribuição ao ofertante.

Consórcio (ou sindicato) de *underwriters*: muitas vezes, o volume financeiro da oferta é de porte elevado, o que demanda a participação de mais de um *underwriter*. Desse modo, como forma de atingir uma base maior de investidores, é possível às instituições formar um consórcio (ou também chamado sindicato) de *underwriters*. Por meio do consórcio, diversas instituições financeiras, coordenadas pelo *underwriter* líder (coordenador líder), trabalharão na distribuição, conjugando esforços, de modo a facilitar o processo de colocação dos valores mobiliários.

As cláusulas relativas ao consórcio devem ser formalizadas no mesmo instrumento do contrato de *underwriting*, do qual constará também a outorga de poderes de representação das instituições integrantes ao *underwriter* líder, bem como, conforme o caso, as condições e os limites de coobrigação de cada participante.

Conteúdo do contrato: o relacionamento do ofertante com a instituição *underwriter* (ou com o consórcio, se for o caso) deve ser formalizado através de contrato

126. Vera Helena de Mello Franco e Rachel Sztajn observam que: "além da colocação dos papéis emitidos ou de garantia de subscrição (conforme o caso), e do dever de assessorar a companhia nas diversas etapas do processo de distribuição, deve assegurar a plena e correta informação quanto à companhia em constituição ou quanto aos fatos relevantes ocorridos na vida da companhia já constituída, cujo acesso ao mercado se pretende. (...) A inobservância destes deveres dá lugar à responsabilidade civil do *underwriter* nos exatos termos do art. 186 do CC/2002", conforme FRANCO, Vera Helena de Mello; SZTAJN, Rachel. *Manual de direito comercial* 2. São Paulo: Ed. RT, 2005, p. 162.

de distribuição de valores mobiliários, o qual deverá conter, conforme a regulamentação, diversos elementos obrigatórios.

Inicialmente, ressalta a regulamentação a obrigatoriedade de qualificação das partes contratantes, quais sejam, o ofertante dos valores mobiliários, a instituição financeira que atuará como *underwriter* líder e, se for o caso, as demais instituições participantes (com a indicação expressa da respectiva qualidade que cada um desses agentes figura no contrato).

Item seguinte é a necessidade de indicar o ato deliberativo que autorizou a emissão dos valores mobiliários cuja distribuição está se contratando.

Dado o fato de que o *underwriter* pode assumir diferentes obrigações frente ao ofertante no processo de distribuição, terceira exigência é a de constar do contrato qual o tipo de obrigação que este assume quanto ao regime de colocação, tal como se prestará garantia firme ou apenas melhores esforços de venda (com o destaque de que, se estipulada garantia firme, serão indicadas as condições de revenda dos valores mobiliários pelos *underwriters*).

Quarto elemento contratual é a necessidade de informar o total de valores mobiliários objeto do contrato, mencionando sua forma, valor nominal (se houver), preço de emissão, condições de integralização, vantagens e restrições.

Ainda, é necessário indicar a remuneração a ser paga às instituições *underwriters* envolvidas na distribuição, informando as comissões devidas; a descrição do procedimento adotado para a distribuição, e a menção, caso existam, a contratos de estabilização de preços e de formador de mercado[127].

---

127. Os contratos de estabilização têm por finalidade encarregar uma instituição de realizar operações em mercado com a função de evitar que o preço dos ativos distribuídos oscile abruptamente em prazo após a distribuição. Já a figura do formador de mercado (no jargão técnico, "market maker") é uma instituição contratada para fins de assegurar liquidez para a negociação de determinado ativo, mediante a realização regular de operações de compra e venda em mercado.

30
CONTRATOS DERIVATIVOS

30.1 ASPECTOS GERAIS

Os contratos derivativos representam um conjunto de operações, que se caracterizam por serem acordos negociais que têm por base um outro ativo de referência ("ativo subjacente")[128]. Deste modo, tais instrumentos "derivam" do comportamento de outro ativo, daí decorrendo sua nomenclatura, que é uma adaptação da expressão inglesa "*derivative*"[129].

Quanto à sua função, os derivativos possuem uma dinâmica bastante peculiar, pois se prestam a finalidades consideravelmente diversas, de modo que podem ser instrumentos destinados a assegurar estratégia de proteção (função protetiva, característica do chamado "*hedge*"), bem como podem ser ferramentas que permitem investimentos (função "especulativa", inclusive possibilitando grande alavancagem[130]).

Nesse contexto, o mencionado *hedge* corresponde a uma estratégia de proteção financeira, pela qual uma parte, detentora de um risco natural decorrente de sua atividade econômica principal, busca, através da celebração de contratos derivativos, obter uma compensação para tais riscos, de modo que um eventual prejuízo decorrente da atividade principal seja compensado por um ganho financeiro decorrente

---

128. Rachel Sztajn os define do seguinte modo: "contrato cujo valor deriva, decorre, do valor de seu substrato, que pode ser outro contrato ou ativo (posição financeira) sujeita a risco de flutuação de preço", conforme SZTAJN, Rachel. *Futuros e swaps*: uma visão jurídica. São Paulo: Cultural Paulista, 1998, p. 15; Eizirik, Gaal, Parente e Henriques definem no seguinte sentido: "Derivativos são todos os contratos negociados cujo valor resulta, total ou parcialmente, do valor de outro ativo, financeiro ou não. Com efeito, o valor de tal contrato deriva de outro contrato, ativo ou índice, refletindo as variações diárias destes, daí o seu nome" (vide EIZIRIK, Nelson; GAAL, Ariádna B.; PARENTE, Flávia; HENRIQUES, Marcus de Freitas. *Mercado de capitais* – regime jurídico. 2. ed. Rio de Janeiro: Renovar, 2008, p. 221). Eduardo Salomão Neto enfatiza ser "característica estrutural dos derivativos o fato de que os direitos e obrigações das partes dos negócios assim chamados derivam de um bem, índice ou taxa subjacente" (SALOMÃO NETO, Eduardo. *Direito bancário*. São Paulo: Atlas, 2005, p. 325).

129. Logo, se constata que no Brasil ocorreu uma adaptação da expressão em inglês, posteriormente adotada pela legislação, diversamente ao verificado em Portugal, que adotou a nomenclatura "contratos derivados".

130. O termo alavancagem é aqui utilizado para retratar o emprego de técnicas que propiciem uma potencialização da rentabilidade do investimento (mas, igualmente, potencializando possíveis perdas), sendo os derivativos instrumentos financeiros que permitem grande alavancagem. Inclusive, são notórios, na literatura financeira, diversos casos de ganhos excepcionais, bem como de perdas catastróficas, em razão de operações com contratos derivativos.

da operação com derivativos (valendo também o cenário inverso)[131], permitindo "travar" previamente um preço e consequentemente facilitar um planejamento. Logo, nessa ótica, seria uma salvaguarda contra riscos inerentes à atividade principal do empresário. Seria o caso, por exemplo, de um produtor rural, que tenha um prejuízo em sua colheita, compensado por um ganho financeiro decorrente de uma negociação no mercado futuro, ou ainda o caso em que a oscilação cambial, prejudicial aos negócios de um importador, seja compensada pelo ganho de uma operação com derivativos. No entanto, pela lógica da estratégia de *hedge*, ao se "travar" um preço, abdica-se da possibilidade de ganhar mais, em troca de evitar perdas. Em síntese, portanto, é uma estratégia que busca proteção (ou cobertura) frente a oscilações adversas nas cotações do mercado à vista[132].

A especulação, por sua vez, corresponde à ideia de um agente econômico que utiliza dos derivativos como instrumento de investimento para buscar ganhos financeiros, sem correspondente operação paralela a ser compensada. Nesse caso, ele assume intencionalmente posição buscando lucros, mas assumindo igual risco de perda, podendo ambos ser potencializados a depender do grau de alavancagem financeira. Note-se que no contexto dos derivativos a figura do especulador/investidor é importante, por ser agente econômico disposto a assumir risco do *hedger*, bem como por aumentar a liquidez do mercado[133].

Assim, dada essa dualidade de funções (proteção/especulação), é muito adequada a síntese de John Hull, quando afirma que os derivativos "podem ser usados tanto para reduzir riscos quanto para assumir riscos"[134].

---

131. Conforme ensina Otavio Yazbek, baseado nas lições de Luiz Gastão Paes de Barros Leães, o *hedge* possui uma "interdependência factual entre as atividades do agente econômico e a operação financeira, permitindo uma "compensação recíproca de efeitos"", vide YAZBEK, Otavio. *Regulação do mercado financeiro e de capitais*. Rio de Janeiro: Elsevier, 2007, p. 107. John Hull observa que quando um agente econômico usa de derivativos para "hedgear" um risco, seu objetivo é quase sempre uma posição que neutralize o risco o máximo possível, (HULL, John. *Introdução aos mercados futuros e de opções*. 2. ed. São Paulo: Cultura Editores Associados, 1996, p. 87).

132. Na legislação tributária, existe referência a tal figura, mencionada como "cobertura (*hedge*)", como sendo operações destinadas à proteção contra riscos inerentes às oscilações de preço ou de taxas (vide Lei n. 8.981/1995, em seu artigo 77, parágrafo 1º).

133. Como observa Lauro de Araújo Silva Neto, "ao contrário do que muitos pensam, o especulador não é nocivo ao mercado, pelo contrário, ele é muito necessário. Quando um produtor planta uma semente, também planta um risco, o de seu produto não dar preço na hora da venda e colocar toda sua safra a perder. A atividade econômica gera risco, o que é inevitável. Quando o *hedger* não quer correr o risco, deve encontrar outra pessoa para assumi-lo; aí entra o especulador" (conforme SILVA NETO, Lauro de Araújo. *Derivativos*: definições, emprego e risco. 3. ed. São Paulo: Ed. Atlas, 1999, p. 29). Na literatura portuguesa, José A. Engrácia Antunes aponta semelhante entendimento: "a dimensão especulativa é, hoje como ontem, fundamental no mercado de negociação de derivados, já que cobertura do risco e especulação são duas faces da mesma moeda, só abstractamente sendo cindíveis; com efeito, um empresário só pode cobrir um determinado risco da sua actividade económica se encontrar no mercado um investidor ou especulador disposto a assumi-lo", vide ANTUNES, José A. Engrácia. *Direito dos contratos comerciais*. Coimbra: Almedina, 2009, p. 618.

134. No original, "they can be used either to reduce risks or to take risks", conforme HULL, John. *Options, futures, and other derivatives*. 9. ed. Pearson, 2015, p. 817.

Outra característica muito comum nos contratos derivativos é a liquidação por diferença (elemento comentado em capítulo anterior, no contexto da classificação dos contratos)[135]. Assim, embora possam ser liquidados fisicamente (mediante a entrega física da coisa negociada), é muito usual que tais operações envolvam somente ajustes financeiros, prevendo a liquidação exclusivamente pela diferença entre o preço ajustado e a cotação que eles tiverem no vencimento do ajuste[136], e nesse sentido relembre-se que o Código Civil reconhece a legitimidade de tais negociações, inclusive os distinguindo de situações de jogo e aposta, conforme a redação do artigo 816.

O ativo subjacente (do qual se toma como referência para o contrato derivativo) pode ser das mais diversas espécies, como o preço de uma mercadoria ("commodity" – como milho, soja, café, açúcar, etanol, entre outros), cotação de moedas (como dólar, euro, iene, entre outros), taxas de juros, o preço de uma ação, um índice, entre outras possibilidades[137]. Ele, ativo subjacente, representa o elemento referencial para viabilizar os cálculos quanto às obrigações contratuais decorrente do negócio derivativo.

Os contratos derivativos são também considerados contratos aleatórios, sendo o risco[138] elemento natural da operação, bem como razão de ser do negócio. Logo, o risco, nos derivativos, não é imprevisível, mas, ao contrário, pressuposto do próprio negócio[139].

É característica também de tais contratos a estipulação a prazo (execução diferida). Ou seja, eles demandam a existência de um intervalo de tempo entre a

135. Nesse sentido, o REsp 1.689.225/SP, em que constou, da ementa, a seguinte passagem: "Nos contratos de derivativos, é usual a liquidação com base apenas na diferença entre o valor do parâmetro de referência verificado na data da contratação e no vencimento, sem a anterior entrega física de numerário".

136. Como nota Otavio Yazbek, enfatizando a característica dos derivativos como contratos diferenciais: "neles, as partes pactuam um preço para um bem (o ativo subjacente) em uma data futura e, na data da execução do contrato, contrapõem este preço ao preço de mercado, transferindo apenas as diferenças entre si", conforme YAZBEK, Otavio. *Regulação do mercado financeiro e de capitais*. Rio de Janeiro: Elsevier, 2007, p. 107.

137. José A. Engrácia Antunes afirma que o rol de possíveis ativos subjacentes é praticamente ilimitado, abrangendo ampla gama de ativos sujeitos a risco de variação de valor, conforme ANTUNES, José A. Engrácia. *Direito dos contratos comerciais*. Coimbra: Almedina, 2009, p. 621.

138. Engrácia Antunes aponta ainda interessante observação, de que os riscos, em contratos derivativos, podem ser simétricos ou assimétricos. Os primeiros envolvendo uma concomitante distribuição de ganhos e perdas (logo, existindo uma equivalência de riscos), enquanto os assimétricos permitem que uma parte saiba antecipadamente seu risco máximo, enquanto para a outra inexiste tal referência (e indica, como exemplo de tal situação, o contrato de opção, em que o titular sabe que sua perda máxima equivale ao valor do prêmio pago) (vide ANTUNES, José A. Engrácia. *Direito dos contratos comerciais*. Coimbra: Almedina, 2009, p. 623). Nesse contexto, veja-se a seguinte passagem do REsp 1.689.225/SP: "A exposição desigual das partes contratantes aos riscos do contrato não atenta contra o princípio da boa-fé, desde que haja, ao tempo da celebração da avença, plena conscientização dos riscos envolvidos na operação".

139. Conforme passagem constante do REsp 1.689.225/SP: "Os contratos de derivativos são dotados de álea normal ilimitada, a afastar a aplicabilidade da teoria da imprevisão e impedir a sua revisão judicial por onerosidade excessiva".

contratação e a sua execução, dado que a justificativa de sua celebração é justamente o risco de variação de preços ao longo do referido intervalo.

Na legislação, tais contratos são considerados valores mobiliários, e por consequência se submetem à regulação da CVM – Comissão de Valores Mobiliários, e seus respectivos atos normativos.

Assim, nos termos do artigo 2º da Lei n. 6.385/1976, são considerados valores mobiliários "os contratos futuros, de opções e outros derivativos, cujos ativos subjacentes sejam valores mobiliários" (redação do inciso VII), bem como "outros contratos derivativos, independentemente dos ativos subjacentes" (redação do inciso VIII).

Apesar de listados como valores mobiliários na legislação, inexiste um tratamento específico do conteúdo de tais contratos, frente ao que os consideramos legalmente atípicos (motivo pelo qual, nos tópicos seguintes, ao tratar das espécies de derivativos, não será feita menção a legislação específica), sendo estruturados, a depender da modalidade e do caso concreto, com base na vontade das partes, nos costumes e práticas de mercado, bem como em padronização eventualmente incidente decorrente de negociação em mercado organizado (bolsas).

Embora existam outras modalidades de contratos derivativos, neste trabalho analisaremos, de forma individualizada, três deles, quais sejam, os contratos futuros, os contratos de *swap* e os contratos de opções[140].

30.2 CONTRATO FUTURO

30.2.1 Conceito

O contrato futuro corresponde a um tipo contratual que se baseia em uma compra e venda com execução diferida, realizado necessariamente em bolsa (mercado organizado), pelo qual as partes se comprometem a negociar, tomando por base um determinado ativo (o ativo subjacente), em data futura, por um preço preestabelecido, ocorrendo usualmente a liquidação por diferença.

30.2.2 Função

O contrato futuro permite às partes negociar compensações financeiras decorrentes de oscilações no valor dos ativos subjacentes de referência. Nesse plano, a depender da posição estratégica adotada pelo contratante, o contrato possui diferentes funções. Se o contratante o celebra no contexto de uma estratégia de *hedge*, a

140. Considerados, por José A. Engrácia Antunes, como as "três espécies fundamentais de derivativos", e que "são relevantes na medida em que fornecem a base estrutural fundamental de todos os contratos derivados" (vide ANTUNES, José A. Engrácia. *Direito dos contratos comerciais*. Coimbra: Almedina, 2009, p. 625-626).

função é de transferência de risco de variação de preço do ativo subjacente, em contraposição a um risco existente na atividade principal do contratante. Diversamente, se o contratante adota uma postura de especulação, ele utiliza intencionalmente o contrato buscando potencializar o retorno de suas posições financeiras, assumindo também o respectivo risco de perda.

Note-se que por vezes o contrato futuro é confundido com a operação de *hedge* (em alguns casos sendo até denominado como "contrato de *hedging*"). Mas, em nossa opinião, tal equiparação não se justifica. O contrato futuro é tipo contratual, enquanto o *hedge* é estratégia negocial. Logo, entendemos ser equivocado tomar por sinônimas tais expressões, pois nem todo contrato futuro é utilizado para uma estratégia de *hedge*, bem como nem toda estratégia de *hedge* utilizará de contratos futuros, eis que pode se valer também de outros instrumentos financeiros para tal finalidade.

30.2.3 Características gerais

Em que pese ser um contrato atípico, por falta de previsão legal específica que o discipline, o contrato futuro possui características socialmente reconhecidas que são comuns a tal figura, necessárias, inclusive, para seu adequado funcionamento. Vejamos:

Negociação em mercados organizados (bolsas): tal tipo contratual demanda sua negociação em bolsa, por ser a entidade que organizará o respectivo funcionamento, padronização, liquidação etc. Logo, ela desempenha o papel de uma entidade, estranha às partes, que assegura o adequado funcionamento operacional de tal tipo de negociação.

Padronização contratual e atipicidade legal: em decorrência de sua negociação em ambiente de bolsa, tais contratos, embora legalmente atípicos, são, para fins operacionais, padronizados pelas bolsas que admitirão sua negociação, de forma que elas estabelecem cláusulas (estipulando quantidades, características e qualidades dos ativos subjacentes de referência), procedimentos, vencimentos etc.

Execução diferida: é característico de tais contratos se tratar de negócio diferido (a prazo), para conclusão futura, dado que a própria lógica econômica do negócio tem por objeto eventuais oscilações de preços no intervalo de tempo estipulado.

Ajustes diários e margens de garantia: os ajustes diários, conjugados às margens de garantia, criam um sistema que minimizam os riscos de inadimplência dos contratantes. Daí porque, relembre-se, é característica desse contrato a negociação em bolsas, ou seja, entidade que se responsabiliza pelo funcionamento de toda a estrutura. Os ajustes diários envolvem uma liquidação diária realizada, através de acerto da variação financeira em relação à data anterior, o que impede uma acumulação de resultados que possa aumentar o risco de inadimplência, além de permitir que uma parte "encerre" sua posição anteriormente ao vencimento do contrato. As margens de garantia exigidas pelas bolsas, por sua vez, são depositadas como forma de assegurar os pagamentos, em caso de inadimplência.

Câmaras de compensação: as câmaras de compensação (denominadas, no jargão de mercado, como "*clearing houses*") são entidades especializadas ou departamentos internos das bolsas, que possuem relevante função de organizar os fluxos financeiros decorrentes dos ajustes diários, bem como as margens de garantia. Ademais, as partes contratantes não têm relação direta, mas relacionam-se através da atuação das câmaras de compensação, que desempenha o papel de uma contraparte central dos contratos e procede à liquidação dos negócios.

Liquidação por diferença: é usual que o interesse das partes, em tais contratos, seja de índole financeira, não envolvendo a mercadoria física usada como referência. Por tal razão, o costume é a estipulação de liquidação diferencial, em que as partes procedem apenas ao ajuste financeiro entre o preço originalmente estabelecido e o preço de mercado.

Possibilidade de saída antecipada da posição: dada a padronização contratual, bem como a sistemática de ajustes diários, é possível às partes "encerrar" suas posições em data anterior ao vencimento do contrato, mediante aquisição de contratos em posição inversa, permitindo uma compensação e consequente exclusão da posição[141].

30.3 CONTRATO DE *SWAP*

30.3.1 Conceito

O contrato de *swap* é operação negocial que envolve uma troca de posições financeiras entre as partes, mediante um critério predeterminado, que toma por base um item de referência, tal como um índice, taxa ou moeda[142].

30.3.2 Função

Dado que a expressão "*swap*", em inglês, corresponde a troca, o contrato busca justamente realizar uma permuta financeira entre as partes contratantes, que tem

---

141. Nesse sentido, observa Engrácia Antunes que o modo "normal" de extinção do contrato futuro seria o seu cumprimento por ocasião do vencimento. Mas, menciona que "na maior parte dos casos, os futuros se extinguem antes do respectivo vencimento graças à abertura de novas posições contratuais de sentido inverso por parte dos investidores contratantes, que assim anulam ou fecham por compensação a sua anterior posição no mercado" (ANTUNES, José A. Engrácia. *Direito dos contratos comerciais*. Coimbra: Almedina, 2009, p. 638).

142. Rachel Sztajn define o contrato de *swap* como "o contrato pelo qual as partes ajustam a permuta de fluxos de caixa futuros, de acordo com fórmula predeterminada" (SZTAJN, Rachel. *Futuros e swaps*: uma visão jurídica. São Paulo: Cultural Paulista, 1998, p. 215). Eduardo Salomão Neto, por sua vez, menciona que tais operações visam "o intercâmbio de obrigações", conforme SALOMÃO NETO, Eduardo. *Direito bancário*. São Paulo: Atlas, 2005, p. 325.

por função viabilizar uma melhor administração do negócio principal de cada parte, através de um maior controle de fluxos financeiros em relação aos riscos naturais decorrentes da atividade econômica de cada contratante. Ou seja, cada parte, exposta a um determinado risco, pode utilizar deste contrato para "trocar" o referido risco com outra parte, de maneira que seja benéfico a ambas. Dentro dessa lógica é que José A. Engrácia Antunes destaca que tal contrato envolve "fluxos financeiros compensatórios" entre as partes, bem como observa que em regra os *swaps* são celebrados entre agentes econômicos com "posições simetricamente opostas, ou seja, portadores de necessidades ou de previsões exatamente inversas sobre a evolução de determinado activo ou parâmetro financeiro", embora ressalve inexistir impedimento ao seu uso para fins especulativos[143].

A título de exemplo, imagine-se uma companhia brasileira, cuja atividade econômica principal envolve a exportação de bens, de modo que seus ganhos estão diretamente envolvidos com a taxa de câmbio, em que um aumento eleva suas receitas, e uma redução da taxa impacta negativamente em seu faturamento. Logo, existe um risco cambial natural decorrente da própria atividade. Em sentido oposto, imagine-se outra sociedade, importadora, cujos riscos cambiais são inversos (a queda da moeda estrangeira lhe favorece, enquanto o aumento lhe gera acréscimo de custos). Para viabilizar um melhor controle financeiro, as duas sociedades podem contratar um *swap*, pelo qual estipulariam um sistema de compensações recíprocas, a depender do comportamento da taxa de câmbio, de modo que a parte que for beneficiada por um movimento da moeda compense a outra parte, em uma estratégia de *hedge*. Note-se que nesse exemplo se falou em risco cambial, no contexto de uma estratégia de *hedge*, mas os *swaps* podem envolver diversas outras referências, como taxas de juros ou índices.

30.3.3 Características gerais

Os contratos de *swap*, tal como os demais derivativos, podem se prestar a diversas estratégias pelos agentes econômicos. Como observado por Eizirik, Gaal, Parente e Henriques, são "contratos por meio dos quais as partes acordam trocar rendimentos gerados por dois ativos diferentes, com o objetivo de fazer *hedge*, casar posições ativas com passivas, equalizar preços, arbitrar mercado ou até alavancar sua exposição ao risco"[144]. Em tais negócios, se destacam alguns elementos:

A permuta financeira: mediante sistema de cálculo preestabelecido, as partes estipulam compensações financeiras recíprocas, de modo a compensar ou alternar posições contratuais que tomaram inicialmente, compensadas por força do *swap*.

143. ANTUNES, José A. Engrácia. *Direito dos contratos comerciais*. Coimbra: Almedina, 2009, p. 648.
144. Conforme EIZIRIK, Nelson; GAAL, Ariádna B.; PARENTE, Flávia; HENRIQUES, Marcus de Freitas. *Mercado de capitais* – regime jurídico. 2. ed. Rio de Janeiro: Renovar, 2008, p. 221.

Como observa Rachel Sztajn, mediante tal permuta é possível "passar de juros fixos a juros variáveis e vice-versa, trocar de moeda ou trocar de mercado"[145].

Operação a prazo: é elemento característico de tais contratos se tratar de negócio a prazo, destinado a conclusão futura, eis que a própria lógica econômica do negócio tem por base as diferentes expectativas das partes quanto à variação de preço do ativo subjacente.

Ambiente de negociação: dadas as peculiaridades do negócio, são operações mais típicas de mercado de balcão[146], muitas vezes ajustadas caso a caso, conforme as necessidades das partes, de modo a permitir um ajuste de fluxo de caixa de agentes econômicos que têm seus custos submetidos a diferentes indexadores. Dada tal especificação, como regra eventual encerramento antecipado do contrato demandará acordo entre as partes. Ainda, entende-se que não são característicos de negociação em mercado secundário[147] (visando revenda da posição), dado o grau de especificação ao caso concreto e a consequente falta de padronização do contrato.

30.4 CONTRATO DE OPÇÃO

30.4.1 Conceito

O contrato de opção representa modalidade contratual que tem por objeto a negociação de um direito de venda ou compra (a "opção"), em período futuro, de um determinado ativo, por um preço anteriormente estipulado, sendo tal direito concedido em contrapartida ao pagamento de um prêmio.

30.4.2 Função

Tal modalidade contratual permite às partes explorar diferentes expectativas frente ao comportamento futuro do ativo subjacente, de modo que uma parte, tendo expectativa contrária à outra, lança uma opção, que concede à outra um direito contra si, que pode ou não ser exercido ao tempo determinado, e que a depender do comportamento do ativo subjacente, acarretará em ganhos para uma das partes.

---

145. SZTAJN, Rachel. *Futuros e swaps*: uma visão jurídica. São Paulo: Cultural Paulista, 1998, p. 217.

146. Dada a menção ao mercado de balcão, cabe contextualizar tal figura, juntamente com as bolsas, dentro do mercado de valores mobiliários. As bolsas correspondem a local destinado à negociação de valores mobiliários, em mercado organizado e aberto, com sistema padronizado de negociação, aspectos que proporcionam maior transparência na formação das cotações, e maior liquidez, o que facilita a negociação dos ativos. O mercado de balcão, por sua vez, compreende as operações do mercado de valores mobiliários realizadas fora da bolsa, mas ainda assim publicamente, através da participação dos agentes do sistema de distribuição de valores mobiliários.

147. Nesse sentido: EIZIRIK, Nelson; GAAL, Ariádna B.; PARENTE, Flávia; HENRIQUES, Marcus de Freitas. *Mercado de capitais* – regime jurídico. 2. ed. Rio de Janeiro: Renovar, 2008, p. 116.

Note-se, ainda, que tais contratos podem também servir com finalidade de *hedge*, bem como para fins de investimento.

30.4.3 Características gerais

Pela dinâmica do contrato de opção, uma parte adquire, mediante um pagamento imediato ("prêmio"), um direito contra a outra parte. Tal direito pode ser de adquirir futuramente um ativo pertencente à outra parte (mediante um preço de exercício anteriormente fixado), ou um direito de impor uma venda de um ativo perante a outra parte (que, neste caso, ficará obrigada a comprá-lo, nas condições anteriormente fixadas). Logo, um lado detém um direito futuro (que pode ou não ser exercido), enquanto o outro se obriga a assumir os encargos de tal opção, sendo remunerado pelo pagamento do prêmio. Podem ainda ser destacadas as seguintes características de tal contrato:

<u>A posição das partes</u>: figuram, no contrato, a parte denominada como "lançador", que oferece a opção e é remunerada com o recebimento de um pagamento inicial (o "prêmio"), para quem surgirá uma obrigação que implica em, no futuro, obrigatoriamente vender ou comprar o ativo de referência, caso assim desejado pela outra parte. E, de outro lado, o "titular", que, com o pagamento do prêmio, passa a deter um direito futuro contra o lançador (passível de exercer, ou não, a seu livre arbítrio).

<u>As opções de compra e de venda</u>: destaque-se aqui a distinção entre as opções de compra e as opções de venda, dado que outorgam direitos distintos ao titular.

Os contratos de opções de compra ("*call option*") representam a situação em que, mediante o pagamento inicial do prêmio, o titular assume um direito de poder comprar futuramente, do lançador, um determinado ativo, no tempo e preço estipulados. Nesse caso, se decidir exercer a opção e adquirir o ativo, pagará, adicionalmente ao prêmio anteriormente desembolsado, o preço de exercício (previamente fixado), correspondente à efetiva aquisição do bem. Caso não exerça a opção, perderá o prêmio já pago. A decisão pelo exercício ou não da opção dependerá das condições conjunturais de mercado no período posterior à aquisição da opção. Ou seja, se o preço de mercado do ativo subjacente for superior ao custo da operação para o titular (prêmio + preço de exercício), de modo a assegurar lucro ao titular, fará sentido o exercício da opção. No entanto, se o preço de mercado gerar prejuízo, não faz sentido o exercício da opção, hipótese em que o titular deixa de exercer a opção, e arcará com o custo de ter pago o prêmio sem ter obtido vantagem, aspecto esse que é parte do risco do negócio.

Em caso de contratos de opções de venda ("*put option*"), o titular, mediante o pagamento de um prêmio, assume o direito de vender ao lançador um ativo que possua, em prazo e preço predeterminados. Ou seja, nessa hipótese o titular decidirá se deseja vender ao lançador o ativo de referência, enquanto o lançador assumiu a obrigação de ter que adquirir, caso assim decidido pelo titular. Esse tipo de negócio envolve uma conjuntura diversa em relação ao caso anterior. Portanto, se o valor do ativo no mercado cair abaixo do preço de exercício (a ponto de tornar a operação lucrativa), o titular exercerá a opção, que lhe assegurará o direito de vender por um valor maior que o de mercado. Contudo, se o valor de mercado for superior ao preço de exercício, gerando prejuízo, o titular não exercerá a opção (não realizando a venda), por não ser economicamente conveniente.

Note-se, ainda, que em relação aos contratos de opção também é possível adotar liquidação física, bem como liquidação por diferença (mediante ajuste financeiro)[148].

A questão do tempo de exercício do direito: as opções podem ser negociadas em modalidade que admite seu exercício ao longo de todo o período, até a data de vencimento (denominada popularmente como "opção americana"), ou em modalidade em que o exercício pode se dar somente na data de vencimento (denominada como "opção europeia").

Ainda, cabe observar que a própria opção pode ser negociada em mercado antes de seu vencimento (de modo a transferir o direito opcional a terceiros), visto que ela se submete a oscilações decorrentes da maior ou menor probabilidade de vir a ser exercida, o que afeta seu valor e seu interesse por investidores.

Ambiente de negociação: as opções podem ser negociadas em bolsa (o que permite uma padronização), bem como em mercado de balcão (viabilizando a negociação de opções não padronizadas).

Execução diferida: é elemento característico de tais contratos se tratar de negócio a prazo, destinado a conclusão futura, eis que a própria lógica econômica do negócio tem por base as diferentes expectativas das partes quanto à variação do preço do ativo subjacente.

A figura do "prêmio": o prêmio corresponde ao pagamento que o lançador recebe, para outorgar a opção e, consequentemente, assumir uma obrigação perante o titular. Nesse contexto, note-se que o pagamento do prêmio, pelo titular ao lançador, é sempre obrigatório, independentemente da decisão futura de exercer ou não a opção. E, ainda, não se pode confundir o prêmio com o preço de exercício, dado que o primeiro (prêmio) remunera o lançador pela outorga do direito de opção, enquanto o segundo (preço de exercício) corresponde ao valor de referência para efetivação do negócio final (decorrente do próprio exercício da opção).

148. Como observa Engrácia Antunes: "o exercício do direito opcional pode dar lugar a uma liquidação contratual de natureza física ou financeira: no primeiro caso, o beneficiário, titular da opção, recebe (no caso de opção de compra) ou entrega (no caso de opção de venda) o activo subjacente pelo preço previamente acordado; no último caso, o beneficiário recebe apenas o saldo pecuniário eventualmente resultante da diferença entre o valor do activo previamente acordado (preço de exercício) e o valor apurado no momento do exercício da opção", conforme ANTUNES, José A. Engrácia. *Direito dos contratos comerciais*. Coimbra: Almedina, 2009, p. 645.

BIBLIOGRAFIA

ABRÃO, Nelson. *Direito bancário*. 5. ed. São Paulo: Saraiva, 1999.

ANTUNES, José A. Engrácia. *Direito dos contratos comerciais*. Coimbra: Almedina, 2009.

AZEVEDO, Álvaro Villaça. *Teoria geral dos contratos típicos e atípicos*. 2. ed. São Paulo: Atlas, 2004.

BAPTISTA, Luiz Olavo. *Contratos internacionais*. São Paulo: Lex Editora, 2010.

BARRETO, Lauro Muniz. *Direito bancário*. São Paulo: LEUD, 1975.

BASSO, Maristela. *Joint ventures*: manual prático das associações empresariais. 3. ed. Porto Alegre: Livraria do Advogado, 2002.

_____. *Contratos internacionais do comércio*. 2. ed. Porto Alegre: Livraria do Advogado, 1998.

BEATSON, Jack; BURROWS, Andrew; CARTWRIGHT, John. *Anson´s law of contract*. 30. ed. Oxford: Oxford University Press, 2016.

BESSONE, Darcy. *Do contrato*: teoria geral. 3. ed. Rio de Janeiro: Forense, 1987.

BORBA, José Edwaldo Tavares. *Direito societário*. 18. ed. São Paulo: Atlas, 2021.

BULGARELLI, Waldírio. *Contratos mercantis*. 11. ed. São Paulo: Atlas, 1999.

CARMONA, Carlos Alberto. *Arbitragem e processo:* um comentário à Lei n. 9.307/96. 3. ed. São Paulo: Atlas, 2009.

CÁRNIO, Thais Cíntia. *Contratos internacionais*: teoria e prática. São Paulo: Atlas, 2009.

CARVALHOSA, Modesto. *Acordo de acionistas*. São Paulo: Saraiva, 2011.

_____. (Coord.). *Tratado de direito empresarial 4*: contratos mercantis. 3. ed. São Paulo: Ed. RT, 2022.

CASTRO, Fernando Botelho Penteado de. Contrato típico de concessão comercial. In: COELHO, Fábio Ulhoa (Coord.). *Tratado de direito comercial 5*: obrigações e contratos empresariais. São Paulo: Saraiva, 2015.

COELHO, Fábio Ulhoa. *Curso de direito comercial*. 12. ed. São Paulo: Saraiva, 2011. v. 3.

_____. (Coord.). *Tratado de direito comercial 5*: obrigações e contratos empresariais. São Paulo: Saraiva, 2015.

_____. *Manual de direito comercial*. 28. ed. São Paulo: Ed. RT, 2016.

_____. *Manual de direito comercial*. 33. ed. São Paulo: Ed. RT, 2022.

COVELLO, Sérgio Carlos. *Contratos bancários*. 4. ed. São Paulo: LEUD, 2001.

CREUZ, Luís Rodolfo Cruz e. *Acordo de quotistas*. São Paulo: IOB Thomson, 2007.

DEL MASSO, Fabiano. Contrato de comissão e mandato mercantil. In: COELHO, Fábio Ulhoa (Coord.). *Tratado de direito comercial 5*: obrigações e contratos empresariais. São Paulo: Saraiva, 2015.

DENSA, Roberta. *Direito do consumidor*. 5. ed. São Paulo: Atlas, 2009.

DIENER, Maria Cristina. *Il contratto in generale*. Milão: Giuffré Editore, 2002.

DINIZ, Gustavo Saad. *Curso de direito comercial*. São Paulo: Atlas, 2019.

DINIZ, Maria Helena. *Lições de direito empresarial*. São Paulo: Saraiva, 2011.

EIZIRIK, Nelson; GAAL, Ariádna B.; PARENTE, Flávia; HENRIQUES, Marcus de Freitas. *Mercado de capitais* – regime jurídico. 2. ed. Rio de Janeiro: Renovar, 2008.

FARINA, Juan M. *Contratos comerciales modernos*. 2. ed. Buenos Aires: Editorial Astrea, 1999.

FERNANDES, Wanderley (Coord.). *Contratos empresariais*: fundamentos e princípios dos contratos empresariais. São Paulo: Saraiva, 2007.

FLORIANI, Lara Bonemer Rocha. *Smart contracts nos contratos empresariais*: um estudo sobre possibilidade e viabilidade econômica de sua utilização. Tese (Doutorado em Direito). Pontifícia Universidade Católica do Paraná, 2020.

FONTOURA, Rodrigo Brandão. *Contrato de prestação de serviços e mitigação de riscos*. 2. ed. Indaiatuba: Editora Foco, 2021.

FORGIONI, Paula Andrea. *Teoria geral dos contratos empresariais*. São Paulo: Ed. RT, 2009.

_____. *A evolução do direito comercial brasileiro*: da mercancia ao mercado. São Paulo: Ed. RT, 2009.

_____. *Contratos empresariais*: teoria geral e aplicação. São Paulo: Ed. RT, 2015.

FOX, Charles M. *Working with contracts*. 2. ed. Nova Iorque: Practising Law Institute, 2008.

FRANCO, Vera Helena de Mello. *Contratos* – direito civil e empresarial. São Paulo: Ed. RT, 2009.

FRANCO, Vera Helena de Mello; SZTAJN, Rachel. *Manual de direito comercial* 2. São Paulo: Ed. RT, 2005.

GAGGINI, Fernando Schwarz. *Fundos de investimento no direito brasileiro*. São Paulo: LEUD, 2001.

_____. *Securitização de recebíveis*. São Paulo: LEUD, 2003.

_____. *O regime jurídico do estabelecimento empresarial*. São Paulo: Companhia Editora Nacional, 2005.

_____. Considerações introdutórias sobre a regulação da atividade econômica. *Revista da Faculdade de Direito de São Bernardo do Campo*, v. 17, 2011.

_____. *A responsabilidade dos sócios nas sociedades empresárias*. São Paulo: LEUD, 2013.

_____. Convenção de arbitragem no direito brasileiro: um estudo sobre a cláusula compromissória e o compromisso arbitral. *Revista USCS* – Direito e Humanidades, v. 24, 2013.

_____. Peculiaridades do direito societário: os tipos societários versus a situação das sociedades. *Revista de Direito Empresarial – ReDE*, v. 13, 2016.

_____. Contratos inominados. *Revista Direito, Negócios & Sociedade*, v. 1, 2021.

GOMES, Fábio Bellote. *Manual de direito empresarial*. 3. ed. São Paulo: Ed. RT, 2012.

GOMES, Orlando. *Contratos*. 26. ed. Rio de Janeiro: Forense, 2008.

GONÇALVES, Carlos Roberto. *Direito civil brasileiro*. 17. ed. São Paulo: Saraiva, 2020. v. 3.

HULL, John. *Introdução aos mercados futuros e de opções*. 2. ed. São Paulo: Cultura Editores Associados, 1996.

_____. *Options, futures, and other derivatives*. 9. ed. Pearson, 2015.

KUGLER, Herbert Morgenstern. *Acordo de sócios na sociedade limitada*: existência, validade e eficácia. Dissertação (Mestrado em Direito). Pontifícia Universidade Católica de São Paulo, 2012.

MACKAAY, Ejan; ROUSSEAU, Stéphane. *Análise econômica do direito*. Trad. Rachel Sztajn. 2. ed. São Paulo: Atlas, 2020.

MAGALHÃES, Giovani. *Direito empresarial facilitado*. Rio de Janeiro: Forense; São Paulo: Método, 2020.

MAMEDE, Gladston. *Manual de direito empresarial*. 2. ed. São Paulo: Atlas, 2006.

_____. *Direito societário*: sociedades simples e empresárias. 12. ed. São Paulo: Atlas, 2020.

MAMEDE, Gladston; MAMEDE, Eduarda Cotta. *Manual de redação de contratos sociais, estatutos e acordo de sócios*. 5. ed. São Paulo: Atlas, 2019.

MARIANI, Irineu. *Contratos empresariais*. Porto Alegre: Livraria do Advogado Editora, 2007.

MARTINS, Fran. *Contratos e obrigações comerciais*. 17. ed. Rio de Janeiro: Forense, 2017.

MESSINEO, Francesco. *Dottrina generale del contratto*. 3. ed. Milão: A. Giuffré, 1948.

NEGRÃO, Ricardo. *Manual de direito comercial e de empresa*. São Paulo: Saraiva, 2010. v. 2: títulos de crédito e contratos empresariais.

OLIVEIRA, Carlos Alberto Hauer de. Contrato de distribuição. In: COELHO, Fábio Ulhoa (Coord.). *Tratado de direito comercial 5*: obrigações e contratos empresariais. São Paulo: Saraiva, 2015.

PELA, Juliana Krueger. Inadimplemento eficiente (efficient breach) nos contratos empresariais. *Cadernos do Programa de Pós-Graduação Direito/UFRGS*, v. 11, n. 2, 2016.

PINTO, Gustavo Mathias Alves. *Regulação sistêmica e prudencial no setor bancário brasileiro*. São Paulo: Almedina, 2015.

POSTIGLIONE, Marino Luiz. *Direito empresarial*: o estabelecimento e seus aspectos contratuais. São Paulo: Manole, 2006.

PROENÇA, José Marcelo Martins. *Direito comercial 1*. São Paulo: Saraiva, 2005.

RAMOS, André Luiz Santa Cruz. *Direito empresarial*. 4. ed. Salvador: JusPodivm, 2021.

REQUIÃO, Rubens Edmundo. O contrato de representação comercial. In: COELHO, Fábio Ulhoa (Coord.). *Tratado de direito comercial 5*: obrigações e contratos empresariais. São Paulo: Saraiva, 2015.

RESTIFFE, Paulo Sérgio. *Manual do novo direito comercial*. São Paulo: Dialética, 2006.

RIBEIRO, Marcia Carla Pereira. Teoria geral dos contratos empresariais. In: COELHO, Fábio Ulhoa (Coord.). *Tratado de direito comercial 5*: obrigações e contratos empresariais. São Paulo: Saraiva, 2015.

RIBEIRO, Marcia Carla Pereira; GALESKI JUNIOR, Irineu. *Teoria geral dos contratos*: contratos empresariais e análise econômica. Rio de Janeiro: Elsevier, 2009.

RIZZARDO, Arnaldo. *Leasing*: arrendamento mercantil no direito brasileiro. 4. ed. São Paulo: Ed. RT, 2000.

_____. *Contratos de crédito bancário*. 6. ed. São Paulo: Ed. RT, 2003.

RODRIGUES, Silvio. *Direito civil*. 29. ed. São Paulo: Saraiva, 2003. v. III.

ROPPO, Enzo. *O contrato*. Coimbra: Almedina, 2009.

SACRAMONE, Marcelo Barbosa. *Manual de direito empresarial*. São Paulo: Saraiva, 2020.

SALLES, Marcos Paulo de Almeida. *O contrato futuro*. São Paulo: Cultura Editores Associados, 2000.

SALOMÃO NETO, Eduardo. *Direito bancário*. São Paulo: Atlas, 2005.

SILVA NETO, Lauro de Araújo. *Derivativos*: definições, emprego e risco. 3. ed. São Paulo: Atlas, 1999.

SZTAJN, Rachel. *Contrato de sociedade e formas societárias*. São Paulo: Saraiva, 1989.

_____. *Futuros e swaps*: uma visão jurídica. São Paulo: Cultural Paulista, 1998.

_____. Acordo de acionistas. In SADDI, Jairo (Org.). *Fusões e aquisições*: aspectos jurídicos e econômicos. São Paulo: IOB, 2002.

_____. *Teoria jurídica da empresa*: atividade empresária e mercados. São Paulo: Atlas, 2004.

_____. Sociedades e contratos incompletos. *Revista da Faculdade de Direito da Universidade de São Paulo*, v. 101, 2006.

TARTUCE. Flávio. *Direito civil*. 12. ed. Rio de Janeiro: Forense, 2017. v. 3: teoria geral dos contratos e contratos em espécie.

TEIXEIRA, Tarcísio. *Direito empresarial sistematizado*. São Paulo: Saraiva, 2011.

TIMM, Luciano Benetti (Org.). *Direito e economia*. 2. ed. Porto Alegre: Livraria do Advogado Editora, 2008.

_____. *O novo direito civil*: ensaios sobre o mercado, a reprivatização do direito civil e a privatização do direito público. Porto Alegre: Livraria do Advogado Editora, 2008.

_____. Análise econômica do direito das obrigações e contratos comerciais. In: COELHO, Fábio Ulhoa (Coord). *Tratado de direito comercial 5*: obrigações e contratos empresariais. São Paulo: Saraiva, 2015.

TOMAZETTE, Marlon. *Curso de direito empresarial*: teoria geral e direito societário. 6. ed. São Paulo: Atlas, 2014.

_____. *Contratos empresariais*. São Paulo: JusPodivm, 2022.

VASCONCELOS, Pedro Pais de. *Contratos atípicos*. Coimbra: Almedina, 1995.

VENOSA, Silvio de Salvo. *Manual dos contratos e obrigações unilaterais da vontade*. São Paulo: Atlas, 1997.

_____. *Direito civil*: contratos. 21. ed. São Paulo: Atlas, 2021.

VERÇOSA, Haroldo Malheiros Duclerc. *Contratos mercantis e a teoria geral dos contratos*. São Paulo: Quartier Latin, 2010.

_____. *Direito comercial 4*: teoria geral do contrato. São Paulo: Ed. RT, 2014.

_____. *Direito comercial 5*: contratos empresariais em espécie. São Paulo: Ed. RT, 2014.

_____. *Direito Comercial* 2: sociedades – teoria geral do direito societário. 4. ed. São Paulo: Dialética, 2022.

VIANA, Bomfim. *Desconto bancário*. 3. ed. Brasília: Brasília Jurídica, 1999.

WAISBERG, Ivo. Factoring. In CARVALHOSA, Modesto. (Coord.). *Tratado de direito empresarial* 4: contratos mercantis. 3. ed. São Paulo: Ed. RT, 2022.

WALD, Arnoldo. *Obrigações e contratos*. 11. ed. São Paulo: Ed. RT, 1994.

WISHART, Mindy Chen. *Contract law*. 6. ed. Oxford: Oxford University Press, 2018.

YAZBEK, Otavio. *Regulação do mercado financeiro e de capitais*. Rio de Janeiro: Elsevier, 2007.

ZYLBERSZTAJN, Decio; SZTAJN, Rachel. *Direito e economia*. Rio de Janeiro: Elsevier, 2005.

Anotações